리더의 속살

추악함, 사악함, 기괴함에 관한 글

First published in English under the title
Leadership Unhinged; Essays on the Ugly, the Bad, and the Weird
by Manfred F. R. Kets de Vries, edition: 1
Copyright © The Editor(s) (if applicable) and the Author(s), under exclusive license
to Springer Nature Switzerland AG, 2021
This edition has been translated and published under license
from Springer Nature Switzerland AG.
Springer Nature Switzerland AG takes no responsibility and shall not be made
liable for the accuracy of the translation.

Korean Translation Copyright © 2023 by Korea Coaching Supervision Academy
Korean edition is published by arrangement with Springer Nature Customer
Service Center GmbH through Imprima Korea Agency

이 책의 한국어판 저작권은 Imprima Korea Agency를 통해 Springer Nature Customer
Service Center GmbH사와의 독점 계약으로 한국코칭수퍼비전아카데미에 있습니다.
저작권법에 의해 한국 내에서 보호를 받는 저작물이므로
무단전재와 무단복제를 금합니다.

호모코치쿠스 39

리더의 속살
추악함, 사악함, 기괴함에 관한 글
Leadership Unhinged
Essays on the Ugly, the Bad, and the Weird

맨프레드 F. R. 케츠 드 브리스 지음
강준호 옮김

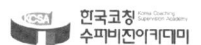

팔그레이브 케츠 드 브리스 라이브러리

인시아드^{INSEAD}의 리더십, 개발 및 조직 변화 석좌 교수인 맨프레드 F. R. 케츠 드 브리스는 리더십, 코칭, 개인과 조직 변화에 대한 임상심리학 적용에 관한 세계 최고의 사상가 가운데 한 명이다.

팔그레이브^{Palgrave}의 전문 비즈니스 서적 목록은 학계의 엄밀함과 실제 세계에 적용할 때의 접점에서 도움되는 내용을 제공한다. 케츠 드 브리스 교수의 작업은 지적 깊이를 실제에 적용하여 완벽한 조합을 보여준다. 팔그레이브는 팔그레이브 케츠 드 브리스 라이브러리에서 거의 10년간 가치 있는 작업을 함께 하게 된 것을 자랑스럽게 생각한다.

이 시리즈에 대한 자세한 정보는 http://www.palgrave.com/gp/series/16661에서 확인할 수 있다.

목차

저자 소개 ······ 6
역자 서문 ······ 9
서문 ······ 13
1장. 군중이 드리우는 먹구름 ······ 17
2장. 종신 지도자를 세우자 ······ 37
3장. 작은 드럼 소년, 성격 결함이 있는 지도자의 흥망성쇠 ······ 67
4장. 기묘한 증오 이야기 ······ 131
5장. 나는 하지 않을 것이다, 그러므로 나는 존재한다 ······ 165
6장. "위대한 어머니"의 인생 교훈 ······ 191
7장. 당나귀가 사자를 이끌 때 ······ 221
색인 ······ 226
역자 소개 ······ 230
발간사 ······ 232

저자 소개

맨프레드 플로리안 케츠 드 브리스 Manfred Florian Kets de Vries는 기존에 많이 연구되었던 리더십과 개인 및 조직 변화의 심리적 차원 주제들에 관해 색다른 관점을 제시한다. 경제학(암스테르담대 경제학 박사), 경영학(ITP, MBA, DBA, 하버드 경영대), 정신분석학(캐나다, 파리 정신분석학회 및 국제 정신분석협회 회원)에 대한 자신의 지식과 경험을 활용해서 그는 경영 과학, 정신분석, 발달심리학, 진화심리학, 신경과학, 심리치료, 경영진 코칭 및 컨설팅 사이의 접점 영역을 탐구한다. 특히 그의 관심 분야는 리더십(밝고 어두운 면), 기업가 정신, 커리어 역동, 인재 관리, 가족 사업, 다문화 관리, 승계 계획, 조직 및 개인 스트레스, 최고 경영진 팀 구축, 임원 코칭, 조직 개발, 혁신 관리 및 경영 컨설팅 영역이다.

인시아드INSEAD의 리더십 개발 및 조직 변화의 임상 분야 석좌교수인 그는 최고 경영진 프로그램인 '리더십의 도전: 성찰적 리더 만들기'의 디렉터이자 변화관리 임원 마스터 프로그램 창시자이다. 교육자로서 그는 인시아드 우수 교수상을 여섯 차례 수상했다. 그는 맥길 대학, 몬트리올 EDHEC, 베를린 유럽 경영기술 대학, 하버드 경영대에서 교수직을 역임하였다. 그는 전 세계 경영 기관에서 강의하였다. 파이낸셜 타임즈, 르 캐피탈, 비르트샤프츠보헤, 이코노미스트에서 맨프레드 케츠 드 브리스 교수를 세계 최고의 경영 사상가이자 리더십 연구 및 인적 자원 관리 분야에서 가장 영향력 있는 기여자 가운데 한 명으로 평가했다.

케츠 드 브리스 교수는 아래 목록을 포함하여 50권 이상 서적의 저자, 공동 저자 또는 편집자이다. 『신경증적 조직』, 『리더, 바보와 사기꾼』, 『추월차선에서 임원의 삶과 죽음』, 『리더십 신비』, 『행복 방정식』, 『리더는 만들어지는가 태어나는가, 알렉산더 대제의 사례』, 『새로운 러시아 경영 엘리트』, 『공포의 리더십』, 『글로벌 임원 리더십 목록』, 『카우치 위의 리더』, 『코치 앤 카우치』, 『카우치 위의 가족 사업』, 『삶의 진정성』, 『조직에 관한 성찰』, 『코칭 만화경』, 『고스도치 효과』, 『정신역동 마음챙김 코칭』, 『임원 코칭 챌린지』, 『이사회의 동화 이야기』, 『리더십 롤러 코스터, 심리학적 관찰자 가이드』, 『일상의 리더십 병리학』, 『팬데믹의 교훈』, 『경영자의 마음』, 『쿼바디스』 등.

또 케츠 드 브리스 교수는 400개 이상의 학술 논문을 서적의 일부 내용 또는 개별 아티클(디지털 포함) 형태로 출판했다. 그는 또한 올해의 우수 사례 상 7개를 포함하여 100개 이상의 사례 연구를 작성했다. 그는 각종 잡지에 정기적으로 기고하고 있다. 그의 글은 뉴욕 타임즈, 월 스트리트 저널, LA 타임즈, 포츈, 비즈니스 위크, 이코노미스트, 파이낸셜 타임즈, 하버드 비즈니스 리뷰 같은 출판물에 게재되었다. 그의 책과 글은 30개 이상의 언어로 번역되었다. 그는 하버드 비즈니스 리뷰 및 인시아드 날리지에 정기 블로그(미니 아티클)를 작성한다. 그는 17개 기관의 편집 위원회 일원이며 경영 아카데미의 펠로우이다. 또 국제 정신분석학회의 창립 회원이며 평생 회원이다. 케츠 드 브리스는 리더십 연구와 개발에 기여한 공로로 국제 리더십 협회 평생 공로상을 미국 이외 지역에서 처음으로 수상했다(세계 최초의 리더십 개발 연구 분야 전문가들 가운데 한 명으로 간주). 그는 경영자 교육 발전에 기여한 공로를 인정받아 독일에서 평생 공로상을 받았다. 미국 심리협회에서는 조직 상담에 기여한 공로를 인정해 '해리-미리암 레빈슨 상'을 수여했다. 그는 또한 관리 및 정신분석 분야의 접점 영역에 관한 연구로 '프로이트 기념상'을 수상했다.

케츠 드 브리스 교수는 또한 하버드 코칭 인스티튜트에서 '우수 비전상'을 수상했다. 그는 인시아드에서 '우수 교육 실행'을 인정받아 도미티크 휴 상을 첫 번째로 수상했다. 그는 2개의 명예 박사 학위를 받았다. 네덜란드 정부에서는 그를 오란제 나소 기사 작위를 수여했다.

케츠 드 브리스는 전 세계 기업에서 조직 설계/변혁 및 전략적 인적 자원 관리 컨설턴트로 일하고 있다. 교육자이자 컨설턴트로서 그는 40개국 이상에서 일했다. 컨설턴트 역할 측면에서 그는 전략적 리더십 개발 전문 컨설팅 회사인 KDVI^Kets de Vries Institute의 설립자 겸 회장이다.

케츠 드 브리스는 외몽골 최초의 플라이 낚시꾼이었다(그때 시베리아 휴초 타이멘 물고기에 대한 세계 기록 보유자가 됨). 그는 뉴욕 탐험가 클럽의 회원이다. 휴가 기간에는 중앙 및 남부 아프리카 열대우림이나 사바나, 시베리아 타이가, 우수리 지방, 캄차카, 파미르 산맥과 알타이 산맥, 아넘랜드 또는 북극권에서 그를 볼 수 있다.

역자 서문

인사 전문가이자 탤런트 어세스먼트 및 진단 도구 디브리퍼, 기업 코치로서의 경험을 토대로 회고해 보면 2000년대 초반부터 국내 기업에 리더십 디레일러leadership derailers라는 개념이 등장하기 시작했다. 이 용어는 리더의 부적절한 행동 또는 성향이라고 설명할 수 있는데 그 이전에 리더십 역량 진단만을 강조하던 것에서 한 단계 더 나아가 리더에게 잠재된 또는 발현된 부정적 요인을 찾기 위한 노력에서 도입한 개념이었다.

기업 경영자와 리더들을 위한 초창기 디레일러 연구는 로버트 호건Robert Hogan 박사가 미국 정신의학협회에서 발간하는 정신장애 진단 및 통계 편람Diagnostic and Statistical Manual of Mental Disorders(DSM-IV)에 있는 성격 장애personality disorders 항목을 기업용 항목으로 변환하여 적용하면서 리더십 진단에 본격적으로 적용되었다. 예를 들어, 경계선borderline 성격 장애의 경우 흥분성excitable이라는 항목으로, 편집성paranoia 성격 장애는 비판성skeptical 항목으로, 반사회성antisocial 성격 장애는 무모함mischievous 항목으로, 자기애성narcissistic 성격 장애는 과시성bold으로 변경하여 개발했다. 이러한 진단은 임상적clinical 목적이 아닌 리더십 디레일러 파악에 활용이 가능하도록 맞춤형으로 변경된 것이었다. 또 인사 분야 인력들이 기본 교재로 접하는 조직행동론organizational behavior 서적에도 유명한 부정적 성격의 세 가지 요인dark triad이 대표적으로 등장하는데 나르시시즘narcissism, 마키아벨리즘Machiavellianism, 사이코패시psychopathy가 그것이다. 이들 역시 디레일러의 대표적 항목이라 할 수 있다.

이러한 진단 항목이 포함된 도구를 활용해 국내 기업에서 본격적으로 리더십 디레일러 진단이 이루어지면서 이전에는 막연하게 다루었던 기업 경영자와 리더들의 독성적 리더십toxic leadership 특성을 파악하게 되었고 진단 결과를 바탕으로 리더십 코칭, 자기 성찰 등 후속 프로그램을 통해 리더들에게 도움을 주기 위한 방안이 수립되었다. 심지어 일부 기업에서는 자사에 대표적인 리더십 디레일러를 파악하여 맞춤형 진단을 시도하는 경우도 등장하고 있다. 이러한 리더십 디레일러 진단 결과는 국내 기업 조직문화의 경직성을 설명할 수 있는 요인이기도 하고, 지금까지 국내 기업들이 성장 일변도의 조직 운영 방식을 견인해 오면서 추구한 리더 모습의 단면을 보여주는 것이기도 하다.

그러나 최근 기업에는 가치관이 서로 다른 세대 비중이 증가하며 가치, 사고, 언행 등이 다양한 세대가 기업 내에서 함께 근무를 하는 복잡한 업무 환경이 펼쳐지고 있다. 이에 따라 기업의 리더십 패러다임도 변화를 맞고 있다. 시대와 세대의 변화로 인해 더는 과거처럼 리더 중심의 일방향 소통만으로는 구성원 역량을 끌어내기 어려운 시대가 되었다. 꽤 오래전부터 필요성이 제기되어 왔던 공감적 리더십, 정서지능 개발이 단지 좋은 이야기로만 그치는 것이 아니라 실제 기업 현장에 필요한 시점이 되고 있다. 그리고 코로나 19로 인한 원격 근무, 재택 근무 역시 새로운 리더십 접근 방식을 촉진하고 있다.

다행히 국내 기업에서 수년 전부터 리더십 어세스먼트 영역이 자리를 잡으면서 진단 결과를 바탕으로 자신을 성찰할 수 있는 리더십 코칭이 활발히 전개되고 있고 한 걸음 더 나아가 기업 리더를 위한 마음챙김, 명상 프로그램도 저변이 확대되고 있는 추세이다.

이 책에서는 이러한 리더십 디레일러 측면을 실제 세계 각국의 정치 지도자들의 사례를 동화 형식으로 각색하여 설명하고 있다. 내용을 처음 보았을 때는 기업 리더들에 대한 시사점이 미흡한 것이 아닐까 하는 생각이 들었는데 전체 책을 여러 번 읽어보면서, 충분히 일반 기업에도 의미 있는 내용이라고 확신하게 되었다. 기업 내부에서 리더십 디레일러 진단과 디브리핑을 진행할 때 일반적으로는 디브리핑 시간의 부족, 보통 집단 디브리핑으로 다수를 상대해야 하는 환경의 제약 또는 심리학 등에 관한 디브리퍼의 전문성 부족 등의 이유로 디레일러가 발생한 원인까지는 언급하지 못한다. 그러나 이 책의 표현을 빌자면 '표면 아래에서 일어나는 일'까지 친절하게 설명하는 맨프레드 교수 덕분에 디레일러가 형성되는 인생의 초기 단계 경험에 관해 더 깊이 있는 내용을 이해할 수 있는 기회가 될 것이다. 또한 5장 '완고한 사람들 다루는 법'에서는 기업 리더 코칭에 적용 가능한 접근법이 제시되어 유용하게 활용할 수 있다.

개인적으로는 이 책과 더불어 기존에 국내에 출간된 맨프레드 교수의 책들을 함께 보는 것을 추천 드린다. 기존에 출간된 서적에는 기업 리더들에 관한 사례가 다수 실려 있다. 그리고 여유가 된다면 로버트 그린Robert Greene의 『인간 본성의 법칙The Laws of Human Nature』도 함께 읽으면 도움이 될 것이다.

한국의 인구 구조 변화 추이를 볼 때 멀지 않은 미래에 기업이 지원자를 모셔야 하는 인재 영입의 역전 현상이 벌어질 것으로 예상한다. 또 국내 기업 평판 플랫폼 등의 발달로 기업 지원자들 역시 회사의 조직문화, 분위기를 주요한 선택 기준으로 생각한다. 이러한 변화의 변곡점에서 어떠한 리더상을 구축하고 이들을 선발, 육성해 나갈 것인가 하는 선택에 따라 기업의 미래 평판이 크게 달라지지 않을까 생각한다.

그리고 컨스텔레이션 constellations 촉진자이자 라이프 코치로서 이 책이 기업 리더에게만 시사점이 있는 것이 아니며 라이프 코치나 심리 상담에 종사하는 분들께도 도움이 될 것으로 생각한다. 개인적으로 가족과 조직 내에서 고통을 겪는 많은 사례를 보면서 인생 초기 단계 경험이 삶의 전반을 관통하는 사고와 행동 패턴으로 굳어진 경우를 많이 관찰할 수 있었다. 이 책에서 설명하는 바와 같이 이것들을 인식할 수 있으면 그때부터 패턴이 달라질 수 있다. 이런 측면에서 책에서 제시하는 접근 방식과 더불어 수용 전념 치료 acceptance commitment therapy 접근 역시 도움이 되겠다는 생각이 들었다. 또한 요즘 한국에서도 문제되고 있는 컬트 세뇌, 선동의 심리적 원인에 대해서도 통찰을 얻을 수 있다.

이 책의 내용 또는 성격 디레일러 personality derailer, 다크 사이드 퍼스낼리티 dark-side personality 및 전환 방안과 관련한 각종 문의 또는 사례 공유는 언제든지 연락을 환영하는 바이다.

2023년 3월
역자 강준호 (nyaong001@gmail.com)

서문

모든 사람이 광기를 가질 수 있는 것은 아니다.
그리고 운 좋게 광기를 가지더라도 많은 사람이 이를 실행할 용기를 가진 것은 아니다.
– 아우구스트 스트린드베리August Strindberg

세상이 미쳤을 때 우리는 광기를 제정신으로 받아들여야 한다.
제정신은 결국 전 세계가 동의하는 광기일 뿐이다.
– 조지 버나드 쇼George Bernard Shaw

우리가 사는 반도덕적 세계The Dadaesque World We Live In

우리가 사는 세상을 보면 포퓰리스트에다 흔히 선동 정치가 같은 지도자들이 점차 늘고 있다는 사실을 인정할 수밖에 없다. 그들 행동은 대개 초현실적이고 반도덕적 특성이 있다. 이러한 지도자들 가운데 많은 이가 인간의 가장 원초적 본능에 호소하는 부조리한 연극에 몰입해 있는 것 같다. 그러나 이러한 부조리한 연극은 위험할 수 있고 쉽게 재앙으로 이어질 수 있다. 그리고 역사가 우리에게 가르쳐 준 것을 떠올려 보면 경고 신호를 피하거나 무시할 수 없다. 나는 이 모든 것을 생각하며 이런 지도자들 행동의 어두운 면과 관련해 알게 된 배경에 관한 여러 글을 쓰기 시작했다. 이는 이런 리더들이 만드는 세계에 대해 느끼기 시작한 깊은 불안에서 비롯되었다. 이 책은 이러한 글들을 모은 것이다.

이 책에는 포퓰리스트 선동 정치가 같은 지도자의 출현을 촉진하는 심리적 역동 이외에도 동화 이야기 형태의 많은 글이 실려 있다. 지난 몇 년간 많은 동화를 쓰면서 이러한 형식이 매우 이해하기 쉽다는 것을 알게 되었다.[1] 동화는 독자의 창의력, 상상력을 자극하고 교육적 능력이 있음이 증명되었다. 또 특히 동화는 독자에게 도덕적 지침moral guidelines을 제공한다. 그런 점에서 동화는 수천 년 동안 다양한 사회에서 그래왔듯이 우리 사회에서 계속 중요한 역할을 한다. 왕과 여왕, 영웅과 악당, 드래곤과 엘프가 나오는 동화를 통해 리더십에 관한 다양한 인간적 딜레마를 매우 냉정한 어조로 묘사할 수 있다. 흔히 이런 이야기는 책 제목에 쓰인 것처럼 리더가 어떻게 추악하고, 사악하고, 기괴함을 나타내는 힘이 될 수 있는지를 보여준다. 또 나는 때때로 리더십의 어두운 면을 더 잘 이해하기 바라는 마음에서 아이러니와 은유를 활용하여 요점을 설명한다.

나는 리더십이 공동의 목표 달성을 위해 다른 많은 사람의 노력을 통합하는 능력과 관련 있다고 굳게 믿는다. 유능한 리더는 사람들을 하나로 모으고 더 좋고 강하게 만든다. 그러나 이를 위해 리더는 도덕적 풍조를 조성해야 한다. 사실 도덕성에서 멀어진 리더십은 금세 무의미해진다.

---

1) Manfred F. R. Kets de Vries(2016). *Telling Fairy Tales to the Boardroom: How to Make Sure Your Organization Lives Happily Ever After*. London: Palgrave Macmillan.

또 리더가 진정한 영향력을 행사하고 싶다면 그들을 지배하는 가치는 초월적이어야 한다는 점을 덧붙이고 싶다. 즉 리더십 지위에 있는 사람들은 사회에 진정한 기여를 하고 선을 위한 힘이 될 수 있도록 그들 앞에 놓인 기회를 붙잡아야 하는 것이다.

더욱이 또한 나는 효과적 리더가 되기 위해서는 내면으로의 여정, 즉 자기self를 향한 치열한 여정을 기꺼이 수행해야 한다고 제안한다. 그것은 자기 인식에 관한 더 큰 감각을 얻는 작업이다. 그것은 모두 자기 개선, 자기 지식에 관한 것이다. 결국 자기 지식이 없는 리더는 쉽게 길을 잃을 수 있다. 그들은 의식적 알아차림 없이 자신들의 신경증을 행동으로 옮기고 싶은 유혹을 받는다. 그들은 또한 자만심의 희생자가 될 수 있다. 이러한 이유로 표면에 나타난 현상만이 아니라 표면 아래에서 일어난 현상도 살펴보려 한다. 그리고 더 큰 이해를 위해 정신분석 심리학(결국 나는 경영학 교수 이외 다른 삶의 영역에서 정신분석가임), 발달심리학, 신경과학 및 진화심리학에서 파생된 이론을 적용할 것이다.

불행히도 리더십과 관련해 "자신을 통치하지 못하는 사람이 타인을 통치한다는 것은 터무니없다."라는 라틴어 속담이 현 시대의 지도자들에게 너무 자주, 그리고 많이 해당한다.

역설적으로 성격 측면에서 잘못된 동기를 가진 사람들(예: 일부 유권자)이 자기 자신을 이끌 능력조차 없는 사람(예: 포퓰리스트 선동 정치가)을 찾아서 지도자로 세우는 것처럼 보인다.

현재 우리에게 그 어느 때보다 필요한 리더는 추종자의 잠재력을 발휘하는 법을 알고, 그들이 자신을 개선하도록 돕는 법을 아는 사람들이다. 사실 나는 사람들이 성장하고 발전하도록 돕는 능력을 리더십의 최고 소명 가운데 하나로 여겨야 한다고 말했다. 결국 타인의 발전을 도우면서 우리는 함께 성장한다.

내 희망은 이 다양한 글을 통해 독자들이 효과적 리더가 되기 위해 필요한 사항뿐만 아니라, 리더가 포퓰리스트 선동 정치가로 변화할 때의 경고 신호를 인식하여 리더십 함정을 더 잘 이해하게 되었기를 바란다. 나는 독자들이 집단으로 모인 사람들이 퇴행적 관행에 의지할 때 직장에서 나타나는 심리적 힘을 더 잘 인식하기를 바란다. 또 이 글들은 충만한 삶을 사는 것, 즉 우리 삶에 의미를 부여하는 것의 중요성에 관해서도 이야기한다. 이러한 맥락에서 그 중요성 때문에 남성-여성 관계의 복잡성에 대한 몇 가지 관찰 사항을 공유하는데, 특히 여성의 신비로움에 대해 논의한다. 결과적으로 이러한 관계가 작동하는 이유에 관해 다룰 것이다.

효과적 리더십은 연설을 하거나 호감을 받는 것이 아니라는 말로 서론을 마무리하려 한다. 여러 면에서 리더십은 희망을 불러 일으키고 inspiring hope 현실을 규정 defining reality 하는 것이다. 리더십은 의미를 창출하여 사람들을 하나로 묶는 능력에 관한 것이다. 그리고 내 판단으로 오만한 이데올로기주의자들과 생각 없는 비방자들에게 놀아나지 않고 사람들을 일의 존엄성과 자기 주도적인 모습으로 되돌리는 것보다 더한 리더십의 대의명분은 없다.

우리는 지도자들이 쉬운 일이 아니라 옳은 일을 하기를 원한다. 사실 효과적 리더십은 대부분 결과로 판명되는데 이 글에서 설명하는 많은 리더의 경우에는 옳은 결과가 매우 부족하다고 생각한다. 그러므로 모든 것을 말하고 행한 뒤에 알게 된 분명한 사실은 우리가 말한 것보다 행한 것이 훨씬 더 큰 영향을 미친다는 점이다.

1장
군중이 드리우는 먹구름

> 당신이 부조리를 믿도록 만든 사람들은
> 당신이 잔혹한 행위를 저지르도록 만들 수도 있다.
> — 볼테르Voltaire

> 거짓말을 크게 계속 반복하면 결국 사람들은 그것을 믿는다.
> — 요제프 괴벨스Joseph Goebbels

최근 나는 독일의 유명 감독이자 나치 동조자인 레니 리펜슈탈Leni Riefenstahl이 제작한 악명 높은 나치 선전 영화인 「의지의 승리Triumph of the Will」를 다시 한번 보았다. 이 영화는 나치 정권 지도자에 대한 매우 오래 지속되는 이미지를 보여주는 인상적 영상으로 잘 알려져 있다. 1934년 중세 도시 뉘른베르크 나치 전당대회에서 있었던 일을 기록하고 있다. 뉘른베르크는 특별한 행사를 위해 과거 독일의 고딕풍과 부상하는 나치의 미래 사이의 연결을 상징하는 장소로 선택되었다. 이 영화에서 상상 속 천년 제국Thousand-Year Reich을 통해 국가에 영광을 가져올 '독일 재탄생'의 시작 장면에 등장한 히틀러를 감독이 어떻게 궁극적 구세주로 연출하는지를 볼 수 있다.

영화 초기 장면에 총통이 마치 현대의 신처럼 비행기를 타고 하늘에서 내려오는 모습이 나온다. 그 뒤 그가 추종자 무리에 둘러싸여 있는 장면이 나오고, 카메라는 공포스러운 나치 경례를 하는 도열한 군인들 사이를 통과하는 그를 포착한다. 그리고 역사적 연설을 하는 동안 경외심을 불러일으키는 광경의 연출을 위해 히틀러는 완벽하게 열을 맞춰 진형을 이룬 사람들 사이에서 최고 지휘자의 모습으로 묘사된다. 이 위풍당당한 군중이 만들어내는 도취적 분위기로 인해 히틀러가 한 모든 말은 하늘에서 내려진 영감받은 포고문처럼 묘사된다. 그리고 제작자로서 그녀는 의식적, 무의식적으로 이러한 적나라한 이미지를 그려내며 군중 심리$^{crowd\ psychology}$에 대한 깊은 이해를 보여준다. 그녀는 포퓰리스트 리더들이 가장 소름 끼치는 방식으로 자주 활용하는 일종의 심리적 역동$^{psychological\ dynamics}$이라는 방법을 보여준다.[1)]

포퓰리스트의 유혹적인 말$^{siren\ song}$

애석하게도 사회 발전 양상을 보면 오늘날 세계에는 히틀러 같이 끔찍한 인물과 행동 패턴이 놀라울 정도로 유사한 리더들이 매우 늘어난 것이 점점 더 명확해지고 있다. 그들은 주류의 사고방식, 태도, 가치에 반영된 국가의 시대정신을 활용하는 법과 그 시대 대중의 주요 불안을 다루는 법을 명확히 안다.

---

1) Gustav Le Bon(2009). *Psychology of Crowds*. London: Sparkling Books.

포퓰리스트 리더들은 또한 타 집단 사람들을 악마로 규정해 사람들을 모으고 자극하는 법을 안다. 이 리더들에게 외국인 혐오증xenophobia은 당연한 것이다. 불행히도 그들 방식대로 행동하는 동안 그들의 주문에 사로잡힌 매우 많은 사람이 이 리더들의 집권 기간에 발생하는, 대개는 폭력적인 역사를 잊는 막대한 기억상실증에 걸리는 것 같다. 이 리더들이 저지를 수 있는 일을 생각해보면 매우 혼란스러운 행동이 예상된다. 작가이자 철학자인 조지 산타야나George Santayana는 "과거를 기억하지 못하는 사람은 과거를 반복할 수밖에 없다."라고 말하면서 우리 앞에 놓인 문제를 직접 지적했다.

상상할 수 없는 일을 추종자들이 하도록 독려하며 이 리더 가운데 일부는 한계를 알지 못한다. 게다가 특히 두려운 점은 많은 이가 권력 쟁취 욕망과 관련해 매우 유혹적인 모습을 보인다는 것이다. 그들은 아주 효과적으로 조작에 능한 대제사장으로 변한다. 사람들의 마술적 사고 욕구를 충족시키는 법을 알고 있다. 그리고 너무 자주 이 포퓰리스트 선동가 리더들은 자기 방식대로 행동하며 '사이비 약장수'에 필적할 정도로 그들이 생각하는 기적의 치료법을 유쾌하게 퍼뜨리며 어려운 문제에 대해 지극히 단순하게 대답하는데, 이러한 해결책이 맞는 경우는 거의 없다.

포퓰리즘populism

일반적으로 포퓰리즘이라는 용어는 주류 바깥의 정치 활동에 사용된다. 그것은 사회가 상반된 두 그룹, 즉 '순수한 사람들'과 '악하고 부패한 엘리트들'로 나뉘어 있다는 점을 강조하는 정치적 입장을 의미한다. 부패한 엘리트들은 정치, 경제, 문화, 학계, 언론 기관에 주로 속해 있는데, 자신들의 이익이나 흔히 대기업, 외국인, 이민자 같은 다른 집단의 이익을 '순수한 사람들'의 이익보다 더 우위에 두는 유사 집단으로 묘사된다. 그리고 당연히 이 순수한 사람들이 심각한 불이익을 당했다는 결론으로 이어진다.

포퓰리즘의 인기는 자유 민주주의가 모든 이들의 삶을 더 나아지게 할 것이라는 기대가 실현되지 않는 것에 대한 대중적 불만에서 생긴다. 자유 민주주의의 약속이 지켜지지 않을 때 사회적 약자라고 느끼는 이들은 자기 자신과 자신의 이익을 보호하기 위해 일종의 '메시아'를 찾으려는 유혹을 느낀다. 자신의 이익을 타인과 나누기 싫어하는 악한 엘리트 집단에 맞서 싸울 사람을 찾는 것이다. 즉 서민들에게 큰 어필을 할 수 있는 정치적 접근이다.

또 포퓰리스트 리더들은 대중을 유혹할 때 '편 가르기splitting'라는 원시적 방어 기제를 활용해 '우리'와 '그들', '선'과 '악' 같이 중간 지점이 없이 사물을 바라보도록 하는 매우 단순한 세계를 만드는 법을 안다. 물론 포퓰리스트 리더들은 선동적 활동을 하면서도 자신을 '선'의 대변자로 여긴다. 그들은 항상 '사람들'의 이익을 마음에 품고 있다는 식으로 청중을 안심시키고 본인들이 바르고 근면한 계층을 대변하는 체 행동하며 이를 부각한다. 또 항상 부패하고 이기적인 존재로 묘사되는 어떤 '사악한 엘리트들'로부터 사람들을 보호하려고 노력한다는 점을 재차 강조한다.

이런 식으로 포퓰리스트 리더들은 친구 대 적으로 구분된 이분법적 세계관을 만들어 추종자들의 감정적 동참을 끌어낸다. 사실 역사를 통틀어 상상이든 실제이든 호모 사피엔스는 적을 만들어 항상 '군대를 결집'

하고 추종자들 사이의 화합을 만드는 훌륭한 역량이 있었다. 그리고 소득 성장이 멈추거나 심지어 감소하기 시작할 때 (특히 국가의 젊은이들 사이에서) 실업이 증가할 때 빈곤이 확대되어 소득 불평등이 확대될 때 '우리' 대 '그들'로 구분된 이분법적 세계에 더 쉽게 걸려든다.

불행히도 매우 자주 우리 시대에 이러한 사회적 양상이 현실이 된다. 소외감을 느낀 많은 사람이 흔히 불안에 시달리고 화를 내는 것은 당연하다. 결국 소득 불평등 현상이 사회적 불안을 완벽하게 설명한다. 이는 민주주의의 본질적이고 확고한 가치, 규칙, 제도에 도전하는 포퓰리스트 정치사회 운동이 매력을 발휘하는 이유이다. 그러나 앞서 제시한 바와 같이 이러한 양상은 다시 반복되는 역사의 사례이다.

스페인 철학자 호세 오르테가 이 가세트 José Ortega y Gasset는 여러 역사적 동향을 살펴보며 20세기 초 유럽의 사회적 격변을 연구했는데, 이러한 움직임들이 혼돈 속에서 표류하며 가장 낮은 공통의 지점으로 침몰해가는 서구 문화의 미래를 제시한다고 보았다. 사실 우리가 지금 전 세계에서 목격하고 있는 포퓰리스트들의 급증은 오르테가의 용어를 쓰자면 새로운 '대중의 반란'[2]으로 해석된다. 그리고 이러한 반란은 민주적 정부 형태라는 체제의 본질을 향한 것이 아니라 대중과 이익을 공유하지 않는다고 생각되는 사악한 엘리트들에 대한 반란이다. 물론 불안한 점은 세계 경제 이득의 너무 많은 부분이 상위 1% 인구에게 몰려 있다는 것이다.[3]

추가로 도널드 트럼프가 최근의 매우 불안한 사례인데, 이런 포퓰리스트 리더들은 제도적 규칙과 규정에 얽매이지 않는다. 그들에게 헌법적 장

---

[2] Jose Ortega y Gasset(1994). *The Revolt of the Masses*. New York: Norton.
[3] Thomas Piketty(2014). *Capital in the Twenty-First Century*. Cambridge, MA: Belknap Press.

치는 거의 의미가 없다. 그들은 자신이 대표하는 사람들에게 무한한 통치권을 부여해야 한다고 강력히 믿는다. 그들의 특별한 세계관을 생각해보면 공권력 행사를 가능하게 하거나 억제하는 제도적, 사회적 장치에 대해서는 관심을 보이지 않고 그저 입에 발린 얘기만 하는 것이 당연하다. 실제 그들은 담화, 집회, 중립적 사법부, 독립적 언론의 자유와 같은 장치에는 아무 관심이 없다.

실제 그들은 미디어에만 관심이 있다. 이 리더들은 자신이 하는 것 모두가 허용된다고 확신하며 항상 '침묵의 다수'로 흔히 묘사되는 목소리를 대변하는 척한다. 그리고 '군대를 동원'하기 위해 앞서 말한 편가르기 같은 원시적 방어 메커니즘을 통해 흔히 소수 집단을 그들 목적 달성의 희생양으로 사용한다.

불행히도 매우 자주 그들의 무책임한 행동 대부분이 소셜 미디어로 전파된다. 그들의 손을 통해 소문과 거짓말은 믿을 만한 사실로 쉽게 바뀐다. 그리고 희생양에 대한 사실 확인을 하기에는 소문이 너무 빠른 속도로 퍼져 나간다. 따라서 주주 가치에만 관심 있는 거대 기술 기업들(예: 구글, 트위터)은 실제 사실과 '사실처럼 설명'되는 거짓을 구분하는 신뢰할 만한 중재자가 아니라는 점이 점점 더 분명해진다. 이 기업들은 언론 자유를 외치며 전통 언론 매체와 달리 사실 확인에 매우 무책임하다. 따라서 소셜 미디어의 힘으로 인해 여론 형성은 통제할 수 없는 것처럼 보인다. 거짓 정보를 퍼뜨리는 것이 너무 쉬워졌다. 편집자가 없는 인터넷 세상의 새로운 정보 기술 때문에 한때 독재 체제에 비해 우수했던 민주주의의 이점이 약화하고 있다.

물론 인터넷이 생기기 전에도 거짓 정보를 퍼뜨리는 사람들은 항상 있었다. 그러나 현재는 비슷한 생각을 가진 사람들이 서로를 찾는 것이 훨씬 더 쉬워졌다. 사실 민주주의의 가장 큰 위협은 이제 표현의 자유를 위협하는 검열이 아니라 민주주의 제도와 시민 역량을 불안정하게 하는 의도적 허위 정보이다. 소셜 미디어의 힘과 능력에 비해 지식의 생산과 보급을 보호할 수 있는 신뢰받는 중개 기관이 부족하다.

신뢰받는 중개 기관 없이 순전히 상업적으로 추진되는 디지털 공론의 장은 민주주의에 도움이 되지 않는다. 결국 사이버 공간은 포퓰리스트 선동가 리더가 '대안 현실 alternative reality'을 만들어 퇴행적 군중 행동을 촉진하는 데 도움이 되는 환상적인 수단으로 판명되었다. 결국 키보드 워리어는 바리케이드에 서는 것보다 훨씬 쉽다. 멀리서 군대를 동원하는 것은 훨씬 적은 용기만 있으면 된다.

그러나 건강한 사회와 조직에는 퇴행적 군중 행동에 휩쓸리지 않는 사람들이 필요하다. 군중 속에서 양심을 저버리게 하는 많은 압력에도 자기 개인성 감각을 유지할 수 있는 사람들이 필요하다. 정신 건강 관점에서 이는 주기적으로 자기를 점검할 준비가 된 사람, 현실을 충분히 파악하기 위해 끊임없이 자문하는 사람을 말한다. 황제의 새 옷에 관한 동화와 같이 현대 사회에는 항상 '벌거벗은 임금님'을 외칠 의향이 있는 '군중 속 어린 소년, 소녀'가 필요하다.

대부분 서구 사회에서 포퓰리스트 선동가 리더들이 활동하는데도 포퓰리즘이 독재체제와 전체주의화 되지는 않을 만큼 민주주의가 충분히 강력하다는 것이 여전히 입증되고 있다. 물론 포퓰리스트 리더들의 활동으로 민주주의의 질적 측면은 부정적 영향을 받았다는 것 또한 명확하다. 포퓰리스트들이 시작한 많은 정치 프로그램은 민족주의적, 외국인 혐오

주의적 수사학이 가득하며 민주주의에 부정적 흔적을 남겼다. 아직까지 포퓰리즘이 민주주의 제도를 파괴하지는 못했지만 많은 피해를 입혔다. 확실히 자유 민주주의의 섬세한 특성 때문에 시민의 자유를 감소시키는 데에는 많은 것이 필요하지 않다. 민주주의는 늘 매우 취약하다. 현재 세계적으로 팬데믹 영향으로 인해 많은 국가의 리더십 관행이 크게 후퇴했다는 것을 알 수 있다. 과거 제도적 견제와 균형의 중요성을 믿었던 국가들이 친숙한 독재 체제로 넘어갔다.

여러 측면에서 히틀러에 관한 레니 리펜슈탈의 영화를 보면서 '내적 부패inner rot'의 위험성이 다시 떠올랐다. 영화는 나를 멍하게 했을 뿐만 아니라 어느 정도 '깨달음'을 주었다. 그 이유는 도널드 트럼프의 포퓰리스트적 연출과 히틀러의 역사적 행동 사이에 너무 많은 유사점을 발견했기 때문이다. 트럼프의 집회와 MAGA Make America Great Again(역자 주: 미국을 다시 위대하게) 추종자들 행동을 연구하며 사람들이 얼마나 쉽게 유혹을 받는지, 즉 퇴행적 군중 행동이 얼마나 쉽게 전면에 나타나는지에 대한 슬픈 생각으로 충격을 받았다. 분명히 트럼프는 '팬 팩트 fan facts(역자 주: 추종자들 사이에서 사실로 믿고 있는 조작된 내용)'를 만드는 최고 숙련가였다. 팬들을 모을 때 '그룹원들'이 듣고 싶어 하는 내용을 말하는 법을 알고 있었다. 아주 분명한 점은 그가 느낀 극도의 결핍감으로 인해 이런 집회가 그에게는 신선한 산소를 공급해주는 것 같은 느낌을 주었다는 것이다. 트럼프같이 자기애에 도취된 사람들은 군중들의 긍정적 반응에 대한 끝없는 굶주림이 있다. 취약한 자존감으로 인해 추종자들과 맺은 악마적 계약을 위한 정기적 경배 행위가 '제공'되어야 한다.

연단에 올라선 트럼프는 가짜 음모론과 왜곡된 유머로 많은 군중을 우롱하는 행복한 전사 이미지를 투사했다. 무슨 말도 안 되는 소리를 지껄이든 지지층은 환호와 흥겨움, "4년만 더!", "그들을 감옥에 가둬!", "저 벽을 쌓아라!", "도둑질을 멈춰라!"라는 구호로 끝까지 충성을 유지했다. 히틀러 사례처럼 모든 거짓은 절대 진실로 여겨졌다. 물론 최고의 거짓말은 그가 선거에서 이겼다는 망상인데 충분히 이해할 수 있는 반응이다. 그와 같은 유형의 악성적인 자기애적 성격을 가진 사람에게 패배는 절대 상상할 수 없다. 트럼프 같은 사람은 항상 '승자'가 되어야 한다. 모든 '손실'은 악의적이고 사악한 엘리트의 음모로 재구성되어야 한다. 그러나 이러한 선동적 장난질을 하면서도 수십만 명의 목숨을 빼앗은 맹렬한 전염병은 무시했다. 그러나 지극히 자기 중심적 태도에 비춰보면 트럼프에게 그것은 매우 작은 걱정거리에 불과했을 것이다. 아마 그는 한때 요제프 스탈린Josef Stalin이 했던 말로 추측되는 "한 사람의 죽음은 비극이지만 수백만 명의 죽음은 통계이다."라는 문장을 들어봤을 것 같다. 그와 같은 사람에게 양심conscience, 공감empathy, 연민compassion을 가지라는 생각은 이해 범위를 훌쩍 벗어난 얘기이다.

군중 심리crowd psychology

사실 히틀러와 트럼프 집회에서 볼 수 있는 군중 행동은 오랜 역사가 있다. 진화론 관점에서 이러한 군중 모임 또는 '무리 짓기' 행동은 동물의 왕국에는 항상 있는 활동이며 인간이라는 동물 역시 예외가 아니다. 안전을 위해 사람들은 집단으로 모이는 것을 좋아한다는 점은 분명하다.

이기적 집단 selfish herd

집단화와 관련해 '이기적 집단' 이론이 제시되는데, 눈앞에 닥친 위협 상황에서 집단의 각 개체는 해당 종의 구성원이 포식자에게 잡아 먹히도록 행동하는 복잡한 공간적 움직임 방식으로 집단화가 발생한다.[4] 추측해보면 대다수 사회 집단에서 포식 위험은 중심보다 주변부에서 더 높아진다. 따라서 무리의 유동적 형태와 움직임은 대다수 개체가 중심 가까이 머물고자 경쟁하고 주변부 구성원이 잠재적 포식자에게 잡아 먹히며 함께 사라지기를 바란다. 또 무리 짓기 행동을 다시 진화론 관점에서 더 깊이 이해하려면 정보 접근이라는 맥락도 고려해야 한다. 집단이 모이면 각 구성원이 다른 구성원의 지식 또는 핵심 자원의 주요 정보에서 더 쉽게 유익을 얻을 수 있다. 다시 말하지만 진화론 관점에서 무리 짓기는 개인들의 먹이 찾기를 좀 더 성공시키는 데 도움이 될 수 있다.

모방 mimicry

진화적이든 아니든 군중 속에 있으면 인간은 특히 정서적 수준에서 이상한 영향을 받을 수 있다. 군중이 모이면 구성원들은 상호 동일시 mutual identification 과정을 통해 서로의 행동을 강화하는 경향이 있다. 따라서 사람들이 다른 사람과 유사한 감정을 표현하고 느끼는 정서적 전염 emotional contagion 현상은 호모 사피엔스의 또 다른 두드러진 특징으로 볼 수 있다.

---

4) William Hamilton(1971). Geometry for the selfish herd, *Journal of Theoretical Biology*. 31, 295-311.

우리는 타인들의 정서 상태를 반영하는 경향이 있다. 다시 한번 히틀러와 트럼프 집회의 충격적 사례처럼 무리 짓는 동물 행동과 인간 군중 행동 사이에 강한 유사점을 볼 수 있다. 앞서 제시한 바와 같이 특히 위험 상황에서 타인들의 행동을 모방하는 것은 매우 효과적인 생존 전략이 될 수 있다. 흔히 그것은 안전 지침이 될 수 있다. 확실히 일정 수준의 모방은 유전자에 내재되어 있는 것 같다.

사실 흉내내기 능력은 유아의 행동에서 매우 잘 관찰된다. 초기 유아 단계부터 양육자의 감정을 흉내내는 것을 볼 수 있다.[5] 그리고 평생 이러한 정서적 전염 경향은 유지된다. 이런 종류의 내재적 성향은 많은 사람이 동시에 같은 방식으로 행동하는 모임에서 호모 사피엔스의 이상한 행동을 설명한다. 분명히 이전에 제시한 것처럼 군중 구성원의 광란은 전염될 수 있고 이런 전염은 그 자체가 저절로 강화된다. 히틀러와 트럼프 집회가 대표 사례인데 집단 지혜의 원천이 되는 이런 행동은 불행히도 매우 변덕스럽고 심지어 똑같이 미친 행동을 유발할 수 있다.

신경학 관점에서는 거울 뉴런mirror neurons 개념을 도입해 이 이상한 행동을 설명할 수 있다. 이는 인간의 사회적 상호작용에 영향을 주는 것 같은 시공간 뉴런visuospatial neurons을 말한다. 자세히 설명하면 짧은 꼬리원숭이 뇌 연구자들은 한 원숭이가 어떤 행동을 하고 다른 원숭이도 같은 행동을 하는 것을 보았을 때 특정 뉴런이 활성화한다는 사실을 발견했다. 이런 동물 행동 연구는 거울 뉴런이 모방mimicry과 정서적 전염의 기본 구성 요소라는 관찰로 이어졌다. 연구원들에 따르면 정보 처리를 포함해 우리가

---

5) Susan S. Jones(2007). Imitation in infancy: The development of mimicry, *Psychological Science*. 18 (7), 593-599

다른 사람들과 상호작용하는 방식의 모든 측면에 영향을 미치고 인간을 사회적 동물로 만드는 것은 이 특정 뉴런이다.[6] 거울 뉴런으로 인해 자신이 행동하는 법과 타인의 행동을 관찰, 해석하는 법에 대해 새롭게 생각할 수 있는 방식이 생겼다.

심리학적 설명psychological explanations

이 다양한 이론이 '군중의 광기' 설명에 충분치 않다면 진화신경학에서 심리학 영역으로 전환하는 것이 확실히 전체 모습을 파악하는 데 도움이 된다. 잘 알려진 바와 같이 사회심리적 압력social-psychological pressures으로 인간은 적응할 필요성을 느낀다. 사회적 순응social conformity의 영향을 말하는 것이다.[7] 이러한 순응 압력은 실제 하는(다른 사람의 물리적 존재 포함) 또는 상상의(사회적 규범, 기대) 집단 압력에 해당한다. 다시 말해, 순응은 우리가 때때로 직면하는 집단 압력에 따르는 행위로 정의된다. 따라서 달리 말해 사고와 행동을 순응하는 사회적 압력 또한 인류 유산의 일부이다. 앞서 언급한 무리 행동의 불가피한 파생물이라고 볼 수 있다.

정확한 대응이 불확실한 상황에서는 흔히 더 많은 정보, 지식이 있는 것 같은 누군가를 찾아야 한다는 생각이 든다. 그들이 이끌어 주는 것을 행동 지침으로 사용한다. 또 우리가 특정 방식으로 행동하는 이유는 처벌을 피하기 위해서일 수도 있는데 이는 사회적 순응과 더 관련이 있다. 그

---

6) Giacomo Rizzolatti and Maddalena Fabbri-Destro(2008). The mirror system and its role in social cognition, *Current Opinion in Neurobiology*. 18 (2), 179-184.
7) Solomon E. Asch(1948). The doctrine of suggestion, prestige and imitation in social psychology, *Psychological Review*. 55 (5), 250-276.

결과 동의하지 않더라도 특정 행동 유형을 따라야 한다고 느낀다. 마지막으로 사회적 순응은 다른 사람들이 우리를 좋아하도록 특정한 방식으로 행동하는 것처럼 보상을 얻고자 하는 바람의 결과일 수도 있다.

군중의 이상한 행동에 대해 언급할 가치가 있는 또 다른 심리적 역동은 정신분석 문헌에서 잘 알려진 '이상화idealizing'와 '거울 전이mirror transference' 과정이다.[8] 일반적 임상 관찰에서 전이 반응은 특정인에 대한 정서적 반응의 일부를 완전히 다른 사람에게 보낼 때 발생한다. 이런 이상한 대인관계 과정에서는 일반적으로 권력과 권위를 가진 위치에 있는 타인들이 흔히 강력하고 모든 것을 아는 부모의 모습처럼 경험된다.

어린 아이가 부모를 이상화하고 보호받는 것처럼 느끼는 방식과 매우 유사하게 타인을 '이상화'한 사람들도 보호받는다고 느끼고 존경하는 사람의 힘과 능력을 공유받을 수 있다고 상상한다. 당연히 권위자와 같이 리더 위치의 사람들은 이 역할을 아주 쉽게 떠안는다. 심리 내면적으로 전이 과정의 속박에 있는 사람은 '당신은 완벽해 보인다. 그래서 나는 당신 일부가 되길 원한다'와 같은 사고 과정을 시작한다.

'사람들 목소리'를 대변한다고 자처하는 흡사 카리스마처럼 보이는 나르시시스트들이 포퓰리즘 운동을 얼마나 자주 주도하는지 볼 수 있다. 이런 리더들은 호소력을 바탕으로 선거 운동을 하고 지지를 얻는다. 사람들의 터무니없는 행동을 보면 전이적 이상화 과정transferential idealization processes

---

[8] Sigmund Freud(1905). Fragment of an Analysis of a Case of Hysteria, in *The Standard Edition of the Complete Psychological Works of Sigmund Freud*, VII, ed. J. Strachey. London: Hogarth Press; Heinz Kohut (1968). The Psychoanalytic Treatment of Narcissistic Personality Disorders. In *The Search for the Self* (Vol. I), pp. 477-509. New York: International Universities Press.

으로 인해 사람들은 자신이 대표하는 척하는 것과 쉽게 동일시되는 것을 알 수 있다. 이것은 군중 속에서 발견할 수 있는 이상한 심리적 역동에 관한 또 다른 설명이다. 우리는 구성원들이 리더와 어떠한 개인적 관계를 맺고 있다고 상상하는지 볼 수 있다. 상상 속에서 그들은 자신이 리더와 같다는 자기애적 환상을 갖기 위해 리더의 모습을 자신 안에 통합하려 노력한다.[9] 그런데 이 연결은 양방향적인 것 같다. 포퓰리스트 리더들은 역시 자신이 '사람들'과 직접적 관계가 있다고 주장하며 심지어 자신을 사람들의 바람이 인간의 형상을 띠며 나타난 존재로 상상하기도 한다.

이 상호작용적 전이 과정interactive transferential process은 인간이 무력감으로 인해 권력power과 권위authority 있는 사람들과 일종의 자기애적 융합을 유지하는 이유를 설명한다. 역으로 투사를 받는 사람은 사람들의 존경으로 인해 '전이적 미러링 과정transferential mirroring process' 대상이 될 것이다. 결과적으로 양 당사자에게는 상호 충만할 수 있지만 성숙한 행동은 없는 섬뜩한 '움직임dance'이 형성된다. 오히려 그것은 어린애 같은 행동에 의존하는 일종의 집단 퇴행을 나타낸다. 동시에 집단의 일부가 되는 것은 특히 자신에게 결함이 있다는 자아감을 고칠 수 있는 이상적 지도자를 찾는 사람들에게 회복과 대체 기능을 제공한다. 앞서 제시한 바와 같이 무력감에 대처하기 위해 리더의 힘power이 자신에게 전이될 것으로 상상한다.

또 그들이 덜 무력감을 느끼는 점은 혼자가 아니라는 감각이다. 같은 배를 탄 다른 사람들, 즉 그들이 동일시할 수 있는 타인들로 인해 이 감각을 더 강하게 느낀다. 따라서 리더 동일시와 구성원 상호 동일시는 무력감에

---

9) Sigmund Freud(1930/2001). *Civilization and Its Discontents, The Standard Edition of the Complete Psychological Works of Sigmund Freud*, XXI. ed. J. Strachey. London: Hogarth Press.

대한 처방이 된다. 동시에 앞서 제시한 것처럼 이 기이한 '움직임'에 참여하면서 집단 구성원들은 리더의 자기애적 욕구를 충족시켜주게 된다. 그리고 그들이 한 번 움직임의 일부가 되면 모든 것을 수용한다. 도덕과 윤리는 사라진다. 모든 거짓은 강한 사실로 재구성된다.

영화 「의지의 승리」에서 매우 많이 등장하는 이런 복잡한 집단 역동을 통해 이제 포퓰리스트 리더들이 군중 심리를 활용하는 법과 이러한 프로세스를 사용해 흔히 자신의 이익을 얻는 법을 더 잘 이해할 수 있는데 이 활동은 대개 암울하게 끝이 난다. 또 집단 역동 관련 이론은 군중 자체가 구성원에게 이상한 심리적 영향을 미치는 방식을 알려주는데, 레니 리펜슈탈 영화는 이런 퇴행 과정의 좋은 사례이다.

히틀러가 말할 때 나치 청중의 비판 능력이 어떻게 사라지는지 볼 수 있다. 청중에게 '최면을 거는hypnotizing' 재능으로 인해 총통이 말한 모든 거짓은 신의 이치로 받아들여지는 것처럼 보였다. 그리고 팬들이 듣고 싶어 하는 '조작된 내용fan fact'을 이야기하는 동안 그는 실제로 대체 현실alternative reality을 만들고 있었다. 따라서 애석하게도 히틀러가 일하는 동안 팬들은 컬트cult 일원으로 변하는 것처럼 보였다. 컬트적 행동cult-like behavior이 전면에 나타나면 모든 것이 허용되고 무엇이든 믿게 된다. 그리고 2차 세계대전 중 히틀러가 선동한 잔학 행위는 이런 위험한 이데올로기의 후유증에 대한 무서운 징후이다. 확실히 히틀러와 추종자들이 저지른 역사적 선례는 일부 트럼프 추종자들이 저지를 수 있는 일에 대한 심각한 우려를 불러일으킨다. 트럼프가 선거에서 졌는데도 그들은 트럼프의 언행에서 나온 대체 현실을 계속 믿는다.

양심 없애기 dissolving the conscience

우리는 리더의 최면 효과가 집단 소속감belonging의 익명성과 결합되어 어떻게 매우 비합리적이고 감정적인 행동으로 이어지는지 알 수 있다. 다시 한번 레니 리펜슈탈 영화를 자세히 보면 이 나치 전당 대회 참가자들은 개인적 가치와 표준에 대한 통제력을 상실한 것처럼 보였다. 히틀러가 신봉하는 위험하고 비상식적 생각이 무엇이든 그것은 절대적 진실로 내면화되었다. 분명히 그의 '팬들'은 더는 무엇이 적절한 행동이고 무엇이 적절하지 않은 행동인지 판단할 수 없는 것처럼 보였다. 결과적으로 그들의 내적, 사회적 표준은 제쳐 두고 더 원시적, 퇴행적 행동을 하기 시작했다. 이런 유형은 포퓰리스트 지도자들에게 도취된 다른 대규모 그룹에서도 볼 수 있는 동일한 패턴이다.

우리가 볼 수 있는 것은 이 그룹 내에서 리더는 구성원의 주요 기능을 떠안고 개인의 책임을 덜어준다는 점이다. 그 대신 히틀러 같은 지도자가 자신들의 양심을 맡도록 내버려 두었다. 이것이 그가 청중에게 말하는 모든 것이 절대적 진실처럼 보이는 이유이다. 청중은 행동 통제력이 약해져 '진실'이라고 제안되는 무엇이든 수용한다. 그것은 기이한 행동, 과장된 감정, 극단주의 이데올로기의 쉬운 수용, 심지어 폭력을 표출하는 형태인데, 이런 '대중' 그룹에 거의 변함없이 존재하는 드라마적 요소를 설명한다.

게다가 군중 속 익명의 경험은 사람들의 사회적 표준에 대한 관심을 줄이고 반사회적 행동 참여를 제한하던 기준을 낮춘다. 흔히 시간이 지나며 그런 군중 구성원은 더욱 통제되지 않고 기꺼이 좀 더 반사회적 행동을 하게 된다. 리더로 인해 분별력이 사라져버렸기 때문에 군중의 일원은 이

성적으로 생각할 수 없게 되어 판단력과 비판적 사고가 크게 부족한 모습을 보여준다.

어떤 그룹이 일종의 컬트가 될 때 그들이 내세우는 진실만이 의미와 자기 규정에 가장 중요한 원천이 된다.[10] 이 모임에서 대체 현실이 만들어진다. 실제 사실이 무엇이든 그것은 폐기된다. 모든 거짓말 또는 '대체 사실alternative facts'이 새로운 진실이 된다. 그리고 리더에 대한 강한 동일시로 추종자들은 압도적 반대 근거가 있는데도 리더가 말하는 모든 것을 믿는다. 확실히 컬트적 행동 영역에서 실제 사실은 더는 중요하지 않다. 그리고 히틀러가 극도로 안 좋은 사례였지만 트럼프의 행동 역시 대부분 유사 패턴을 따랐다. 그는 대체 현실을 창조하는 현대의 마법사가 되었다. 불행히도 많은 다른 국가 리더가 불안감을 조성하는 그의 사례를 따랐다.

아첨꾼 효과 sycophant effects

리더와 추종자 사이의 역동에서 볼 수 있는 흥미로운 사실은 리더와의 강한 동일시로 인해 말하는 모든 것을 추종자들이 받아들이는 아첨꾼 효과이다. 이 과정은 흔히 반향실echo chamber과 같은 기능을 하는 리더의 심복집단inner circles 행동에 가장 예민하게 반영된다. 이 사람들은 리더들이 듣고 싶은 것만 들을 수 있도록 한다. 그들은 리더의 자기애적 분노에 불을 지필까 두려워 리더의 귀에 달갑지 않은 소식이 전달되는 것을 막는 '필터' 역할을 시작한다.

---

10) Manfred F. R. Kets de Vries(2020). *The CEO Whisperer: Meditations on Leaders, Life and Change*. London: Palgrave Macmillan.

히틀러와 트럼프 같은 사람들은 리더의 파괴적 행동 패턴 유지에 도움 되는 행동을 하는 사람들, 즉 여러 명의 아첨꾼 조력자들이 없었다면 결코 일을 추진할 수 없었을 것이다. 대다수 아첨꾼 조력자가 기생하는 권위자들은 자기애적 성격이므로 추종자들의 끝없는 인정이 필요하다. 자신들이 신이 인간에게 준 선물 같다는 찬사를 끝없이 들어야 한다. 그러나 조금의 비판, 반대는 적대 행동으로 해석해 자기애적 상처를 건드려 분노의 공격이 이어질 수 있다. 공격에 대한 두려움이 리더를 따르는 사람들에게 유지된다.

나르시시즘이 이런 리더의 주요 특징이라면 아첨꾼 조력자 가운데 많은 이는 의존적 성격이 더 많다. 아첨꾼들은 권력과 권위가 있다고 생각되는 사람들을 찾는 경향이 있다. 사실 이런 사고방식을 가진 사람들은 정서적, 신체적 필요로 타인에게 의존하길 원하는 오래 지속한 변하지 않는 패턴이 있다. 의존이 필요한 이 사람들은 권력과 권위의 위치에 있는 사람들에게 호의적으로 보이기 위해 무엇이든 할 준비가 되어 있다. 그들의 성격 때문에 현재 정치적으로 옳은 것으로 여겨지는 모든 입장에 순응하는 최신의 집단 사고groupthink에 적응할 준비가 되어 있다.[11] 물론 이들의 과도한 의존적 감정은 현저한 복종, 집착 행동으로 이어질 수 있다.

이들은 자신감이 부족하므로 흔히 자기 판단을 정말 신뢰하지 않는다. 대개 결정 상황에 직면하면 책임자에게 맡긴다. 비판하겠다는 생각은 거의 마음에 떠오르지 않는데 리더와의 친밀도가 위태롭게 될까 봐 두렵기 때문이다. 그 대신 아첨꾼 조력자들은 자신들의 집단 사고에 의문을 제기

---

11) Irving L. Janis(1982). *Groupthink: Psychological Studies of Policy Decisions and Fiascoes* (2nd ed.). Boston: Cengage Learning.

하는 자들과 (조력자의 마음이 더욱 나쁜 점은) 존경하는 리더를 폄하하는 자들을 재빨리 비판하거나 공격한다. 불행히도 이 끔찍한 조력 과정을 촉진하는 것이 바로 이런 종류의 행동이다.

이런 행동은 대부분 포퓰리스트 리더가 권력을 획득한 국가에서 관찰할 수 있다. 그리고 앞서 언급했듯 이런 행동은 서로를 강화하는 경향이 있고 양쪽 당사자는 문제가 있음을 인식하지 못한다. 물론 아첨꾼 가운데 일부는 일어나는 일을 마음속으로 동의하지 않지만 너무 불안해서 말하는 것을 꺼리거나 문제가 있어도 표현하기를 꺼린다. 지도자의 분노를 받게 될까 봐 두려워 안전하게 지내는 것을 선호한다. 그리고 아첨꾼들은 흔히 행동하지 않는 이유를 합리화하여 양심의 부담을 덜어낸다. 물론 일부는 더 기회주의적인 선택을 할 수도 있다. 가질 수 있는 권력, 지위, 부의 형태로 권력의 근원과 '좋은 것' 가까이에 있으려는 경향이 있다.

불행히도 이들의 행동 방식은 타인들에게 그들이 하는 일에 아무런 문제가 없다는 메시지를 보낸다. 문제 있다는 것을 인정하지 않으므로 아첨꾼들은 리더들이 어떠한 부정적 결과도 경험하지 못한 채 나쁜 방식을 지속하게 한다. 그런 점에서 중국 시진핑, 북한 김정은, 르완다 폴 카가메, 튀르키예 레제프 타이이프 에르도안 같은 리더들 주변에서 어떤 대화가 오가는지 상상만 할 수 있을 뿐이다. 문제는 이 사람들이 어떤 세상을 만드느냐는 것이다. 그러한 세상이 그곳에서 사는 사람들에게 의미 있는 일이 될까? 결국 모든 인간의 주요 실존적 니즈 가운데 하나는 '(남이 만든 세상이 아니라) 자신의 삶을 사는 것'이다.

유독한 리더십의 위험성에 대한 생각으로 인해 종신 지도자leaders for life를 두는 불안한 사회 트렌드에 관심을 두게 되었다. 이 불행한 일들에 대한 우려로 나는 종신 지도자에 대해 내가 말할 수 있는 것들을 떠올려보았다. 풍자 작가이자 수필가인 조나단 스위프트가 쓴 '겸손한 제안'이 생각났다. 그 유명한 에세이에서 아일랜드의 악화한 상황에 대한 논평을 위해 가난한 아일랜드인들은 부유한 신사, 숙녀들에게 자녀를 판매하여 음식을 장만하고 경제적 어려움을 완화할 수 있을지도 모른다는 터무니없는 제안을 했다. 사실 이 풍자적 이야기에서 스위프트가 이야기한 것은 당시 영국인이 가난한 사람들에 대해 보인 무자비한 태도와 아일랜드인을 대했던 전반적 대응을 무자비하게 조롱하는 것이었다. 스위프트의 글을 보며 종신 지도자가 되길 원하는 리더들을 풍자하는 유사한 글을 써야겠다는 생각이 들었다. 독재 관행을 비난하기 위해 어떠한 논평을 할 수 있을까? 생각을 거듭하며 풍자가 종신 지도자라는 운영 방식$^{modus\ operandi}$이 지닌 위험성을 드러내는 가장 좋은 방법일 수도 있다고 생각했다.

2장
종신 지도자를 세우자

권력은 부패하는 경향이 있다. 절대 권력은 절대 부패한다.
– 액튼 경 Lord Acton

끔찍한 깊이 없이 아름다운 표면은 없다.
– 프리드리히 니체 Friedrich Nietzsche

'스위프트주의자'의 제안 a 'Swiftian' proposal

'종신 지도자 leaders for life'라는 아이디어가 마침내 우리 세계에서 진정한 힘을 얻는 것을 목격하게 되어 큰 기쁨과 진심 어린 만족으로 너무 황홀하다. 나는 이것이 과거 일이 되어버린 것 같아 한동안 걱정했다. 그러나 시진핑, 블라디미르 푸틴을 비롯한 수많은 임시 지도자가 명백한 장점을 과감하게 인정하고 종신 지도자 자리를 차지하기 위해 끝없이 노력하는 것을 보면 안도의 한숨이 나온다.

아마도 진정한 차이를 만든 것은 이 선구적 리더들 가운데 많은 사람이 노력을 기울인 새로운 삶과 특별한 '불꽃'일 것이다. 물론 대표 사례가 앞서 언급한 도널드 J. 트럼프의 '미국을 다시 위대하게 만든다'는 것의 명성이다. 취임 직후 그는 종신 지도자의 큰 이점을 인식했다. 2018년 3월 플로리다에서 많은 기부자에게 연설하며 시진핑이 주석의 임기 제한을 없애고 공직에서 계속 일하도록 한 중국의 헌법 개정constitutional amendments에 대해 부끄럽지 않은 찬사를 보낸 것은 매우 고무적인 일이었다. 트럼프는 늘 그렇듯 통찰력 있고 풍부한 어휘로 시진핑에 대해서 다음과 같이 말했다: "그는 이제 종신 주석, 종신 주석입니다. 그는 대단합니다. 보세요, 그는 그렇게 할 수 있었습니다. 훌륭하다고 생각합니다. 언젠가 우리도 한번 시도해 보아야 할 것입니다."[1)]

그는 이보다 진실에 더 가까울 수 없었다. 결국 중국인은 지난 몇 년 동안 미국인을 모방해왔다. 이제 미국인이 중국인을 모방하기 시작할 때 아닌가? 정말 이상적인 후보자로서 트럼프가 종신 대통령을 하는 것이 미국을 다시 위대하게 만들 줄 누가 알겠는가? 그는 진정으로 이를 원했으나 애석하게 실패했다. 가슴이 아프다. 침묵하는 대다수 사람은 매우 은혜를 모르는 자들이다.

나는 자유 민주주의 국가에서 정치인에 대한 불신이 천문학적 수준에 도달한 시점에서 강력한 리더를 갖는 것이 답이 될 것이라는 데 의문의 여지가 없다고 굳게 믿는다. 자유 민주주의 국가의 헛된 지도자들에 비해 이들의 집권이 더 바람직하지 않은가. 적어도 종신 지도자들은 누군가 대중의 보호를 책임진다는 느낌을 준다. 비록 그것이 거대한 환상으로 판명

---

1) https://www.theguardian.com/us-news/2018/mar/04/donald-trump-praises-xi-jinping-power-grab-give-that-a-shot-china

되더라도 누가 관심이나 있겠나? 민주주의 정치인이라고 주장하는 많은 이의 교묘한 정치 게임과 비교할 때 종신 지도자를 세우는 접근 방식이 훨씬 낫다고 더욱 확신한다. 우리는 안정성이라는 큰 혜택을 결코 과소평가해서는 안 된다. 이것이 종신 지도자를 세우자는 제안이 매우 훌륭한 이유이다.

'기둥 위 거북이post turtle' 같은 임기가 정해진 지도자

잠시 임기가 정해진 지도자의 문제가 무엇인지 주의 깊게 생각해보자. 내 생각으로 그들은 '기둥 위 거북이'에 지나지 않는다. 이게 무슨 뜻일까? 당신이 시골길을 운전 중이라고 상상해보자. 갑자기 울타리 기둥 위에서 균형을 잡고 있는 거북이를 보게 되었다. 분명히 거북이가 스스로 그곳에 가지는 못했을 것이다. 그러니 당연히 거북이는 기둥 위에 맞지 않는다. 거북이가 자신의 능력 이상으로 높은 곳에 머물러 있으므로 기둥 위에 있는 동안 무엇을 해야 할지 모른다는 점을 추가로 생각해보자. 그리고 자문할 점은 어떤 바보가 이 거북이를 처음 거기에 두었는가 하는 것이다. 바로 이 점이 자유 민주주의 국가의 임기가 정해진 리더들time-limited leaders 상당수가 가진 문제점이다. 흔히 일을 하는 데 적합하지 않다. 또 대중들이 이들을 선출할 때 앞으로 맞이할 음울한 결과를 깨닫지 못한다. 의미 있는 일을 하기에 주어진 시간이 너무 짧은 것이다. 제한된 임기로 인해 의미 있는 일을 할 만큼 충분히 경험하지 못할 것이다. 그들은 이상한 나라 앨리스의 인물들처럼 끝이 어디인지 모르고 비틀거리기만 한다.

그 대신에 종신 지도자가 있다면 우리 대부분이 늘 갈망하거나 꿈꾸는 정치적, 정책적 연속성이 창출된다. 같은 사람이 국정을 맡기 때문에 매우 안심이 된다. 영속성이 안전한 느낌을 주는 것은 예전부터 알려져 왔다. 군주국의 경우처럼 우리가 동일시할 누군가가 있는 것이다. 잦은 리더 교체가 매우 파괴적이라는 점은 분명하지 않은가? 흔히 그것은 혼돈을 야기하는 방안일 뿐이다. 솔직히 말해 모든 시민의 이익을 대변하는 포괄적 정치 시스템을 구축한다는 것 자체가 허황된 꿈에 불과하다. 민주적 정치, 법 제도에 진지하게 전념하고 열린 토론의 가치를 믿으며 시민 각자가 풍요로운 삶을 영위하는 사회를 만들 염원을 갖고 시민, 정부가 번영하는 경제를 창출할 리더를 찾지만 이는 불가능하다. 깨어 있는 사람들 대부분은 민주주의 자체가 믿을 수 없을 정도로 불안정한 정부 체제인 것을 깨닫게 되었다. 민주주의는 훌륭한 통치에 필요한 것들을 무지한 대다수 일반 대중들의 변덕스러움에 상당히 의존한다. 자유 민주주의자들의 교체 요구로 인해 이미 잘 운영되고 있는 체제가 약화되는 것을 매우 자주 볼 수 있다.

절대 권력은 깔끔하다 Absolute power is kind of neat

'절대 권력은 반드시 부패한다'라는 말에 대해 고민해야 할까? 직설적으로 말하면 '아니다'. 약간의 권력을 갖는 것이 뭐가 그리 나쁜가? 그럼 많은 권력은 어떠한가? 결국 오직 권력을 통해서만 일이 이루어진다. 또 대중을 유지하기 위해 무력이 필요한 경우가 항상 있다. 그냥 그런 것이다.

대중은 무지하므로 때로는 상당히 불합리하고 심지어 제멋대로일 수도 있다. 그들을 단속하고 통제하는 것은 좋은 일이다. 그리고 권력의 맥락에서 '부패'라는 단어에 대해 왜 그토록 부정적일까? 우리는 그것을 인간 조건의 일부로 받아들여야 하지 않을까? 그것은 대부분 사회가 계속 운영되도록 하는 불가피한 접착제가 아닐까? 따라서 요약하면 권력, 부패, 무력은 위대한 사회의 '기본 구성 요소'이며 이제는 그것을 인정할 때가 되었다.

이 모든 것은 우리 인류 역사를 되돌아보면 더욱 분명해진다.

구석기 시대부터 **호모 사피엔스**는 늘 안정을 주는 리더를 찾았다. 그들이 우러러보고 무엇을 해야 할지 알려주는 그런 종류의 사람들을 원했던 것이다. 이러한 지도자들의 권력 획득 과정은 거의 동일하다. 인간의 발전 양상을 보면 리더가 매우 많은 권력을 장악하고 장기 집권하는 것에 대한 일부 사람들의 우려가 너무 과장되어 있다고 생각한다. 또 개인이 정부 통치를 장기간 장악할 때 권력 남용이 조장된다는 생각은 단지 소문에 불과하다. 일반적으로 대중은 롤 모델이 절실히 필요하다. 장기 집권이 국가의 경제, 사회적 쇠퇴와 강한 상관 관계가 있다고 하는 것은 유감스럽게도 과장이다. 결국 거짓말에는 거짓말, 빌어먹을 거짓말, 통계의 세 종류가 있다는 말이 있지 않나?

'종신 지도자' 영광의 역사
- 카이사르, 나폴레옹, 차우셰스쿠, 히틀러

사실 많은 이가 종신 지도자 체제야말로 매우 영광스러운 역사가 있다는 것을 깨닫지 못한다. 기원전 45년 자신을 '영구 통치자'로 임명한 율리우스 카이사르Julius Caesar를 생각해보자. 매우 불행한 최후를 맞았지만 그의 사례는 그가 암살당한 뒤 많은 로마 황제가 비슷한 지위를 추구하게끔 영감을 제공했다. 카이사르가 밝힌 진정한 길을 깬 사람은 1802년 '제1 종신 제독'에 임명되었고 2년 뒤 자신을 황제로 칭한 나폴레옹 보나파르트Napoleon Bonaparte였다. 사실 황제 칭호 자체가 그를 유행의 선도자로 만들었다. 나폴레옹은 중앙 아프리카 공화국 보카사 1세Bokassa I로 알려진 장 베델 보카사Jean-Bédel Bokassa를 포함한 많은 사람의 롤 모델이 되었는데, 보카사 또한 자신을 황제로 칭하는 대담함과 빛나는 용맹을 겸비한 또 다른 선구적 지도자였다. 그는 국가 운영 방식이 독창적이었는데(식인 풍습에 손댄 것은 무시하자) 예지력 있는 많은 이가 그가 쿠데타로 쓰러진 것을 매우 유감스럽게 여긴다고 생각한다. 또 국민들이 그를 재판하여 반역과 살인죄로 사형을 선고한 것을 많은 이가 매우 불공평하다고 여겼다. 다행히 이후 사형은 독방 종신형으로 감형되었다.

1965~1989년 루마니아 지도자 니콜라 차우셰스쿠Nicolae Ceausescu가 운이 좋지 않았다는 사실이 여전히 슬프다. 늘 스스로를 지도자라 말하며 모범적인 방식으로 국가를 운영했지만 결국 그와 아내는 형식적 법정에서 사형 선고 판결을 받은 직후 처형당했다. 국가를 위해 많은 일을 했던 사람의 치욕적인 최후였다는 데 동의한다. 차우셰스쿠가 죽기 직전 '사회주의 혁명'과 루마니아의 '다각적으로 발전한 사회주의 사회'의 성과를 칭송하는 연설을 했기 때문에 이 일이 발생한 이유가 아직도 궁금하다. 그가 설명했듯 그의 통치에 반대한 폭동은 '사회주의를 파괴하려는 파시스트 선동가들'에 의해 야기되었다. 사람들이 얼마나 배은망덕한지 참으

로 놀랍다.

물론 이미 논의한 바와 같이 종신 지도자의 또 다른 훌륭한 사례는 이전 장의 롤 모델인 아돌프 히틀러이다. 그 이름을 언급하며 이상적인 사례는 아니라는 견해가 있는 것을 깨닫고 히틀러 사례를 옹호하는 것을 다소 주저했다. 그는 확실히 역사상 악명 높은 자리를 차지했다. 생각해보자. 독일 총리로 임명된 뒤 독일 의회는 대통령과 수상 직위를 통합하기로 결정하고 히틀러에게 전능한 지도자인 총통 칭호를 부여했다. 얼마 지나지 않아 독일 의회는 그가 총리와 총통직을 평생 유지하도록 결정했다. 그 이후에는 일이 잘 풀리지 않았는데 이를 매우 애석하게 생각하는 사람들이 여전히 있다. 그러나 소련의 또 다른 위대한 종신 지도자 요제프 스탈린Joseph Stalin은 "비단 장갑으로는 혁명을 일으킬 수 없다."라고 아주 정확하게 말한 적이 있다. 이 위대한 사람의 또 다른 예리한 관찰은 "투표한 사람들은 아무것도 결정하지 않는다. 표를 세는 사람이 모든 것을 결정한다."라는 것이었다.

무가베, 모부투 - 국가를 '다시 위대하게' 만들다

언급할 가치가 있는 다른 모범적 지도자들은 앞서 언급한 훌륭한 롤 모델에서 영감을 받았다. 예를 들어 국가 종신 지도자에 사심없이 자원한 또 다른 진정한 선구적 지도자 로버트 무가베Robert Mugabe를 생각해보자. 그는 매우 영감을 주는 독특한 방식으로 조국을 다시 위대하게 만들고자 노력했던 또 다른 지도자였다. 그가 임무에 완전히 성공하지 못한 것이 얼마나 불행한지 말할 수 있다. 이는 분명히 위대한 자의 '선한 일'을 방해한 많은 서방 국가의 악마적 노력에 책임이 있다. 한때 아프리카 대륙에서 가장 부유한 국가 가운데 한 곳이었던 짐바브웨가 그의 통치 아래에서 완전히 쇠약해진 만성적 저개발 지역이 되었다고 한 서방 국가들의 이야기는 매우 잘못된 생각이었다. 터무니없이 들리지만 서방국가들은 그의 재임 기간 동안 기대 수명과 1인당 소득이 급격히 감소되었다고 제시했다. 그들은 심지어 그의 통치로 국가가 초인플레이션 측면에서 세계 챔피언이 되었다고 말했다. 일부 사람의 이런 명예훼손 노력이 얼마나 오래 갈지는 알 수 없다. 다행히 무가베는 임기 제한 압력을 '아프리카 지도자들의 목에 멍에를 매려는 서구의 시도'라고 부른다.[2] 항상 그래왔듯이 통찰력이 있는 그는 정확히 맞는 말을 했다.

또 콩고민주공화국Democratic Republic of the Congo 모부투 세세 세코Mobutu Sese Seko 대통령이 그런 위대한 나라를 어떻게 건설했는지 항상 궁금했다. 그러나 불행히도 언론은 그를 매우 반대했고 정말 오해를 조장했다. 예를 들어, 깨어 있는 지도자였던 그의 영도력 하에서 30년 동안이나 콩고민주공화국이 심각한 부패, 횡령, 공공 기반시설 방치에 시달렸다는 것이 정말 믿을 만한 얘기일까? 그가 외국 소유 기업을 몰아내고 정부 기금을 횡령하여 광물 채굴에 거의 모든 기반을 두고 있던 경제가 악화되었다는 것 또한 신뢰할 만한 이야기일까? 그리고 1997년 그를 전복시키고 2001년 암살된 후계자 로랑 카빌라 1세Laurent Kabila와 아들 요셉Joseph이 같은 일을 더 많이 했다는 것도 믿을 만한 얘기일까? 그들이 전임자들처럼 국가

---

[2] https://css.ethz.ch/en/services/digital-library/articles/article.html/513dbea7-2e06-47a6-b3f1-af8c1c86b419

자금을 훔치고 공공 서비스 제공을 사실상 무시해 정말 부를 축적했을까? 이야기해보자. 다른 많은 영웅적 종신 지도자와 마찬가지로 여기에도 많은 거짓말이 있었던 것이 매우 분명하다고 생각한다.

　이 위대한 아프리카 지도자들을 롤 모델 삼아 우간다Uganda 요웨리 무세베니Yoweri Museveni 대통령이 5년간 임기를 여섯 번째 연임하며 창의적으로 집권하는 모습을 보는 것은 정말 가슴이 뭉클하다. 최근 선거가 공정하지 못했다는 논평(외부 국제 관찰자가 지지하는 논쟁)은 경쟁자들이 기꺼이 물러나지 않아서 발생한 또 다른 사례일 뿐이다. 이러한 사람들은 너무 부정적이다. 전국적으로 부패, 만성 실업, 열악한 공공 서비스에 대해 계속 불평한다. 그러나 그들의 의견은 신뢰할 수 없다. 우리는 모두 그들이 외국 '정보원'과 '동성애자들'의 지원을 받는 것으로 안다. 분명히 그들은 그저 전국에 혼란을 일으킬 반란을 원했다. 따라서 이러한 모든 거짓 정보를 볼 때 거짓 정보에서 국민을 구하기 위해 인터넷을 차단하는 것이 최선의 이익이었다. 또 루머 유포를 방지하기 위해 선거 참관인을 체포한 것은 현명한 조치였다. 그들은 거짓 소문을 퍼뜨리는 것으로 유명하다. 많은 사람이 보안군에 의해 살해되고 체포되었다는 그들이 퍼뜨리는 거짓말을 생각해보자.

투르크메니스탄의 투르크멘바시 - 자기애적 선지자

투르크메니스탄의 고故 투르크멘바시Turkmenbashi의 선견지명 있는 활동에 찬사를 보내야 한다. 대통령이 되기 전 이 위대한 지도자의 본명은 사파르 무라트 니야조프$^{\text{Saparmurat Niyazov}}$였지만 이름을 바꿔 모든 투르크인^{Turkmen}의 리더임을 분명히 했다. 이 종신 대통령은 조국이 다른 나라들에게 빛나는 모범이 되려면 무엇을 해야 하는지 정말 알고 있었다. 그리고 이러한 평가를 할 때 그의 행동이 약간 자기 중심적이었다고 말하는 일부 '반대' 의견은 무시하고자 한다. 그런 말은 손에 넣기 힘든 것을 하찮은 체 여기는 가식적 태도에 불과하다. 나는 늘 어느 정도의 나르시시즘은 부끄러운 일이 아니라고 믿어 왔다. 사실 지도자의 나르시시즘은 한 나라 국민을 다시 자랑스럽게 만드는 데 큰 도움이 된다. 나르시시즘은 지도자를 더 높은 곳으로 이끄는 놀라운 엔진이기 때문이다.

이 점을 강조하려고 투르크멘바시가 크라스노보드스크^{Krasnovodsk} 도시를 자기 이름으로 바꾼 것은 사려 깊은 행동이었다. 그는 자기 이름을 따서 연도, 학교, 공항의 명칭을 바꾸었고 이후에는 관대하게 가족들 이름까지 따서 다른 명칭들도 바꿨다. 나는 국가의 시민들이 이 모든 변화에 매우 흥분했을 것으로 상상할 수 있다. 분명히 국민들은 정말 중요한 것을 훨씬 더 쉽게 기억하게 해주었기 때문에 좋은 변화라고 여겼다. 또한 이 선견지명 있는 지도자가 수도를 아름답게 하기 위해 회전하는 커다란 황금 동상을 세웠다고 덧붙이고 싶다. 조국에 가장 유익한 것이 무엇인지 항상 알고 있던 그가 손 댄 것들이 놀라운 관광 명소로 변했다. 그렇지만 그의 사후에 후계자가 동상을 없애기로 한 것은 매우 좋지 않은 결정이었다고 생각한다.

투르크멘바시란 이름처럼 의식이 깨어 있던 그는 이데올로기 서적인 『루흐나마^{Ruhnama}(영혼의 책)』를 썼는데, 여기서 그는 국민들에게 영적이고 도덕적인 지침을 은혜롭게 제시한다. 일부 사람이 그를 문맹이라고 하는 것은 얼마나 악의적인 모함인가? 그들은 학교, 대학, 정부 기관에서 루흐나마 읽기를 의무화한 사려 깊음에 감사하지 않는다. 새로운 정부에서 직원 채용 면접 시, 책에 대한 지식을 검증한 것은 위대한 선견지명을 나타내는 표시였다. 깨어 있는 지도자였던 그는 그것이 운전 면허 시험에 포함되도록 했다. 더욱이 어떤 사람들은 『루흐나마』를 세 번 읽는 학생이 자동으로 천국에 가도록 그가 신께 요청했다고까지 이야기했다. 우리는 그가 국민을 섬기고자 진정으로 노력한 공로를 인정해야 한다.

또 투르크멘바시는 수염, 발레, 자동차에서 라디오 듣기, 비디오 게임, 금니 치료를 금지하는 선견지명을 가지고 있었다. 분명 금니의 경우 자신의 황금 동상을 더 많이 세울 수 있는 '건축 자재'를 낭비하는 것으로 보았을 것이다. 또 매우 감동적인 것은 사람들이 그를 얼마나 사랑하는지 모두 볼 수 있었다는 점이다. 그의 존재만으로 영광을 받는 모든 모임에서 나라에서 가장 저명한 사람들은 무대에 나와 다른 관객들 앞에서 큰 박수로 감사하고 그를 찬양했다. 분명 이 사랑받는 종신 대통령이 사람들을 고문하고 반체제 인사를 정신병원에 보냈다는 소문은 완전한 중상 모략임이 틀림없다.[3]

김정은 - 궁극적 롤 모델

종신 지도자의 장점을 보여주는 궁극적 롤 모델은 북한에 있다. 이 방식이 모두에게 얼마나 유익한지 인식했던 깨어 있는 김씨 일가는 대다수의

---

3) https://www.theguardian.com/world/2006/dec/21/1

선견 지명 있는 다른 종신 지도자들보다 한 걸음 더 나아갔다. 그들은 종신 왕조dynasty를 통해 진정한 주석president을 만들었다. 최초의 종신 지도자였던 김일성 주석 사망 뒤 건국을 추모하는 극도의 경의를 표하고자 북한은 헌법에서 주석을 삭제했다(2021년 김정은이 '주석' 칭호 다시 사용). 그에 대한 기억을 영원히 기리기 위해 '영원한 주석'으로 만들었다. 그 이후 김일성 아들과 손자가 나라를 다스리고 있다. 한 국가의 리더십을 다루는 데 이런 매우 혁신적 방식이 정말 좋은 방법이라고 생각한다. 또 '주체 사상'이라는 고유한 철학으로 통치자의 정당성이 논쟁의 여지가 없는 상태로 남은 점은 되풀이해서 말할 가치가 있다.

아마도 주체 사상을 가장 잘 설명하는 방법은 '자력갱생self-reliance'이라는 단어일 것이다. 이해한 바에 따르면 이 국가 이념은 다양한 사상이 매우 독창적으로 혼합된 것인데 일부는 마르크스주의에서 차용한 반면, 다른 것은 유교, 20세기 일본 제국주의 및 한국 전통 민족주의에서 유래했다. 그런 아이디어를 사용한 것은 정말 절묘했다. 그것은 국가가 세계와 분리, 구별되어야 하고 전적으로 자기 힘에 의존해야 하며 당연히 존경받을 만한 신과 같은 지도자의 영도를 잊지 말아야 한다고 주장하며 지도자 왕조를 확고히했다.

이 타의 추종을 불허하는 이념으로 이끄는 현재 김정은 북한 국무위원장이 놀라운 일을 하고 있다고 나는 굳게 믿는다. 예를 들어, 로켓 제작 노력은 세계의 부러움을 사고 있다. 또 진정 위대한 혁신가로서 핵무기 개발의 정치적 힘을 활용하는 새로운 방법을 제시했다. 그가 하는 일을 악질적 형태의 협박이라고 하는 것은 사실과 거리가 멀다. 실제로 그는 국가의 기술 발전에 기여하는 진정한 혁신가이다. 놀라운 업적을 생각하면 일부 사람이 굶주리는 사람들, 노예 노동의 사용, 비밀 형무소에 관해 불평하는 이유를 이해하기 어렵다. 깨어 있는 김씨 일가의 정권을 비판하는 사람들이 감옥에서 발생하는 잔학행위가 나치 강제수용소보다 훨씬 더 나쁘다고 한 것은 악의적 선전일 수밖에 없다.

민주주의적 망상 democratic delusion

그런데도 용기를 내어 자신을 종신 지도자로 선포한 많은 리더가 항상 임기를 잘 채우지 못한 점이 안타깝다. 애석하게도 때로는 국민들이 지위 유지를 아주 어렵게 했다. 분명히 국민들은 조국에 좋은 것이 무엇인지 결코 깨닫지 못했다. 정말 불명예스러운 점은 종신 지도자 가운데 다수가 죽기 전에 쫓겨났고 일부는 집권 중 암살되어 직위를 마무리한 것이다. 그러나 일부 리더가 자연사할 때까지 직위를 유지한 점이 매우 기쁘다. 결국 암살을 당한 것은 좋은 사례가 아니다. 이는 종신 지도자 홍보에 좋지 않다.

내 입장을 다시 한번 명확히 하면 어떤 리더가 반드시 필요한 존재가 아니라는 것을 알려주는 임기 제한이 명시된 헌법 제정은 별로 의미가 없다고 생각한다. 반드시 필요한 존재에 대해 이야기할 것이 있다. 민주주의를 주장하는 선동가들과 함께 사는 세상에서는 어떤 희생을 치르더라도 안정을 유지하는 것이 어느 때보다 중요하다. 연속성을 목표로 하는 것은 자연 질서의 일부이다. 그것은 모든 사람이 일상적 틀 내에서 자신의 위치를 알 수 있도록 한다. 일반 대중에게는 국가의 수호자로서 존경할 수 있는 지도자, 즉 안정감을 주는 지도자가 있는 것이 좋다.

국가의 국민은 종신 지도자가 있는 것을 축복으로 생각해야 한다. 이 종신 지도자가 국가에 가져오는 많은 이점 때문에 종신 직위를 위해 더 미묘한 방법에 의존하는 것이 필수적인 때가 있다. 그러나 불행히도 오늘날 같은 시대에는 종신 지도자 되기가 더욱 어려워졌다. 흔히 종신 직위를 꿈꾸는 지도자들은 자유 민주주의의 축복을 상상하는 이상한 생각을 가진 시민들을 상대해야 한다. 이 지도자들 일부가 반대에 부딪히는 것을 보면 이들 가운데 다수가 매우 부정적인 사람들의 저항을 극복하는 방법에 큰 존경을 표한다. 고무적인 것은 이들 가운데 다수가 자신의 소망을 현실로 만드는 매우 창의적 방법을 찾았다는 것이다. 그들 일부는 권력을 유지하는 법을 찾는 데 매우 창의적이다.

따라서 지도자 임기 제한을 회피하는 사례가 실제 증가하고 있어 기쁘다. 현재 임기가 끝나는 모든 지도자의 약 3분의 1이 임기 연장을 위한 진지한 시도를 하는 사실을 알게 되어 매우 기쁘다. 그리고 그 가운데 3분의 2가 시도를 성공하는 것이 대단하지 않은가?[4]

창의적 선거 전략

우리 세상에서 혁신적 지도자의 다수는 종신 직위 획득을 명시적 목표로 삼는 모습이 외부에 비춰지는 것이 좋지 않다는 것을 깨달았다. 불행하게도 상황이 이렇다 보니 자신들의 입장을 고수하고 싶어도 때로는 좀 더

---

4) https://papers.ssrn.com/sol3/papers.cfm?abstract_id=3359960

정교하게 접근하고 심지어 법률에 의존할 수밖에 없다. 요즘은 단순히 권력 유지를 위해 무력에 의존하는 것은 다소 유행이 지난 것으로 보인다. 애석하지만 야당 금지, 입법부 해산, 야당 봉쇄 또는 제거가 항상 좋은 이미지를 만드는 것은 아니다.

관리된 선거

다행히도 이 종신 지도자 가운데 다수는 집권에 대한 성가신 헌법상 제약을 뒤엎기 위해 '합법적' 수단을 창의적으로 사용하는 데 훨씬 더 독창적으로 되었다. 예를 들어, 종신 직위를 보장하는 매우 효과적 접근 방식으로 입증된 것은 일부 사람이 '관리된' 선거라고 부르는 '친절한' 선거를 통해 지도자 권한을 주기적으로 갱신하는 것이다. 예를 들어, 악의적 사람들은 뇌물bribes이라고 민감하게 주장하지만 자격을 갖춘 많은 지도자는 선거 직전에 '유인물handouts'을 제공하는 것이 매우 효과적임을 발견했다. 대부분 이것은 후보자가 높은 지지를 받을 수 있도록 돕는다. (물론 가능하면 후보자들은 항상 100% 지지를 목표로 해야 한다고 생각한다.) 또 다른 유익한 활동은 '우호적'이고 전략적으로 지시를 받는 반대 그룹을 만드는 것이다. 이것은 적어도 문제 소지가 있는 사람들에게 서로 다른 후보자 사이에서 선택권이 있다는 환상을 준다.

 불법으로 개헌안을 사용했다고 지도자들을 비판하는 사람들이 어디까지 비열할 수 있는지 매우 웃음이 난다. 헌법을 다시 쓰는 것 또는 법원을 이용해 헌법을 재해석하는 것 자체가 뭐 그리 나쁜 일인가? 결국 이전에 제시한 바 같이 임기가 긴 지도자들은 국가에 가장 좋은 것이 무엇인지 안다. 요컨대 국가에 가장 좋은 것이 무엇인지 알고 있을 때 종신 지도자 지위를 확보하려면 더 헌법 기반의 쿠데타를 활용하는 것이 좋다. 이 혁신적 방법을 통해 깨어 있는 지도자들은 해임 방지를 위해 좀 더 미묘하게 헌법을 변경, 재구성할 수 있다. 연속성을 보장하는 매우 창의적인 방법으로 생각한다.

예를 들어, 과거 소련의 농장 사장이었고 6선 임기에 집권한 벨라루스Belarus 알렉산더 루카셴코Alexander Lukashenko는 관리된 선거 노력 측면에서 매우 성공적이었다. 1994년부터 집권을 위해 만든 안정성은 타의 추종을 불허한다. 불행히 가장 최근 선거에서 그는 80% 득표에 불과한 승리를 선언하는 너무 친절한 모습이었다. 99% 득표율을 주장하지 않은 이유는 정말 미스터리이다. 인상적 평화 제스처에도 통치에 반대하는 대규모 시위에 직면해야 했다. 벨라루스 국민이 깨어 있는 지도자가 있는 것이 얼마나 큰 축복인지 깨닫지 못하는 것은 매우 큰 비극이다. 그는 항상 구소련과 같은 질서정연한 체제를 유지하려는 노력에 성공하여 국가 안정에 큰 힘이 되었다. 다행스럽게 여전히 KGB라 불리는 강력한 비밀 경찰이 모든 문제 인력을 바르게 감시하여 감옥에 수감하고 (거짓 비난임에 틀림없지만) 고문하기도 했다. 안타깝게도 인생에는 배은망덕한 일이 너무 많다.

대륙을 바꾸기 위한 관리된 선거에 있어 르완다Rwanda 폴 카가메Paul Kagame 대통령을 탁월한 롤 모델로 항상 존경했다. 그는 권력을 유지하려면 무엇이 필요한지에 진정 깊은 지식을 가지고 있다. 현재 매우 창의적 헌법 개정으로 2034년까지 집권하는 동시에 일종의 민주적 정당성에 대한 환상까지 유지하고 있다. 또 오마르 알 바시르Omar al-Bashir 과거 수단Sudan 대통령은 헌법 모호화에 매우 창의적이었던 또 다른 지도자로 보아야 한다. 그러나 그가 시민들과 약간의 오해로 쿠데타의 희생자가 된 것은 매우 안타까운 일이다.

그리고 여기서 니카라구아Nicaragua 다니엘 오르테가Daniel Ortega 대통령을 언급하는 것을 잊지 말아야 하는데 그는 원하는 것을 얻기 위해, 다시 말해 종신 지도자가 되는 데 성공하기 위해 국가 사법 제도를 이용한 대가이다. 또 세계 최장수 지도자이자 정부 수반이 된 캄보디아Cambodia 훈 센Hun Sen의 창의적 노력에 경의를 표한다. 그는 늘 정치적 반대자들과 잘 지내는 것처럼 보였다. 그의 통치 아래 야당 운동가, 정치인, 인권 운동가 수천 명이 살해되었다는 비난은 절대 사실이 아니다. 또 베네수엘라Venezuela 대통령 니콜라스 마두로Nicolas Maduro는 전임자 휴고 차베스Hugo Chávez와 마찬가지로 이러한 혁신적 국가 문제에 관해 주저하지 않았다. 또 이집트Egypt 압델 파타 엘시시Abdel Fattah el-Sisi가 훌륭한 국가 전통을 복원해 순조롭게 종신 대통령이 되었다는 사실을 알게 되어 매우 위안이 된다. 그리고 소문이 진짜라면 전임자 호스니 무바라크Hosni Mubarak처럼 장남이 왕위를 이어받을 준비를 하고 있는 것이 좋지 않은가?

쿠데타의 필요성

물론 쿠데타가 정당화되는 경우가 여전히 일부 존재한다. 쿠데타의 필요성을 보여주는 멋진 예는 미얀마에서 볼 수 있다. 분명히 그 나라는 더 민주화되며 망해가고 있었다. 다행히도 깨어 있는 장군들은 이를 보았다. 민주주의 물결이 정성을 들여 만든 대규모 사업체 운영의 매우 효율적인 방식을 위험에 빠뜨릴 것임을 깨달았다. 분명히 그들이 더 이상 책임지지 않는다면 시민 유지에 필요한 모든 무기를 어떻게 감당할 수 있나? 또 장군으로서 다른 장군들과 보조를 맞추는 데 돈이 든다는 것을 알 수 있다. 돈은 계속 흐르도록 하는 것이 좋다. 그러므로 자동무기로만 무장한 용감한 병사들이 사악하게 돌을 던지는 십대들로부터 어떻게 자신을 방어했는지 놀랍지 않은가? 물론 몇 명의 사상자가 있었다고 들었는데 오믈렛을 만들 때 계란 몇 개는 깨진다. 그러나 안정된 나라를 갖는 것과 비교하면 몇 명의 목숨을 잃는 것은 얼마나 적은 손해인가?

대리 대통령 혁신 proxy president innovation

사실 블라디미르 푸틴 Vladimir Putin 대통령을 다시 우수 롤 모델로 만든 훌륭한 종신 대통령 보장 방법은 대리 대통령 placeholder president 을 임명하는 것이다. 나는 항상 러시아 대통령이 4년제 2번 연임으로 임기가 제한된 것이 완전한 불명예라고 생각했다. 따라서 푸틴이 직접 뽑은 후계자 드미트리 메드베데프 Dmitry Medvedev 를 임시 대통령으로 지지하는 모습을 보는 것은 매우 기뻤다. 그로 인해 푸틴은 나중에 다시 대통령직을 맡을 수 있었고 결국 헌법을 개혁할 수 있었다. 이 '조국의 아버지'가 78%의 개헌안 지지를 얻었다는 사실이 고무적이지 않은가? 물론 그에게 큰 도움이 된 것은 임기 제한 변경 사항을 200개의 다른 수정안 안에 포함시킨 것이었다. 확실히 푸틴은 혁신할 줄 아는 사람이다. 나는 거기에 더해 그가 국가를 위해 더 큰 일을 할 것이라는 확신을 덧붙인다. 그의 과거는 세계적으로 존경받는 법을 정말 알고 있음을 보여주었다. 그가 노비촉 novichok 으로 반대 인물들을 독살했다는 것은 사악한 거짓말임에 틀림없다. 사실상 또 다른 종신 대통령인 시리아^{Syria} 바샤르 알 아사드$^{Bashar\ al-Assad}$에 대한 푸틴의 지지는 그의 훌륭한 방식을 보여준다. 알 아사드가 잔혹한 공권력과 고문실을 사용하며 공포와 억압의 문화를 만들어 냈다고 그저 전하는 말을 들었을 뿐이다. 이 종신 대통령은 아버지 하페즈 알 아사드$^{Hafez\ al-Assad}$의 영광스러운 전통을 이어가는 것뿐이라고 생각하는데 그의 아버지는 노련한 종신 지도자로 아들처럼 깨어 있는 방식으로 나라를 운영한 사람일 뿐이다. 바사르의 아버지가 현대 중동 지역의 아랍 정부가 자국민에게 행한 가장 치명적 행동의 하나로 험담에 오르는 도시 하마^{Hama}를 불도저로 밀어 무슬림 형제단$^{Muslim\ brotherhood}$ 봉기를 얼마나 영광스럽게 진압했는지 누가 잊을 수 있겠는가? 진실을 말하면 수만 명이 죽었고 아사드의 아버지가 "정권을 혼란스럽게 하지 마라. 그렇지 않으면 전부 묻어버릴 것이다." 같은 메시지를 남겼다는 것은 거짓임에 틀림없다. 분명히 아들이 이런 문제에서 아버지보다 월등히 뛰어나다고 말하는 것은 또 다른 욕설임에 틀림없다.

　대리 대통령$^{proxy\ presidencies}$ 제도는 러시아만이 아니라 특히 남미에서 인기가 많은 것 같다. 예를 들어, 루이스 아르세$^{Luis\ Arce}$가 확실한 승리로 볼리비아^{Bolivia} 대통령에 취임했을 때 그를 후보로 추천한 에보 모랄레스$^{Evo\ Morales}$는 아르헨티나에서 볼리비아로 왔을 때 군중의 열광적 환영을 받았다. 그렇지만 1년 뒤 부정선거 시위로 나라를 떠나야했다. 모랄레스의 재무장관이었던 루이스 아르세는 자신은 다르다고 주장했다. 그러나 많은 볼리비아 사람은 과거 상사가 실책을 했다고 믿고 있다. 콜롬비아^{Colombia}에서는 임기 제한으로 재선이 금지된 보수 성향의 전임 2선 대통령 알바로 우리베$^{Álvaro\ Uribe}$ 지지로 2018년 최고위에 이반 두케$^{Iván\ Duque}$가 당선되

없는데 그는 경험이 부족한 상원의원이었다. 2007년부터 2015년까지 아르헨티나 대통령을 역임한 크리스티나 페르난데스 데 키르히너Cristina Fernández de Kirchner는 알베르토 페르난데스Alberto Fernández(인척 관계 아님)와 협약을 맺어 2019년에 선거 파트너running mate로 출마했다. 이러한 대리 역할 구성proxy scheme은 대단한 아이디어이다. 불행하게도 간혹 통제에서 벗어나 권력을 지향하는 대리인이 자신이 종신 지도자가 되길 원할 때가 있는데 브라질이 좋은 사례이다. 루이즈 이냐시오 룰라 다 실바Luiz Inácio Lula da Silva 이전 대통령(2003~2010)은 대통령 자리 보전을 위해 딜마 로우세프Dilma Roussef를 선택했다. 그러나 그녀는 그를 제치고 두 번째 임기에 출마했고 결국 예산 규칙을 어긴 이유로 부당하게 탄핵당했다.

임기 제한을 넘어

다시 한번 민주주의 광신자들이 임기 제한이 국가에 좋다고 제안하는 것은 모두 틀렸다는 것을 강조하고 싶다. 내가 설명했듯이 인기 있는 리더를 왜 자리에서 내쫓는가? 사람들은 대부분 자신이 어디에 서 있는지 알고 싶어 한다. 그들은 안정성을 좋아한다. 현 상태를 유지하는 것은 매우 좋은 일이다. 지속적 변화는 항상 과대평가되었다. 우리 자녀와 손자가 같은 지도자를 우러러보는 것이 좋지 않은가? 이는 그들이 동일시할 영원한 대상을 제공한다. 또 장기적 연속성은 경제적 이점도 있어야 한다고 확신한다. 나는 사람들이 종신 지도자들을 침체의 시대, 즉 정체된 경제, 정치, 문화, 사회 정책과 연관 짓는 것은 모두 잘못되었다고 믿는다. 예를 들어 구소련 레오니트 브레즈네프Leonid Brezhnev가 오랜 집권을 비판했던 뻔뻔한 사람들에게 나쁜 평을 받았다는 사실을 늘 비극이라 생각했다. 러시아 역사에서 이 시기를 국가 통치에 매우 보수적이어서 시대에 맞는 변화에 실패했다고 설명하며 '브레즈네프 침체기Brezhnevian Stagnation'로 부르는데 이는 정말 불공평하다. 또 그의 계몽된 정책이 소련 붕괴에 기여했다는 주장도 불공평하다. 푸틴의 경제 정책이 브레즈네프를 모방했다는 잘못된 소문을 듣는 것은 더욱 불공평하다.

임기 제한이 있는 경우 지도자들이 결과를 제공해야 한다는 압력을 더 많이 받고 긍정적인 결과를 남기고 퇴임하려는 동기가 더 커지는 것이 사실인지 정말 의문이다. 임기 제한이 새로운 세대의 정치 지도자들이 전면에 나서서 새로운 아이디어를 제시하고 가능한 정책 변화에 착수하도록 고무하는지 심각한 의심이 든다. 게다가 종신 지도자가 있는 나라에서 사회적 불안 가능성이 훨씬 더 크고 혁명이 일어날 수도 있다고 사람들이 과장하여 주장한다고 생각한다. 임기 제한 없이는 권리 남용, 비밀 또는 자의적 연행이나 구금, 표현의 자유에 대한 엄격한 제한, 경찰의 잔혹성이 발생할 가능성이 더 크다는 것은 정말 사실이 아니다. 나는 또한 내용도 모르고 이야기하는 이 공황 조장자들의 말처럼 임기 제한이 있는 지도자들보다 종신 지도자들 하에서 전쟁 가능성이 더 큰지 의문을 제기한다. 이들 가운데 일부는 종신 지도자가 인기가 줄어들 때 외부 위협을 만들어 국민을 선동한다는 미친 생각을 한다. 불공정한 비평가들이 덧붙이는 말은 지도자들이 자신을 국가의 구세주로 내세우려고 이런 전술에 의지한다는 것이다. 나라에 대한 최선의 이익을 마음에 품고 있는 깨어 있는 지도자들을 비방하려고 미천한 사람들이 얼마나 비열한지 정말 믿을 수 없다. 종신 지도자는 전쟁광이 아니라 항상 방어자라는 사실을 모두가 알아야 한다.

족벌주의적, 약탈적 과제 Nepotistic, Kleptocratic Imperative

나는 또한 사람들이 종신 지도자 아래에서 국가가 족벌주의적 약탈 정권으로 변한다고 하는 것이 의심스럽다. 이러한 부정적 의견을 만드는 사람들은 확실히 요점에서 벗어나 있다. 물론 지도자가 재정 문제에 주의를 기울여야 한다는 말에는 어느 정도 일리가 있다. 그러나 이 비평가들의 말이 얼마나 잘못된 것인지 약간 거짓말을 덧붙이자면 이 지도자들 다수가 국가 자원을 통제하는 지위에만 매달린다고 주장한다. 매우 경멸적인 방식으로 약탈 행위를 비난한다. 이 논리에 따르면 종신 지도자들이 권력 기반을 놓는 순간 재산을 잃을 뿐만 아니라 국가 자원 처리 방식으로 잠재적 기소에 직면할 것이라고 얘기한다. 그런 끔찍한 상황이 발생하면 (맙소사!) 감옥에 갇힐 수도 있다. 다시 말하지만 내 생각에 이렇게 비방하는 사람들은 요점과 거리가 멀다. 종신 지도자들이 재정 문제 처리 시 마음으로 조국에 최선의 이익이 되도록 생각한다는 것은 의심할 여지가 없다. 내 생각에 종신 지도자들 다수가 이상주의적 경향이 있으며 그저 국가의 원활한 운영에 도움이 되는 방식으로 국가 자원을 분배하는 것을 좋아한다.

친족 마피아 같은 내부 핵심 계층 구축

더욱이 족벌주의와 관련해서 사려 깊은 지도자들이 자신이 신뢰하는 사람들을 정부 요직에 배치하는 것은 생각할 필요도 없이 또 다른 현명한 일이라 생각한다. 이 관행을 친족주의nepotism로 부르는 것은 그저 잘못된 명칭이다. 반대로 이들의 지원은 지도자들이 감독, 통제를 할 수 있는 견고한 계층을 보유하는 데 도움이 된다. 또 족벌주의 활용은 '쿠데타 방지' 국가를 위한 좋은 방법이라는 점을 덧붙이고 싶은데 일부 불안하고 소양이 미흡한 영혼이 국민을 선동하여 합법적 정부에 반란을 일으킬 가능성을 제한한다.

그러나 종신 지도자는 대부분 통찰력이 있어서 소수의 사람들, 즉 마피아 스타일이라고 비난을 받는 친척, 가족, 부족, 민족적 이해관계자로 구성된 내부 핵심 계층에게 권력을 집중하는 것의 중요성을 깨달았다. 이처럼 고도로 선택된 사람들에게 권한을 위임하면 문제를 일으킬 가능성이 있는 사람들에게서 지도자를 보호하는 데 도움이 된다. 그리고 지도자와 가장 친한 사이가 가족, 친구들인데 군대, 경찰 등 치안을 담당하는 기관을 맡는 것이 당연하지 않은가? 애석하지만 대중 선동가들이 늘 있기 때문에 지도자들은 자주 경계하는 것 외에 다른 선택의 여지가 없다. 동시에 (편집증은 왕의 질병이므로) 매우 신뢰할 수 있는 사람들 사이에 상호 감시하는 것도 훌륭한 아이디어라고 생각한다. 그들이 긴장을 늦추지 않게 하는 환상적 방법이 아닌가? 불행히도 지도자들의 매우 좋은 의도에도 적들은 어느 곳에나 있을 수 있다.

돈 이야기 – 사람들을 매수하는 것의 장점

또 이들의 충성을 보장하기 위한 인센티브 제공이 중요하다. 결국 그들은 국가를 더욱 위대하게 만드는 노력의 대가를 받을 자격이 있다. 이런 종류의 국가에 대한 배려를 부패라고 부르는 것은 생각조차 할 수 없다. 또 그들만이 돈을 받아서는 안 된다고 믿는다. 우리는 모두 돈이 이야기한다는 것을 안다. 다른 잠재적 동맹을 재정적으로 지원하는 것(나는 '뇌물'이란 단어를 좋아하지 않는다)은 매우 긍정적, 창의적인 영향을 미친다. 정치적 경쟁자, 다른 비평가를 가두거나 죽이는 것과는 반대로 사람들을 돕는 훨씬 더 계몽적인 방법이다. 사법부를 포함해 국가에 중요한 다양한 지지층과 상호 의존 상황을 만드는 것은 항상 편리하다. 안정성을 보장하기 위해 이런 '창조적' 금융 관행이 얼마나 많이 필요한지 강하게 말할 수는 없지만 이 모든 것이 국가를 위대하게 만드는 데 도움이 되는 노력이다.

질투하는 사람들이 계몽된 관행을 헐뜯는 다른 예는 종신 지도자들이 부를 축적하면 대부분 국민이 극심한 빈곤에 빠진다는 비난이다. 얼마나 미천한 사람들이 이런 거짓 소문을 퍼뜨린 것인지 믿을 수 없을 정도이다. 예를 들어, 앙골라Angola 호세 에두아르도 도스 산토스José Eduardo dos Santos 이전 대통령의 경우를 생각해보자. 나는 항상 그가 딸 이사벨Isabel을 아프리카 대륙의 가장 부유한 여성으로 만든 것에 정말 감탄했다. 그녀를 국영 석유회사 회장으로 임명한 것은 여성 지원 정책affirmative action의 진정한 챔피언이 아니었을까? 이러한 위대한 움직임을 볼 때 앙골라인 대부분이 여전히 매우 높은 영아 사망률, 물과 위생에 대한 낮은 접근성, 높은 문맹률로 나타나는 힘든 조건에서 살고 있는 반면, 국가 엘리트만이 석유 산업 혜택을 받고 있다고 하는 일부 비평가들의 이야기는 비방이다.

미디어 및 문화 관리

당연히 지도자의 이너 서클 멤버들이 언론을 감시하는 것도 중요하다. 종신 지도자가 정보의 흐름을 완전히 통제하는 것에는 아무 잘못이 없다. 우리는 모두 주변에 너무 많은 거짓 정보가 퍼진다는 것을 알고 있다. 따라서 사람들이 잘못된 생각을 갖지 않도록 방지할 임무를 가진 이들을 임명하는 것이 합리적이다. 일반적으로 말해 언론을 그들 편에 두는 것이 항상 가장 중요하다. 물론 남아 있는 중요한 질문은 가이드를 준수하지 않는 언론인을 어떻게 대할 것인가 하는 것이다. 종신 지도자의 선의에 의문을 제기하는 언론인들을 어떻게 해야 할까? 거칠게 들리겠지만 어떤 경우에는 잘 없애는 것이 유일한 답이라 믿는다. 그런 면에서 튀르키예 Türkiye 대통령 레제프 타이이프 에르도안 Recep Tayyip Erdoğan은 모범적이다. 그는 언론인을 다루는 법을 정말로 안다. 그가 '개입'을 몇 번 하고 나면 대부분 무엇이 그들에게 좋은지 알게 된다. 그리고 나는 튀르키예 교도소가 일부 사람을 위한 것이라고 들었다. 그러나 대부분 언론사 사람이 지도자에 대한 대중적 지지, 불굴의 이미지를 투사하려고 애쓰는 모습을 보면 매우 기쁘다. 그러나 현재 이미 너무 많은 부정적 뉴스가 전파되고 있다.

또 미디어가 지도자에 대한 숭배의 이미지를 만드는 역할을 한다는 불만을 들을 때는 그것이 상당히 불공평한 의견이라 생각한다. 종신 지도자들의 많은 장점을 다시 말하면 이들은 조국 안정에 기여하려 노력하고 있다. 그저 일반 대중이 지도자가 뜻하는 바를 이해하도록 도우려 할 뿐이다. 그것이 투명성을 제공한다. 따라서 지도자에게는 그의 심오한 생각을 요약하는 이데올로기를 만드는 것이 늘 매우 유용하다. 지도자의 지위를 더욱 정당화할 수 있는 좋은 방법이다. 이런 맥락에서 투르크멘바시는 획기적 작품『루흐나마Ruhnama』를 사용함으로써 진정한 롤 모델이 되었다고 생각한다. 그러나 솔직히 말해 그는 마오쩌둥의『빨간 책Litte Red Book』이라는 또 다른 훌륭한 사례의 신성한 전통을 따랐는데, 시진핑 주석이 이를 배워『위대한 중국 통치The Governance of China』베스트 셀러 3부작을 출간했다. 앞서 언급한 북한 김씨 일가의 주체 사상도 마찬가지이다. 일반적으로 이데올로기는 지도자가 왜 종신 직위를 차지해야 하는지, 그리고 가능하다면 어떤 방법을 사용하든 후계자에게 계승되어야 하는 이유를 설명할 때 매우 계몽적이다.

안정성에 대한 찬사

지금쯤 민주주의가 믿을 수 없을 정도로 불안정한 정부 체제인 것을 분명히 설명했기를 바란다. 그것이 진화해온 방식 덕분에 항상 일반 대중의 변덕에 너무 많이 종속된다. 그리고 반복해서 보았듯이 민주주의 정부를 옹호하는 사람들은 흔히 행정부의 원활한 기능을 근본적으로 훼손하는 주기적인 '(지도자) 교체'를 요구한다. 더 나아가 견제와 균형의 개념을 옹호하는 사람들, 즉 리더가 책임을 지도록 하는 권력 분립이라는 이상한 개념을 옹호하는 사람들은 상상의 세계에 사는 것처럼 보인다. 독립적 사법부, 자유 언론, 기타 독립 기관은 혼란스러운 통치에 기여할 뿐이다. 너무 많은 합의는 진정한 초점을 만들지 못한다. 의사결정을 방해할 뿐이다. 지도자의 권한 제한을 주장하는 것은 잘 다스리는 능력을 제한할 뿐이다. 따라서 나는 겸손한 스위프트주의자 스타일을 제안하며 민주주의가 실제로 선택을 제공하는 것이 아니라 단순히 선택의 환상을 제공한다는 것을 명확하게 했기 바란다. 인간 조건의 실상을 볼 때 통치의 현실에 관해 둘러대지 말고 생각을 숨김없이 말하는 것이 훨씬 낫다.

독자들은 지금쯤 내가 생각하듯이 국민의 국민에 의한 국민을 위한 정부라는 생각이 과대평가되었음을 깨달아야 한다. 분명히 말했지만 보통 사람들은 자신이 진정으로 원하는 것이 무엇인지 모르는 경우가 많다. 흔히 침묵하는 다수가 할 수 있는 최선은 이 말을 문자 그대로 받아들여서 침묵을 지키는 것이다. 사실 침묵을 지키는 것이 모든 사람에게 최선의 이익이 될 수 있다. 결국 민주주의 체제로 인해 '악명 높은' 다수가 자신들이 모르는 사안들을 결정하는 경우가 얼마나 많은지 보았다. 그리고 예상하듯 그것은 그저 평범함mediocracy으로 귀결된다. 따라서 이 요소를 염두에 두고 왜 지도자 임기를 헌법적으로 제한해야 하는지에 대한 질문을 다시 한번 제기한다. 왜 그냥 임기를 없애지 않는가? 일반 대중이 얼마나 소양이 없는 경향이 있는지를 볼 때 시민이 국가 문제에 대해 목소리를 내도록 하는 것은 어떠한 국가적 이익도 되지 않는다. 이는 너무 자주 혼란스러운 통치로 귀결된다.

사실 결과적으로 국가가 민주주의인지 독재인지는 그리 중요하지 않은 것이 사실 아닌가? 정말 중요한 것은 지도자의 자질이다. 그리고 지도자들의 집권 기간이 길수록 통치하는 데 더 많은 경험을 얻을 것이라는 가정이 옳지 않은가? 더 많은 종신 지도자가 필요하다는 요청은 자명하다. 이 옵션을 선택하는 국가가 정치적, 정책적 연속성을 보장하므로 실제 성공할 국가라고 굳게 믿는다. 일관성, 연속성이 신뢰를 만드는 구성 요소라는 것을 모두 알고 있다.

이런 형태의 통치를 의심하는 이들은 자유 민주주의 국가처럼 계속 지도자가 교체되는 상황에서는 신뢰가 구축되지 않는 점을 더 잘 기억해야 한다. 이러한 민주주의적 환상은 혼란, 갈등, 사회적 불안에 대한 처방일 뿐이다. 그리고 우리가 반복해서 보았듯이 대부분 민주주의 정치인들은 완전히 과대평가되는 경향이 있다. 그들 사이에서 너무 많은 '기둥 위 거북이'를 찾는다. 따라서 그들 행동이 얼마나 자주 혼란스러운지를 보면 흔히 부패하고 정치적인 민주적 방식보다 강력한 지도자를 두는 것이 분명히 훨씬 낫다. 그들 가운데 일부는 나르시시스트 특징이 있을 수 있다. 그렇지만 분명히 그들은 조국에 가장 좋은 것이 무엇인지 알기 때문에 그 방식대로 행동하는 것이다.

민주주의 – 다른 정부를 모두 제외하면 최악의 정부 형태

내 희망은 전 세계의 더 많은 지도자가 유권자들에게 주기적인 지도자 교체가 끔찍한 생각이라고 말할 준비가 되어 있기를 바란다. 그 대신에 종신 지도자를 갖는 것이야 말로 앞으로 나아갈 길이라고 말해야 한다. 입장을 명확히 함에 있어 그들은 또한 민주주의가 순조로운 통치의 해답이 아니라는 점을 분명히 해야 한다. 민중을 위한 또 다른 형태의 아편으로 보아야 한다. 그것은 기분 좋은 환상을 불러일으킬 뿐이다.

이런 맥락에서 "민주주의에 반대하는 가장 좋은 논거는 일반 유권자와 5분간 대화이다."라는 윈스턴 처칠Winston Churchill의 말을 기억한다. 이 관찰이 요점에 더 가깝다. 그러나 혼란스러운 점은 그가 "민주주의는 다른 모든 정부를 제외하면 최악의 정부 형태이다."라는 말을 덧붙였다는 사실을 인정하고 싶지 않다는 것이다. 나는 아직도 그 말이 뜻하는 진정한 의미가 무엇인지 궁금하다. 나를 더욱 당황스럽게 한 것은 민주주의가 단지 목소리를 낼 권리가 아니라 가장 중요한 것은 존엄한 삶을 살 권리라는 다른 사람들의 말을 들었을 때였다. 이 말이 암울한 순간에 종신 지도자를 갖는다는 발상이 무엇이 잘못되었는지 묻고 있음을 인정해야 한다. 그것에 관한 모든 생각이 잘못된 것일 수도 있을까? 내 생각이 틀릴 가능성이 있을까? 그렇지만 다음 동화는 우리가 취할 올바른 방향에 대해 어느 정도 명확히 알려줄 것이다. 또한 무엇이 잘못될 수 있는지 알려줄 수 있다!

3장
작은 드럼 소년, 성격 결함이 있는 지도자의 흥망성쇠

교만이나 허영심이 많은 곳에 복수심도 많다.
– 아서 쇼펜하우어^{Arthur Schopenhauer}

사자는 음식을 찾을 때 가장 잘 생겼다.
– 루미^{Rumi}

옛날 옛적에

옛날 옛적에 왕들이 여전히 땅을 다스리던 시절 아주 먼 나라에 다섯 자녀를 둔 늙은 드럼^{Old Drum}이라는 무자비한 사람이 살았다. 많은 자녀가 있었지만 그의 눈에 예쁜 아들은 단 한 명뿐이었다. 다른 아이들은 큰 즐거움을 주지 못했다. 그렇지만 선택된 아들은 아버지에게 드럼 가문의 이름을 영원히 남게 할 인물로 여겨졌다.

지금 이 서막을 돌아보면서 이것이 이 비통한 이야기를 시작하는 가장 좋은 방법인지 궁금하다. 아마 나는 이 동화가 진행되면서 놀랍고 끔찍한 사건이 일어날 것을 처음부터 분명히 하고 다르게 시작했으면 좋았을 것으로 생각할 것이다. 그것이 이 이야기가 동화라고 할 수 있는 이유다. 결국 이 책 서문에서 말했듯 동화는 우리에게 정말 중요한 것이 무엇인지 이해하는 데 도움이 된다. 동화는 우리를 즐겁게 한다. 동화는 또한 편안함과 위안을 준다. 더 나아가 결국 우리가 구원받고 치유된다는 희망을 준다. 그것이 동화의 인기가 유지되는 이유이다. 또 동화가 아주 멀고 먼 마법 왕국에서 진행되지만 이 이야기는 우리 시대에도 여전히 관련이 있는 삶에 대한 중요한 교훈을 줄 수 있다. 동화는 심오하고 본질적인 것을 알려준다. 즉 우리가 사는 세상이 어둡고 무섭고 심지어 괴물로 가득 차 있지만 이 괴물은 죽임을 당할 수 있다는 것이다.

이 서막을 이야기하며 늙은 드럼이 어떠한 영속성을 원하고 있었는지 확신할 수 없으므로 다시 시작하겠다. 그는 드럼이라는 이름이 유명해지거나 또는 악명이라도 퍼지기를 원했던 것일까? 그리고 이야기를 다시 이어가기 전에 동화에서는 이야기가 실제로 일어났는지 아니면 우리가 경험한 것이 단지 헛된 꿈인지에 대한 질문이 항상 있지 않은가? 내가 이 말을 하는 이유는 앞으로 말할 이야기가 너무 이상하게 들릴 수 있어서 별로 말이 안 된다고 생각할 수 있기 때문이다. 그러나 그것이 실제로 말이 되든 안 되든 이 이야기 가운데 많은 부분이 시간이 지나며 사라졌기 때문에 이 문제는 이미 오래 전의 것이 되어버렸다. 실제로 어떤 사람들은 이 비극적인 이야기가 실제로 일어났는지 의문을 제기하기도 했다. 그들은 지난 일은 잊는 것을 아주 선호한다. 국가 역사에서 너무 많이 어두운 장면이었다. 따라서 이를 염두에 두고 다시 한번 이 비애의 이야기, 즉 아주 먼 나라에서 일어난 왕의 흥망성쇠에 관한 동화를 시작한다.

옛날 옛적에 세상이 아직 젊었을 때 많은 사람에게 낯설지 않은 땅에 늙은 드럼이라는 매우 야심 찬 남자가 살았는데 드럼의 성은 독일어 '트로멜Trommel'에서 나왔고 '트럼프Trump'라는 성의 유래였다. 그리고 그를 아는 사람들은 그의 모든 '드럼 연주'를 보며 이름이 아주 잘 설명한다고 생각했다. 그를 만난 사람들은 주위에서 계속 자극적이고 리드미컬한 소음이 들린다는 점에 주목했다. 늙은 드럼은 사람들이 자신의 말을 제대로 듣지 않는 것이 두려운 듯 같은 메시지를 계속 반복하는 습관이 있었다. 사실 자기 중심적인 '대화'가 안 좋은 반응을 보인다고 생각한 것이 맞을 수도 있다.

사실대로 말하면 늙은 드럼을 조금 더 잘 알게 된 많은 사람은 귀를 닫았다. 그들은 긴 장광설, 즉 모든 드럼 연주를 듣는 것이 상당히 피곤하다는 것을 경험했다. 그의 이야기는 너무 단조로웠다. 도움이 안 된다고 생각한 이유는 이야기가 항상 그에 관한 것이었다는 점이다. 그는 다른 사람들의 이야기를 듣는 데는 관심이 없었다. 사실 늙은 드럼은 듣는 데에는 최악인 사람이었다. 그는 자신의 세계에 완전히 사로잡혀 다른 사람들의 말에는 전혀 관심을 기울이지 않는 것 같았다. 그 대신 계속 자신의 마음에 떠오르는 모든 것을 이야기했다. 그리고 그의 장광설은 항상 그가 세상이 잘못되었다고 믿었던 것과 권력만 있다면 세상을 바로잡을 방법에 관한 것이었다.

자신이 원하는 세상을 만들고 싶어 한 늙은 드럼의 바람 외에도 장광설에는 그가 하는 많은 위대한 일 이야기도 포함되어 있었다. 그러나 사람들은 대부분 그가 얼마나 성공했는지 얼마나 많은 돈을 벌었는지 세금을 내지 않으려 사용한 창의적인 속임수를 반복해서 듣는 것이 매우 지루했다. 분명히 늙은 드럼은 물질적 성공을 매우 자랑스럽게 생각했다. 번 돈의 액수와 자존감이 밀접한 관련이 있는 것 같았다. 또 이야기를 들으며 매우 분명해진 것은 거짓말, 속임수가 물질적 성공을 위한 방법의 일부였다는 점이다. 아마도 프랑스 소설가 오노레 드 발자크$^{Honoré\ de\ Balzac}$가 "모든 큰 재산 뒤에는 똑같이 큰 범죄가 있다."라고 말한 것이 요점이었을 것이다. 그러나 늙은 드럼은 매우 합법적 사업 관행으로 부를 늘리는 방법인 준법률적 수단들을 제시했다. 그러나 대부분 사람은 세상의 잘못된 점과 그의 재산에 대한 외침이 상당히 지루해졌다. 그들은 그와 아무런 연관도 되지 않기를 원했다. 늙은 드럼이 오해를 받은 것은 당연하다.

대부분 사람이 그의 지혜로운 말에 주의를 기울이지 않는다는 것을 깨닫기 시작했을 때 늙은 드럼은 진정 주목받으려면 무엇을 해야 하는지 자문했다. 무엇이 모두의 관심을 끌까? 온 나라에 드럼이라는 이름을 어떻게 유명하게 할 수 있을까?

처음에 늙은 드럼은 어떻게 할지 막막했다. 그러나 항상 "영광은 잠깐이나 잊히는 것은 영원하다."라는 나폴레옹 보나파르트 황제의 말을 마음에 새겼다. 그는 드럼의 이름이 잊히는 것은 절대 안 된다고 생각했다. 그것은 죽음보다 더한 운명이었다. 무슨 수를 써서라도 막아야 했다. 이런 생각은 가족의 이름을 역사에 기록하겠다는 결심을 더욱 굳건히 했다.

운명적 과제 The Quest

문제에 대해 많이 생각한 뒤 늙은 드럼은 무언가를 떠올렸다. 가족의 이름을 역사에 올리려면 왕조를 만들어야 한다는 생각이었다. 분명히 단순히 부자가 되는 것만으로는 충분하지 않았다. 자신을 피하는 모든 이들에게 힘겹게 배웠듯 돈만으로는 충분하지 않았다. 온 땅에서 존경받으려면 훨씬 더 많은 것이 필요했다. 그렇지만 문제를 좀 더 생각해본 그는 정말 가족의 이름을 유명하게 하고 싶다면 도움이 필요하다는 점을 깨달았다. 혼자서는 쉽게 할 수 있는 일이 아니었다. 자신이 사람들의 관심을 끌 만한 매력도 카리스마도 없다는 점을 깨달았다.

늙은 드럼은 이름을 유명하게 하는 가장 좋은 방법은 자녀를 갖는 것이라고 결론지었다. 아이들은 왕조를 건설하는 이상적인 방법이 될 수 있었다. 그리고 생각하면 할수록 아이들이 그를 보완해 줄 수 있었다. 아이들은 그가 잘하지 못하는 일을 도울 수 있었다. 그리고 스스로 말했듯이 아이들은 어릴 때 매우 영향을 잘 받으므로 생각한 이미지대로 모습을 빚어낼 수 있었다. 더욱이 그의 사상을 주입시키면 명성을 얻겠다는 운명적 과제를 수행하는 대리인으로 삼을 수 있겠다는 생각에 큰 위안이 되었다.

사실 늙은 드럼은 아직 자녀가 없었는데 이는 자신의 과제를 도울 준비된 여자를 찾아야 한다는 의미였다. 그러나 그는 아주 기이해서 여자를 찾는 것이 말처럼 쉽지 않았다. 늙은 드럼은 함께 살기에 결코 좋은 사람이 아니었다. 많은 재산이 있는데도 과거에 접근했던 모든 여성은 결혼 제안을 거절했다. 여자들이 결혼을 꺼린 이유는 자기 중심성, 돈에 대한 편집광적 관심, 정서적 반응의 부족 때문이었다. 따라서 늙은 드럼의 성격을 고려하면 오랜 탐색 끝에 목적 달성에 준비된 여성을 찾은 것 자체가 매우 운이 좋았다. 그녀는 전혀 돈이 없는 가난한 이민자여서 세련되지 않았고 재정적으로 안정을 얻는 것이 우선순위에 있었다. 그로 인해 그녀는 늙은 드럼이 찾던 사람이 되었다. 그녀는 목적에 아주 잘 맞았다. 그리고 운이 좋았던 것은 그녀가 출산에 문제가 없어서 자녀를 다섯이나 낳았다는 점이다.

늙은 드럼에게는 이제 왕조 건설에 도움이 될 많은 자녀가 있었지만 애석하게 그의 눈에는 단 한 명만 좋게 보였다. 대부분은 과제에 도움을 주기에 매우 부적합하다고 생각했다. 예를 들어, 늙은 드럼의 말에 따르면 불행하게도 두 명이 딸이었다. 여성 혐오자인 그는 즉시 딸들을 폄하했다. 더욱이 몹시 실망스럽게도 막내 아들도 아주 쓸모없는 것으로 판명되었다. 가족의 막내는 아내 때문에 매우 좋지 않게 성장했다. 늙은 드럼에 따르면 막내는 과제를 도울 만큼 충분히 강인하지 않았다. 그리고 그것이 유일한 실망이 아니었는데 늙은 드럼이 기대했던 큰아들도 나약한 것으로 판명되었다. 늙은 드럼이 그를 강하게 만들려고 영웅적인 노력을 기울였는데도 큰아들은 진정한 '남자'가 될 수 없었다. 늙은 드럼의 성격 테스트를 통과할 수 없었다. 늙은 드럼이 그랬던 것처럼 큰아들은 그가 원하는 '살인자'가 될 수 없었다. 너무 부드러웠다. 그리고 부드러움은 늙은 드럼이 생각조차 할 수 없었으므로 큰아들은 버려졌다. 애석하게도 가족의 희생양이 되었다.

큰아들이 늙은 드럼의 높은 기준에 부응하지 못하자 둘째 아들에게 기회가 주어졌고 결국 그의 세례를 받은 드럼 주니어를 얻게 되었다. 아버지와 형 사이에 발생한 무서운 처분을 본 아들은 나약함을 보이는 것은 큰 실수가 될 것이라고 마음먹었다. 나약함은 아버지의 분노 대상이 될 뿐이었다. 맏형처럼 되지 않기로 마음먹은 것도 당연하다. 가족의 희생양은 원하는 것이 아니었다. 결코 "나는 공개적 비판을 받고 싶지 않다. 내가 바보라는 말을 듣고 싶지 않다."라고 생각했다. 아버지를 기쁘게 하기 위해 드럼 주니어는 자신에게 이렇게 말했다. "절대 실수를 인정해서는 안 돼. 거짓말을 하거나 남을 탓하는 편이 훨씬 나아." 그래서 일이 잘못될 때 개인적 책임을 지는 것이 큰 실수라는 것을 일찍부터 깨달았다. 그때 생기는 유일한 결과는 아버지를 화나게 하는 것이었다.

드럼 주니어가 이런 교훈을 배우는 동안 형의 삶은 빠르게 통제력을 잃어 갔다. 예상대로 아버지가 가한 모든 압력 때문에 결국 나쁜 종말을 맞이하고 있었다. 늙은 드럼의 무서운 예언은 자기 실현적 예언으로 바뀌었다. 아버지에게 호의를 얻을 수 없었던 장남은 알코올, 마약 중독에서 구원을 추구했고 결국 일찍 죽었다. 늙은 드럼이 두 번째 아들에게 모든 관심을 집중하는 것은 놀라운 일이 아니었다. 과제에 대한 집착을 볼 때 드럼 주니어는 드럼 가족에서 정말로 유일하게 중요한 사람이 되었던 것이다.

나는 싸운다. 그러므로 나는 존재한다
Pugna Ego Cogito Ergo Sum: I Fight Therefor I Am

왕을 세우는 이 비통한 이야기를 이어가며 늙은 드럼의 아내는 다섯째 아이 출산 후 아프고 우울하게 되었다. 약한 정신 상태 때문에 생긴 병으로 애석하게도 드럼 주니어는 어머니를 거의 볼 수 없었다. 어머니의 관심을 끌려고 어떤 노력을 기울이든 그녀는 그의 니즈를 충족시킬 수 없었다. 그녀의 관심care은 항상 신생아에게 집중되었다. 예상대로 어머니의 정서적 부재는 드럼 주니어에게 사랑받지 못한다는 느낌을 받게 하였다. 그리고 애석하게 진실을 말하면, 어머니의 부재가 평생 상처를 주었다. 더욱 도움이 되지 않은 점은 어머니의 결핍이었다. 흔히 그녀는 아이들을 돌보는 것이 아니라 오히려 아이들이 그녀를 돌봐주기를 바라는 것처럼 보였다. 그리고 그녀는 매우 까다롭고 정서적으로 결핍된 남편을 상대해야 했으므로 자신을 집안의 순교자라고 말했다.

아버지의 교육 A Father's Education

시간이 지나면서 아이들 양육에 필요한 모든 것은 계속 교체되는 수많은 하인에게 넘겨졌다. 그러던 중 드럼 주니어의 상상 속에서 어머니는 그의 삶에서 적극적 역할을 하지 않는 신비한 여성 '유령'으로 변해 있었다. 그리고 아내와 달리 늙은 드럼은 실존했지만 돌봄 능력은 없었다. 아내는 정서적 수준에서 매우 결핍된 상태였지만 늙은 드럼은 애당초 정서적 표현이 전혀 없었고 이는 매우 극도의 역기능적 가족 역동으로 악화하였다. 그러나 늙은 드럼에게는 훨씬 더 가혹한 다른 능력이 존재했다. 그는 큰아들을 심리적으로 괴롭혀서 짓밟은 뒤 이제 드럼 주니어에게 모든 관심을 기울이고 있었다. 그리고 공개적으로 말하진 않았지만 둘째 아들이 무엇을 하든 자신의 모습을 닮기 원했다. 둘째 아들은 과제 완수를 위해 기름부음 받을 사람이었다. 즉 둘째 아들은 선교 사업에 파견될 사람이었다. 늙은 드럼에게 드럼 주니어는 이름을 유명하게 할 수 있는 마지막 희망이었고 가족의 이름이 역사책에 기록되도록 해야 했다.

늙은 드럼은 드럼 주니어가 실제로 얼마나 비범한지 자신에게 말했다. 동시에 아들의 많은 단점을 무시하고 합리화했다. 선택한 후계자가 약점이 있다는 점을 인정하는 것은 상상할 수 없는 일이었다. 생각만해도 너무 고통스러울 것이었다. 계속해서 늙은 드럼은 아들이 모든 문제에 대한 해답임을 스스로에게 확신시켰다. 아들은 그가 추구한 성공적 명성에 도움이 될 사람이었다.

그러나 애석하게도 아들을 양육하는 늙은 드럼의 이상한 방식은 드럼 주니어에게 깊고 근본적인 불안insecurity의 기반을 만들었다. 그것은 그가 온전하고 다재다능한 인간으로 발전하는 것을 방해했다. 그것은 아들이 자신의 권리를 가진 사람이 되는 것, 즉 자신의 정체성을 획득하는 것을 불가능하게 했다. 그 대신 드럼 주니어는 항상 일종의 마스크를 착용해야 한다고 느꼈다. 아버지가 생명보다 더 큰 존재로 나타나 아버지의 대체물이 될 수밖에 없는 것처럼 보였다. 그는 과연 이런 기대에 부응할 수 있을까? 그것이 모두 진짜였을까? 아니면 단지 가짜였을까? 따라서 일종의 정서적 균형을 찾기 위해 남은 유일한 대안은 아버지가 준 비현실적인 기대를 합리화하는 것뿐이었다. 그리고 시간이 지나면서 드럼 주니어는 자신에 대한 평가를 믿기 시작했다. 불행히도 아버지에게서 받은 것들로 인해 그는 아버지에게 물려받은 자질을 지닌 사람이 되어 가고 있었다.

아들에 대한 과장된 기대를 했지만, 늙은 드럼은 드럼 주니어가 당면 과제를 감당하도록 훈련하는 여정이 험난할 것임을 깨달았다. 그를 강화하려면 많은 노력이 필요했다. 그렇지만 불가능하지는 않을 것이었다. 자신이 중요하다고 생각하는 것을 아들에게 '드럼'만 치면 되었다. 특히 특별 교육을 위해 늙은 드럼은 아들에게 계속 "최고가 되어야 한다. 즉 살인자가 되어야 한다."라고 말했다.

늙은 드럼에게 살인자가 된다는 것은 어떤 희생을 치르더라도 아들이 이기도록 하는 것이었다. 동시에 숨겨진 어젠다는 (그렇게 숨겨지지는 않았지만) 일이 잘못될 때마다 (자주 그랬지만) 어떤 형태의 책임도 부인해야 한다는 것이었다. 아버지가 평생 해온 것처럼 타인에게 책임 전가하는 법을 배워야 했다. 어떤 약점의 징후도 보여서는 안 되었다. 패자가 되는 것은 상상할 수 없었다. 분명히 늙은 드럼에게 가장 중요한 점은 무자비한 아들을 만드는 것이었다. 그러나 다른 동화에서 배웠듯이 아이에게 무언가를 말하는 것과 이를 실현시키는 것은 완전히 다른 문제이다. 상당히 예상치 못한 결과를 초래할 수 있다.

늙은 드럼은 어려움에 마주하였지만 끈질긴 교육자였다. 그에 대해 알게 된 점은 쉽게 포기하는 사람이 아니라는 것이다. 그리고 확실히 드럼 주니어를 포기하지 않았으며 아들은 마지막 희망이었다. 아들을 전사로 만드는 것을 결코 막을 수 없었다. 어떤 대가를 치르더라도 아들 인생을 조작하는 인형술사가 되어야 했다. 늙은 드럼이 자신에게 말했듯 그가 줄을 잡아당겨야 아들을 무자비하게 할 수 있었다. 드럼 주니어에게 그들이 사는 세상에 연민, 공감, 관대함, 성실, 책임감이 설 자리가 없다는 것을 가르치는 것은 정말로 그에게 달려 있었다. 정서적 감수성은 겁쟁이들을 위한 것임을 아들이 확실히 알 필요가 있었다. 어떤 대가를 치르더라도 아들은 강인하고 회복력이 있어야 했다. 아들을 이런 식으로 대하면 인간 정서의 전체 스펙트럼을 경험하는 능력이 형성되지 않을 수 있었지만 그렇게 했다. 늙은 드럼은 아들이 타인에게 절대 의존해서는 안 된다고 굳게 믿었는데 자신도 적용한 원칙이었다. 결코 아들은 다른 아이들처럼 약자로 변해서는 안 되었다. 그 대신 전사가 되어야 했다. 역사에 드럼의 이름을 새기는 사람이 되어야 했다. 아들은 그렇게 해야만 했다.

드럼 주니어를 더욱 강하게 만들기 위해 아버지는 세상은 위험한 곳, 즉 '승자와 패자가 있는 정글'이라고 반복해서 말하곤 했다. 그리고 반복해서 지적했듯이 이 정글 안에서 인간은 모든 동물 가운데 가장 사악하므로 늘 경계해야 한다는 점을 분명히 했다. 늙은 드럼에 따르면, 그렇게 하지 않으면 정글이 그를 씹어 먹을 것이었다. 동시에 드럼 주니어에게 강하고 비열해지면 큰일을 할 수 있다고 안심시켰다.

어떤 면에서 늙은 드럼은 그것을 크게 실행했다. 수단, 방법을 가리지 않고 그는 부동산 사업에서 큰돈을 벌었다. 늙은 드럼에게 돈 버는 것은 늘 자연스러웠는데 이 재능은 드럼 주니어에게 물려주기를 원했던 것이었다. 그리고 돈 버는 것의 중요성을 강조하면서 항상 돈이 누가 최고인지 보여주는 이상적인 방법이라고 강조했다. 돈이 그를 강인하게 하는 훌륭한 방법으로 보았으므로 아들이 돈의 가치를 깨닫도록 늙은 드럼은 자주 아들을 데리고 체납된 빚을 받으러 갔다. 여행 중 한 번은 드럼 주니어가 아버지에게 종을 누른 후 왜 항상 채무자 문 옆에 서 있는지 물었다. "때로는 문으로 바로 총을 쏘기 때문이다."라고 아버지가 대답했다. 이는 드럼 주니어가 결코 잊지 못할 종류의 교훈이었다. 자신이 사는 세상에서 살아남으려면 늘 경계하며 사납게 굴어야 한다는 것을 다시 한번 깨닫게 되었다.

때때로 늙은 드럼은 편안하고 친근한 분위기에 있을 때 아들에게 너는 왕이 되기 위해 필요한 모든 것을 가지고 있다고 속삭이기까지 했다. 그것은 드럼 주니어가 정말 좋아하는 속삭임이었다. 동시에 아버지는 그 상을 받으려면 정말 살인마가 되어야 한다고 계속 말하곤 했다. 확실히 무자비할 필요가 있었다. 위험을 감수해야 할 필요가 있었다. 그리고 길을 가려면 시체를 건너야 할 수도 있었다. 분명히 늙은 드럼에게 원칙은 다른 사람들이나 지키는 것이었고 이는 아들이 매우 공감하기 시작한 관찰이었다. 동시에 드럼 주니어는 아버지의 훈계를 따르지 않을 경우 형의 끔찍한 사례처럼 공개적인 모욕을 받을 수 있다는 사실을 매우 잘 알고 있었다.

자질이 없지만 남자 만들기

애석하게도 드럼 주니어는 아버지의 가르침으로 외롭고 심리적으로 매우 망가진 청년이 되었다. 일부 심리학자들은 아버지가 아들의 세상에 대한 인식을 왜곡시켜 잘 적응할 가능성을 방해했다는 사실을 알게 되었다. 드럼 주니어는 아버지의 계획대로 본인 인격이 아닌 늙은 드럼의 복제물이 되어 가고 있었다. 그리고 이러한 발달 방식은 결코 안정적인 내적 가치를 소유할 수 없다는 것을 의미했다. 따라서 아버지가 삶에 끼친 이상한 역할로 인해 그가 약간의 자신감이 있더라도 항상 지속적인 강화가 필요했다. 따라서 자신이 노출된 이상한 가족 역동으로 인해 드럼 주니어는 매우 연약한 자아를 갖게 되었고 항상 자신이 사기꾼처럼 느껴졌다. 그리고 강렬한 불안으로 인해 타인들이 그의 기교를 꿰뚫어 볼 수 있는지를 항상 자문했다. 드럼 주니어가 자신감 넘치는 분위기를 연출하기 위해 어떤 노력을 하든 결코 겉모습에 지나지 않았다.

가족 내에 일어난 일로 인해 드럼 주니어는 항상 자신이 맏형보다 훨씬 뛰어나므로 결코 그와 같이 되지는 않을 것이라고 자신에게 말했다. 그 대신 그는 자신이 가장 똑똑하고, 위대하고, 재능 있는 사람이라고 되풀이하며 말했다. 그리고 스스로 자신을 지지해야 했기에 그 말을 너무 자주 해서 결국 자신의 이야기를 믿게 되었다. 이렇게 자신에 대한 과대 광고를 내면화했는데도 그의 인생 성공이 아버지의 돈과 권력 때문이라는 것을 깊이 알고 있었다. 그리고 곤경에 처할 때마다 항상 아버지가 구해 줄 것으로 믿고 있었다. 그렇지 않은 척했지만 드럼 주니어는 탄탄한 안전망을 제공받았다. 그러나 암울한 시기에 자신을 돌아보면서 혼자서는 실질적으로 어떤 것도 성취한 적이 없다는 것을 알고 있었다. 결국 안타깝게도 아버지의 특별 교육으로 드럼 주니어는 제대로 성장할 기회가 없었다. 현실적으로 그는 더는 배우거나 성장하거나 진화할 수 없는 유아기에 머물러 있었다.

많은 불안 때문에 드럼 주니어가 자신을 위해 만든 세계는 매우 위험한 곳으로 인식되었다. 항상 경계해야 하는 곳이었다. 그곳이 정글이라는 아버지의 훈계를 결코 잊지 않았다. 모든 사람이 그를 잡으러 온다고 믿었던 세상에 살고 있음을 결코 잊지 않았다. 인생이 승자와 패자가 있는 일련의 전투로 이루어져 있다고 평생 굳게 믿었다. 그리고 절대 자신이 패배자가 되는 것을 허용할 수 없었다. 그는 무슨 수를 써서라도 이겨야 했다. 진다면 그 굴욕은 너무 가혹할 것이었다. 비록 모두 거짓이었지만 항상 강하게 보여야 한다고 느낀 것도, 항상 가면을 써야 했던 것도 당연한 일이었다. 결코 취약한 모습을 보일 수 없는 것도 당연한 일이었다. 또 불안으로 인해 사람들에게 다가가는 것은 항상 위험한 걱정거리로 여겨졌다. 타인들이 그가 진정으로 얼마나 불안한지, 즉 그의 내면에 실체가 거의 없다는 사실을 이해한다면 자신이 이용당할 것이라고 확신했다.

기본 심리 구조

다행스럽게 강인함에 대한 늙은 드럼의 많은 가르침은 드럼 주니어의 매우 공격적 기질과 일치했다. 따라서 예상할 수 있듯이 아버지의 특별 교육 때문에 드럼 주니어는 동네에서 가장 말썽 많은 아이로 변했다. 사람을 괴롭히는 법에 대한 아버지의 가르침을 내면화한 그는 괴롭히는 자로 변해갔다. 그는 누구도 감히 자신의 앞길을 막아서는 안 된다는 점을 분명히 했다. 그리고 그렇게 하는 사람들은 자신들이 위험을 초래하고 있는 것을 빨리 깨달았다. 누구든 그를 꾸짖는 것은 즉각적 보복이 필요한 도전이며 되도록 매우 공격적인 보복이 필요하다고 여겼다. 그리고 그의 복수에 관해 사람들은 항상 최악의 상황을 예상할 수 있었다. 아버지가 아들을 그렇게 '프로그래밍'했기 때문에 달리 행동하는 것은 불가능했다.

세월이 흐르면서 특히 드럼 주니어는 제멋대로라는 평을 얻었다. 이웃의 다른 아이들을 위협하는 재능으로 유명해졌다. 기회가 있을 때마다 자신의 권위를 주장하려고 주먹을 휘두르며 연루된 많은 싸움에서 큰 기쁨을 얻었다. 그러나 이러한 범법 행위 하나하나가 아버지에게 자신이 얼마나 강인한지를 보여 주는 쇼와 같았다.

이런 역기능적 발달 과정 때문에 드럼 주니어를 다루는 것이 점점 더 어려워졌다. 더욱 어려운 점은 학교에서 매우 좋지 못한 학생이었던 그의 행동이었다. 그는 새로운 것을 탐구하는 지적 호기심이 부족했다. 인지적 복잡성, 즉 문제를 해결하고 결정을 내리고 행동을 계획하기 위해 주어진 정보에서 새로운 정보를 도출할 때 필요한 머리를 쓰는 것은 그와 무관했다. 그리고 장애가 아닌 다음에야 열린 마음도 그와 관계가 없었다. 새로운 것을 배우는 일은 정말 관심이 없었다. 그 대신 선생님 말을 계속 지루하게 여기던 드럼 주니어는 수업 시간에 폭력 행동을 하여 선생님을 화나게 했다. 그런 행동이 방과 후 반성 시간으로 이어졌다. 한 번은 음악 선생님을 주먹으로 때려 눈에 멍이 들게까지 했다.

양육의 마무리

늙은 드럼은 아들의 강인한 모습을 높이 평가하고 '살인자'가 되도록 계속 격려했지만 비행 청소년이 될 가능성은 우려했다. 그래서 드럼 주니어가 잭나이프 한 쌍으로 사람들을 위협해 학교에서 쫓겨났을 때 아버지 눈에는 아들이 조금 선을 넘은 것으로 보였다. 아들이 진짜 불량배가 되는 것을 막고자 늙은 드럼은 그를 사관학교에 보내기로 했다. 그는 아들의 공격성을 약간의 엄한 규율과 합칠 필요가 있다고 굳게 믿었다.

놀랍게도 드럼 주니어는 사관학교 생활을 매우 좋아했다. 이에 대한 한 가지 설명은 친절, 연민이 학교 교육 내용이 아니라는 점이다. 길거리 싸움꾼이 된 그에게 사관학교는 완벽한 집이 되었다. 드럼 주니어는 육체의 강인함을 중요시하고 아주 기초적인 말로 남성다움을 정의하는 공격적이고 고립된 하위 문화에 속하는 것이 즐겁다는 것을 알았다. 준군사적 유형의 위계적 행동이 있는 세계에 속하는 것을 좋아했다. 명령에 불복종하면 자신을 박살내는 거친 전직 군인들이 운영하는 곳에서 사는 것을 좋아했다.

더욱이 사관학교가 거의 남자의 세계, 여자가 거의 존재하지 않는다는 점을 좋아했다. 인생에 어머니가 부재한 것처럼 사관학교에도 여성이 없었는데 드럼 주니어는 여성을 매우 불편해해서 이런 환경이 마음에 들었다. 사실 사관학교 생도들이 관심을 두는 유일한 여성 롤 모델은 플레이보이 잡지에 등장하는 인물들이었다. 드럼 주니어는 여성을 성적 목적의 '부분적 대상'으로 여기는 세계에 있었다.

이로 인해 사관학교가 드럼 주니어의 최종 학교가 되었다. 그것은 그가 결국 되어야 했을 사람으로 변화시켰다. 아버지가 들려준 가르침과 유사하게 인생이란 가장 적응을 잘한 이들의 생존에 관한 것이고 세상은 진정 적자생존이라는 것을 다시 한번 가르쳐 주었다. 세상에서 살아 남는 유일한 방법은 공격에는 공격으로 맞싸우는 것이라고 가르쳤다. 싸움을 높이 평가하는 공격적 분위기의 사관학교를 그가 높이 평가한 것도 당연하다.

앞서 보았듯 싸움은 항상 드럼 주니어에게 활력을 불어넣었다. 싸움은 가장 살아있음을 느끼게 했다. 그리고 시간이 지날수록 사소한 것에도 다투고 싶은 욕구가 존재의 근본 욕구가 되었다. 드럼 주니어는 상황이 너무 평화롭다고 느낄 때 싸움을 만들기까지 했다. 타인들의 만트라는 "나는 생각한다. 그러므로 나는 존재한다."였지만 드럼 주니어에게는 그것이 "나는 싸운다. 그러므로 나는 존재한다."로 변형되었다. 그는 수동성을 능동성으로 바꾸는 가치를 배웠다. 일이 일어나기를 기다리는 대신 일이 일어나게 만들었다. 평생 잠재적인 적으로 혹평한 사람들을 공격하는 "방어적 보복"이 항상 그의 외침이었다.

여러 면에서 드럼 주니어의 사관학교 시절은 일종의 교육적 성공으로 생각될 수 있다. 그것은 그가 진짜 불량배로 변하는 것을 막았다. 그것은 겉모습의 중요성을 가르쳤는데 때때로 좀 더 외교적 방식으로 가장된 행동을 하는 것이 바람직하다는 것이었다. 그리고 그에게 약간, 아주 약간의 충동 조절을 가르쳤다. 예의 바른 겉모습을 보이는 법, 폭발적 공격성을 관리하는 법을 배운 곳이었다. 그런데도 드럼 주니어는 자신을 제어할 수 없는 경우가 많았는데 그때는 오히려 충동적, 비합리적인 행동에 의지했다. 물론 많은 심리학자가 나중에 제시했지만 이러한 이상한 폭발의 이면에는 항상 근거가 있었다. 대체로 사관학교는 드럼 주니어를 경쟁이 치열한 환경에서 매우 경쟁적이고 불안정한 청년으로 변화시켰다.

말년에 사관학교 시절을 돌이켜보며 드럼 주니어는 늘 그 경험에 큰 만족감을 표시했다. 솔직히 말해 자신을 진정한 남자로 만든 것이 사관학교라고 반복해서 말했다. 그리고 사람들이 자세히 설명해달라고 하면 남성 우월주의적 분위기, 위계 구조, 유니폼, 훈련이 얼마나 마음에 들었는지, 퍼레이드의 화려함을 얼마나 좋아했는지 말했고, 왕족과 대관식의 화려함을 늘 매우 좋아했던 어머니에게 사관학교의 유사한 모습에 대한 자신의 애정을 이야기했다. 드럼 주니어가 나중에 극적이고 웅장한 것에 대한 어머니의 사랑을 영감으로 인용하면서 극단적인 쇼맨이 된 것은 놀라운 일이 아니다.

또 그의 마음가짐 때문에 예상대로 육군 사관학교에 머무는 동안 드럼 주니어는 가까운 친구가 없었다. 경쟁심, 관심, 칭송, 인정 욕구는 진정한 우정이 형성될 가능성을 막았다. 거칠어야 한다는 만트라 때문에 드럼 주니어는 진정한 우정의 친밀감을 쌓는데 필요한 취약성을 보여주는 것이 불가능했다. 진정한 애착을 형성하는 것, 즉 사람들과 가까워지는 것은 너무 위협적이었다.

드럼 주니어는 사람들에게 너무 가까이 다가가면 사람들이 그를 꿰뚫어 볼 수 있다는 사실을 두려워했다. 그리고 절대 안 된다고 생각한 것은 사람들이 그의 강인한 겉치장 아래 엄청난 취약성이 있다고 추측할 수도 있다는 점이었다. 누가 알겠는가. 사람들이 그의 행동 대부분이 타인들에게 깊은 인상을 주기 위한 극적인 연기에 불과하다는 것을 알아채고 조롱할 수도 있었다. 자신을 들여다보고 그가 어떤 사람인지 알아내는 것은 결코 도움이 되지 않았다. 너무 무서웠을 것이다. 그리고 드럼 주니어가 이후 매우 직설적으로 말했듯 심리적 성찰은 나약한 사람들이나 하는 것이었다. 사실 그는 자신이 가짜로 드러날지도 모르고 타인들이 그의 모든 공격적이고 자신감 있는 모습 뒤에는 보여줄 것이 거의 없고 점점 커져가는 오만함은 단지 많은 불안에 대한 보호막에 불과하다는 사실을 깨닫게 될까 두려웠을 것이다.

그러나 그의 섬세한 심리적 균형 면에서 드럼 주니어에게 항상 가장 중요한 점은 주목받는 것이었다. 시간이 지나며 그가 점점 자기 홍보와 과장의 달인이 된 것은 놀라운 일이 아니다. 사람들의 관심을 끌기 위해 무엇이든 했으며 인생 초기에 배운 패턴인 과장, 거짓말에 적극 의지했다. 사관학교에 있는 동안 완벽히 수행했던 사람들의 주목을 끄는 또 다른 방법은 그의 앞을 막는 사람을 모욕하는 것이었다. 늙은 드럼의 아들은 상대에게 모욕적 별명을 지어주는 데 달인이 되었다. 상대에게 예술적으로 굴욕을 주는 것이 레퍼토리 일부였는데 늙은 드럼이 훌륭한 롤 모델이었다. 그는 아버지가 형을 얼마나 능숙하게 모욕했는지 잊지 않았다.

군중에게 연극하며 외로움 느끼기

이제 늙은 드럼은 아들이 항상 보유하길 바랐던 공격적 모습을 갖게 된 점을 매우 기쁘게 생각했다. 그는 더는 드럼 주니어의 통제되지 않던 공격성을 걱정하지 않았다. 그는 그것이 재앙으로 끝날 수 있음을 더는 두려워하지 않았다. 일이 진행되면서 그는 아들이 세상에 이름을 남길 수 있는 기반을 마련했다.

늙은 드럼이 스스로 말했듯 그는 사람들의 관심을 끌 만한 재능이 없었지만 아들은 매우 다르다는 것을 모두가 볼 수 있었다. 드럼 주니어는 쇼맨이 되기 위한 자질을 갖추었다. 늙은 드럼은 다른 사람들과 관계를 맺는 아들의 역량을 매우 높이 평가했다. 계획한 대로 드럼 주니어는 그의 좌절된 야망에 대한 대중적 대역이 되었다. 지금처럼 그의 성공과 아들의 성공은 복잡하게 연결되어 있었다. 늙은 드럼은 아들이 그의 운명적 과제를 준비 중이라고 자신에게 말했다.

또 늙은 드럼을 매우 기쁘게 한 것은 아들이 미국에서 가장 좋은 대학에 합격한 점이다. 그는 몰랐지만 드럼 주니어가 다른 사람에게 입학 시험을 보도록 돈을 지불했다는 사실만으로도 아들의 독창성을 자랑스러워했을 수 있다. 드럼 주니어는 자신의 평균 학점이 학급 최상위에 비해 낮아서 이 대학에 입학하지 못할 수 있었으므로 그렇게 해야 한다고 굳게 믿었다. 나중에 그는 자신이 합격한 것을 자랑스러워하며 이것이 그를 진정으로 균형 잡힌 슈퍼 천재로 만들었다고 말했다. 다시 말하지만 드럼 주니어에게는 자신을 속이면서도 속임수, 거짓말을 하는 것이 뿌리 깊고 방어적인 행동 패턴이 되었다. 그것은 항상 아버지의 반대를 피하는 법, 즉 처벌을 피하는 방법이었다. 원칙은 다른 사람들이 지키는 것이었고 그에게는 해당하지 않았다.

분명히 드럼 주니어가 자라면서 받은 교육을 볼 때 기회가 있을 때마다 자신보다 앞에 있는 누구라도 잡아 끌었을 것이다. 상황이 될 때마다 다른 사람을 이용하려 했다. 주입받은 것처럼 항상 이겨야 했다. 그리고 세상은 누구도 믿을 수 없는 먹고 먹히는 곳이라 믿었으므로 (아버지의 말을 빌리자면) 그것이 옳은 일이었다. 이것이 드럼 주니어가 학교에서 진정한 친구를 사귈 수 없었던 또 다른 이유였다. 그리고 이것이 이후에도 왜 진정한 친구가 없었는지에 대한 이유였다. 성인이 되어 어떤 우정과 유사한 형태를 가졌든 항상 기회주의적 성격을 띠고 아주 잠깐 동안 유지되었다. 진정한 정서적 애착을 절대로 피해야 한다는 교훈을 아주 잘 배웠다. 많은 아내를 포함해 누군가 신뢰하는 것은 항상 위험이 수반되었다. 진정한 친밀감과 관심은 그를 위한 것이 아니었다. 앞서 언급했듯이 아내들도 단순히 성적인 대상으로 간주되었다. 그때가 아니면 그들에게서 멀리 떨어져 있는 것이 현명했다. 그녀들은 그를 불편하게 할 뿐이었다. 불행히도 그런 삶의 관점을 가진 드럼 주니어는 극도로 외로운 사람이 되었다.

이 동화에서 분명히 알 수 있듯 왕조를 만들려는 아버지의 운명적 과제^{quest}에 대리인^{proxy}이 되어 드럼 주니어는 타인들과 깊은 관계를 형성할 수 있는 심리 구조를 가진 적이 없었다. 그리고 애석하게도 그런 욕구조차 경험한 적이 없었다. 이런 면에서 심리학자들이 회피적 성격$^{avoidant\ personality}$이라 부르는 특성을 아주 많이 가지고 있었다. 그렇지만 그게 다가 아니었다. 나르시시즘, 사이코패스 특징도 낯설지 않았다. 이러한 자질들은 그의 성격에서 중요한 부분이었다. 이것은 매우 매력적인 인간 '구성물'을 만들지 못했다. 그렇지만 지금 상황에서 중요한 것은 드럼 가문의 이름을 유명하게 만드는 것뿐이었고 다른 모든 것은 '빌어먹을 것들'일 뿐이었다. 그리고 이 탐구를 현실로 만들기 위해 누구도 그의 앞을 가로막을 용기가 없어야 했다.

  다시 말하지만 진정한 애착은 그가 추구하는 바를 복잡하게 할 뿐이라고 드럼 주니어는 확신했다. 진정한 애착은 빚을 낳을 뿐이었다. 모든 사람이 보았듯이 진정으로 관심을 기울인 유일한 애착은 자신이었다. 어린 시절부터 불안함으로 인해 항상 가장 중요한 점은 타인들이 그를 인정하고 그가 얼마나 위대한지 이야기하도록 격려하여 속으로 느끼는 공허함을 타인들이 채워주는 것이었다. 그러나 많은 불안에도 그는 결코 자기 의심의 낌새를 보여주지 않았다. 오히려 행동은 언제나 정반대였다. 비록 일이 잘못되었을 때마다 아버지가 그를 구해야 했지만 그는 사업에서 자신의 업적을 자랑하곤 했다. 또 평생 (아버지의 아들이라는 바로 그 측면에서) 항상 다른 사람들을 금전적 승자와 패자로 구분하여 보았다.

  또 드럼 주니어에게 부정 행위는 항상 삶의 방식이었다. 그에게 힘들고 정직한 일은 결코 기대하지 못했다. 그 대신 (대부분 사람이 그를 피하려 했지만) 중요한 사람들과 친분을 자랑했다. (항상 단기적 경향이 있는) 자신의 성적 관계를 자랑했다. 그러나 그에 대해 충분히 말할 수 있는 사실은 사업 실패, 결혼생활 파탄, 진정한 친구의 극심한 부족이 있었다는 것이다. 나중에 드럼 주니어가 왕이 되었을 때 타인들에게 이기적 행동을 하지 않는 것이 불가능한 무능력, 즉 지지자들과 진정 정서적으로 연결되지 않는 무능력은 내면의 공허함을 반영하는 또 다른 것으로 여겨졌다. 정서 표현은 심리적으로 가능하지 않았다.

  동시에 드럼 주니어는 늙은 드럼이 갖지 못한 기술도 개발했다. 앞서 말했듯 자기 홍보의 전문가가 되었다. 훌륭한 마케터가 되었다. 심지어 대필 작가의 솜씨를 이용해 쓴 책으로 자신이 최고의 문제 해결사라는 환상을 만들어내기까지 했다. 이는 늙은 드럼의 돈만으로는 절대 살 수 없는 종류의 것들이었다. 그런 면에서 아버지와 아들은 꽤 상호보완적 관계가 되었다. 따라서 아들이 관중 앞에서 사람들 눈길을 끄는 달인으로 드럼 연주를 하는 동안 아버지는 후선 지원을 담당했다. 여러 가지 면에서 늙은 드럼은 이제 아들을 통해 대리 생활을 할 수 있었다. 명성을 향한 그의 운명적 과제에서 아들의 중요성 때문에 그는 항상 함께 있었고 아들의 많은 형편없는 사업 위험에서 그를 보호할 준비가 되어 있었다.

늙은 드럼이 아들의 섬세한 심리적 균형을 깨달은 적이 있는지 궁금하다. 애석하게도 그가 세상을 떠났기 때문에 우리는 결코 알지 못할 것이다. 우리가 아는 것은 끝없는 사업 실패로 인해 드럼 주니어는 포장된 겉모습이 전혀 실제가 아니라는 것을 깊이 알고 있었으며 이로 인해 그의 자아를 지속해서 강화할 필요가 있었다는 점이다. 그러나 그의 장애가 무엇이든 그것을 관리하는 것처럼 보였다. 환상술의 달인으로서 그는 포장하는 법을 배웠다. 자기 불행을 외부화하는 방법을 알고 있었다. 어떤 불운이 일어나든 항상 타인들의 잘못이었는데 이는 드럼 주니어가 자신의 탁월함, 우월성에 대한 망상적 믿음을 유지해야 했기 때문이었다. 성공한 자수성가 기업가라고 자신을 속이려 했지만 실제로는 그저 부유하고 버릇없는 플레이보이에 불과했다.

망가진 리더의 심리 방어구 A Damaged Leader's Character Armor

이 특이한 동화가 계속되도록 드럼 주니어가 겪은 이상한 양육 방식이 왕으로 일할 때 꽤 도움이 된 많은 자질을 부여했던 것은 행운이었다. 그러나 많은 사람이 지적하듯이 그는 결코 현명한 왕이 될 수 없었다. 타인들에게 봉사하는 것은 드럼 주니어의 특성이 아니었다. 이 심하게 망가진 사람에게 서번트 리더십은 결코 선택 사항이 아니었다. 그 대신 항상 최우선으로 중요한 것은 1위를 원하는 것이었다. 또 앞서 말했듯 내면의 공허함 때문에 드럼 주니어는 항상 지속적 관심, 찬사, 긍정적 반응이 필요했다. 다행히 이 요구 사항을 충족하는 것은 드럼의 이름을 유명하게 하고자 했던 아버지의 바람과 매우 흡사했다.

1위를 원하는 Looking Out for Number One

심리 형성 방식 때문에 드럼 주니어는 다음과 같은 리더가 되었다. 상황이 어려워지면 모두에게 책임을 따졌는데 결코 그에게는 해당되지 않았다. 실패에 직면하면 자신에게서 주의를 돌리는 법을 알고 있었다. 주의를 산만하게 만드는 법을 알고 있었다. 실제로 일어난 일을 왜곡하고 대안적 현실을 만드는 법을 알고 있었다. 필요 시 사업 거래에서 무엇이 잘못되었는지를 혼란스럽게 하기 위해 모든 방향으로 향했다. 경제, 은행, 경쟁자 또는 단지 불운과 같이 항상 다른 사람들의 잘못이었다. 사고를 개인적으로 책임지는 것은 결코 생각하지 않았다. 지금쯤 분명히 할 점은 드럼 주니어는 일이 예상대로 되지 않을 때 항상 타인을 비난하는 기술을 더욱 정교화했다는 것이다. 동시에 일이 잘 될 때는 가장 먼저 공을 받는 사람은 그가 되었다.

드럼 주니어가 겪은 과거의 교육으로 그는 심한 나르시시스트만이 아니라 보복적 성격으로 인해 악질적 나르시시스트가 되었다. 이것은 나르시시즘과 사이코패스의 어두운 혼합을 의미하며 또한 정신과 의사, 정신분석가들이 설명했듯 이 특징은 그를 반사회적 성격$^{antisocial\ personality}$으로 만들었다.[1] 그를 아는 사람들은 그의 자아가 만족할 줄 모르는 상태가 되었다고 할 것이다. 대화가 무엇이든 드럼 주니어 자신에 관한 것이었다. 항상 관심의 중심이 되어야 했다. 내면의 공허함, 즉 결코 기분 좋아지지 않은 것 같은 이 느낌은 끊임없이 충족되어야 했다. 그러나 어떠한 긍정적 피드백이 주어졌더라도 결코 충분하지 않았다.

드럼 주니어는 평생 그가 느낀 정신생물학적 니즈와 실제 제공된 관심 사이의 간극, 즉 부모 모두 정서적으로 부재했다는 사실로 고통받았다. 또한 언급했듯 어머니와 친밀하고 사랑스러운 관계가 실현된 적이 없었다. 상황을 악화시킨 것은 아버지가 아들을 대역으로 사용했는데 드럼 주니어를 자신의 복제품으로 만들고자 했던 욕망 때문이었다. 그러나 자신의 모습으로 아들을 창조하려 하면서도 늘 지나치게 큰 기대를 하여 결코 기분이 좋지 않도록 만들었다. 이 모든 압력이 가해지는 동안 드럼 주니어는 그가 갈망하던 양육을 받지 못했다. 자신의 니즈가 무엇이든 그것들은 결코 중요하게 여겨지지 않았다. 동시에 드럼 주니어는 선택의 여지가 없다는 것을 알고 있었다. 곧 깨달은 것은 아버지의 뜻을 따르지 않으면 형에게 일어난 일처럼 감정적으로 짓밟힐 것이었다. 그래서 아버지의 복제품이 될 수밖에 없었다. 그러나 그에게는 안정적인 내적 핵심$^{inner\ core}$이 없었다. 심리적으로 그렇게 불균형해진 것은 당연한 일이다. 끊임없는 강

---

[1] Manfred F. R. Kets de Vries(2019). Down the Rabbit Hole of Leadership: Leadership Pathology in Everyday Life. London: Palgrave Macmillan.

화가 필요한 불안정한 자아상self-image을 갖고 있는 것도 당연했다.

아이러니하게 이 비통한 이야기를 이어가며 드럼 주니어는 부모의 진정한 관심 부족으로 인해 많은 관심을 필요로 했다. 동시에 아버지가 계획한 대로 내면의 불안은 자신의 무언가를 만드는 원동력이 되었다. 따라서 드럼 주니어의 강박compulsion은 그의 앞을 막는 사람을 대하는 다소 과격한 방식을 설명했다. 그것은 또한 사회적 승인, 명성, 부의 형태로 오는 긍정적 감정 경험을 추구하는 절박한 니즈를 설명했다. 시간이 지남에 따라 그는 잊히는 것보다 유명한 것이 낫다는 아버지의 교훈을 잘 통합했다. 그리고 가족 이름의 중요성에 대한 늙은 드럼의 훈계는 항상 마음속 우선순위였다.

나중에 드럼 주니어가 아버지처럼 부동산 개발업자가 되었을 때 기회가 있으면 건물에 가족의 이름을 새길 수 있었다. 그러나 아버지와 달리 손에 닿는 대로 금이 되지는 않았다. 대부분 모험은 암울한 실패로 바뀌었지만 아버지가 항상 구해줬기 때문에 쉽게 무시할 수 있었다. 그리고 솔직히 인생의 이 단계에서 늙은 드럼은 선택의 여지가 별로 없었다. 그의 운명은 무능한 아들과 매우 밀접하게 연관되어 있었다. 그는 드럼 주니어를 많은 결점에서 보호해야 했다. 그리고 이 과정을 관리하는 한 가지 방법은 훨씬 더 복잡하고 더 넓은 세상에서 아들의 길을 탐색하고 문제를 막도록 도와주는 사람들로 둘러싸는 것이었다. 그들은 흔히 아들의 다소 이상하고 충동적 행동을 정상화하려고 노력했다. 또 이러한 '생각하는 사람들'은 그를 위해 거짓말을 하고 그가 하지 않은 일의 공로를 인정하며 잘못된 성취감을 주었다. 그들은 또한 대담하고 뻔뻔하며 스스로 만든 딜 메이커 이미지를 유지하기 위해 많은 노력을 기울였다. 그러나 실제로 지금쯤 독자들은 분명히 알겠지만, 드럼 주니어는 모든 속임수를 썼는데도 자신의 장점으로 많은 것을 성취할 수 없었던 비참한 실패자였다. 그가 무엇을 하든 또 하나의 놀라운 실패로 밝혀졌다. 늙은 드럼이 그에게 얼마만큼의 투자를 하든 훨씬 더 높은 위험과 훨씬 더 극적인 실패로 이어졌다.

그러나 자신이 주장하는 바는 전혀 아니었지만 드럼 주니어는 아버지의 격려를 받아 자신에 대한 과대 광고를 믿었다. 그리고 아버지는 다른 이들에게는 '빈틈이 없다'고 묘사되었지만 항상 드럼 주니어에게는 매우 다르게 행동했다. 아들과 관련하여 그는 문제 해결을 위해 항상 상당한 양의 돈을 쓸 준비가 되어 있었다. 현실을 직시하자면 아들이 진짜 어떠한 인물인지 사기를 당했다는 것을 인정할 수 없었다. 자신이 만든 프랑켄슈타인 괴물을 지탱해야 했다. 점차 이런 종류의 정신적 합리화를 통해 아버지와 아들은 **감응성 정신병**folie à deux의 일부인 것처럼 보였다. 늙은 드럼은 아들의 위대함을 자랑했는데 다른 모두에게는 망상적 과장으로 보였다.

이 동화에서 배울 수 있듯이 늙은 드럼은 악질적 나르시시즘을 지닌 망가진 남자를 성공적으로 만들었다. 모든 사람이 보는 것은 무지하고 무능하고 전혀 능력이 없지만 자신의 위대함에 대한 망상에 빠진 사람이었다. 대체로 드럼 주니어는 자신이 만든 문제를 해결할 준비가 항상 전혀 되어 있지 않았다. 그저 자신을 포장할 뿐이었다. 성공적인 사업가가 된 것이 아니라 매우 형편없는 판단력 때문에 잘못된 투자자라는 명성을 얻었다. 그리고 흔히 일이 잘못되면 약속을 지키지 않는 것으로 유명했는데 그것으로 전혀 괴로워하지 않았다. 양심의 가책을 느끼는 것은 심리의 일부가 아니었고 사이코패스 자질에 집중했다.

독재적 명령 The Autocratic Imperative

드럼 주니어의 사관학교 시절은 권위주의authoritarianism에 대한 사랑의 끝을 장식하는 학교이기도 했다. 항상 '내 길 아니면 고속도로my way or high way'라는 슬로건을 좋아했다. 명령하는 것을 좋아했다. 다른 사람들에 대한 조언은 실제 강점이 아니었다. 항상 명령과 통제를 더 좋아했다. 아이러니하게도 문제아였던 과거로 인해 법과 질서도 슬로건 가운데 하나가 되었다. 물론 더 독재적 리더십 스타일에 매료되는 데 도움이 된 것은 아버지가 보여준 지배적인 롤 모델이었다. 그런 면에서 그는 정말 아버지의 아들이었다.

따라서 드럼 주니어가 가진 세계에 대한 다소 경직된 관점은 사회의 관습적 규범에 대한 준수, 그런 규범을 체득하거나 강화하는 권위에 대한 복종, 그룹 내 규범에 도전하거나 자신이 만든 궤도 밖에 있는 사람들에 대한 증오, 공격 수준의 반감을 중심으로 하는 일련의 태도와 가치를 제공했다. 즉 드럼 주니어의 정신 상태는 상당히 관습적이고 보수적이었다. 그리고 지금쯤 분명하겠지만 그는 상상력이 별로 없었다. 타인들의 관점에 개방적 태도는 그의 세계관weltanschauung이 아니었다. 그러나 과거 아버지처럼 세상에 대한 자신의 매우 고정된 견해를 타인들에게 주입해야 한다고 항상 느꼈다. 또 다른 분명하고 독특한 패턴은 한 번 마음을 정하면 바꾸는 것이 거의 불가능하다는 점이었다. 자신이 틀리다는 것이 마음에 떠오른 적이 없었다. 틀릴 수 있다는 사실을 인정하는 것은 완전히 위축되고 굴욕감을 느끼게 만들 것이었다. 또한 그가 표방한 독재 '구성물'의 일부는 항상 타인들을 폄하하는 데 사용한 것으로 완전히 지나칠 정도로 단순한 언어로 표현된 반지성주의anti-intellectualism 패턴이었다. 또 드럼 주니어는 자신을 항상 과장되게 표현했다. 모든 것이 항상 훌륭하고 멋지고 환상적이며 완벽했다. 드럼 주니어가 교육 수준이 낮은 사람들과 매우 좋은 관계를 맺었던 것은 당연한 일이었다.

편집증적 사고 Paranoid Thinking

게다가 드럼 주니어의 다소 편집증적 세계관도 빼놓을 수 없다. 독특한 교육 때문에 독자들은 그가 모든 곳에서 음모를 볼 것이라는 점에 놀라지 않을 것이다. 그리고 의심할 것이 없는 경우에도 반드시 의심할 것을 만들었다. 사관학교에서는 굉장히 완성도 높은 행동 양식이었다. 물론 끝없는 도발을 보면 그를 잡으려 하는 사람들이 항상 있다는 생각에 어느 정도 일리가 있었다. 결국 드럼 주니어가 스스로 만든 세계에는 인생이 승자와 패자가 있는 제로섬 게임이라는 것을 알고 있다. 그리고 절대로 패자가 되어서는 안 되었다.

또 삶에 대한 편집증적 견해 때문에 드럼 주니어는 사람들을 엄격한 범주로 분류하는 습관이 있었고 그 결과 자신을 찬성하거나 반대하는 사람들로 구분된 세계가 나타났다. 그것은 항상 '우리' 대 '그들'과 같았다. 드럼 주니어에게는 중간 지점이 없었다. 그리고 세상을 구분하는 이 뚜렷한 방식은 외부 집단을 기생충, 독극물, 불순물에 비교하는 전염에 대한 이상한 두려움에도 표현되었다. 이와 관련해 드럼 주니어가 평생 세균 공포증이 있었고 체액, 특히 여성의 체액을 싫어했던 것은 우연이 아니다.

매우 큰 결점에도 드럼 주니어의 첫 인상은 매우 매력적이고 카리스마 있는 것처럼 보일 수 있었다. 불행히도 이 좋은 인상은 그리 오래 가지 못했다. 얼마 지나지 않아 망가진 성격 때문에 환영은 사라졌다. 그가 관심의 중심이 되어야 했으므로 대부분 사람은 화내거나 짜증을 냈다. 스스로 꺼낸 주제가 무엇이든 항상 자기를 언급했다. 항상 그에 관한 것으로 끝났다. 그에게 주의를 기울이지 않으면 금방 지겹게 여겼다. 그 뒤 그는 눈에 띄고 싶어 하는 겉보기에 단순한 목적을 위해 터무니없는 행동을 했다. 그리고 다른 모든 것이 실패하면 위협, 다툼을 통해 타인들의 관심을 끌면서 편집증적 관점을 나타냈다. 더욱이 **무불통지**besserwisser(항상 더 잘 아는 사람)였던 그로 인해 극도로 짜증났던 점은 드럼 주니어가 사람들에게 동의를 강요하며 타인들의 마음을 '식민지화colonize'하려고 했던 점이다. 아버지와 마찬가지로 모두를 거슬리게 한 행동 패턴이었던 독특한 세계관으로 그들을 괴롭히곤 했다.

근거 없는 사실의 달인 A Master of Factoids

드럼 주니어의 왜곡된 내면 세계 때문에 솔직한 태도로 행동하는 것은 결코 그에게 해당하지 않았다. 사실이 적합하지 않을 때마다 사물을 보는 특정한 방식에 맞게 변경했다. 사실 드럼 주니어는 대안 현실을 창조하는 뻔뻔한 '근거 없는 사실factoids'의 달인이 되었다. 모든 것이 항상 그의 방식이어야 했다. 그리고 독자들이 지금쯤 분명히 알겠지만 그의 심리를 볼 때 거짓말에 정말 자연스러웠다. 거짓말은 삶의 방식이었다. 무엇이든 그러했다. 그런 점에서 원칙은 그에게 적용되는 것이 아니라 타인들을 위한 것이었다. 충격적이고 멜로드라마 같고 혼란스러운 거짓말은 항상 그의 무기고에 있었다. 드럼 주니어를 대할 때 사람들은 진실이 무엇이고 거짓이 무엇인지 결코 알지 못했다. 사람들이 거짓말에 귀 기울이기를 거부했을 때 원하는 대로 되지 않을 때 짜증을 내며 원하는 것을 얻지 못하면 상대를 망치겠다고 위협했다. 그의 분노 폭발은 전설적이었다.

진실에 대한 드럼 주니어의 무심한 태도는 또한 모든 사업 거래의 패턴이었다. 사업가로서 신뢰는 대부분 부족했다. 기회가 될 때마다 타인들을 이용하려고 했다. 항상 사기를 치려고 노력했다. 시간이 지나면서 사업가로서 드럼 주니어가 완전히 신뢰할 수 없고 원칙이 없다는 평판을 얻었으며 합의된 거래가 무엇이든 깨뜨릴 준비가 항상 되어 있었다.

나중에 일부 심리학자는 거창하고 때로는 망상적 생각, 행동 가운데 많은 부분이 자신에 대한 뿌리 깊은 부정적 감정에 대한 방어 수단으로 볼 수 있다고 설명했다. 자신의 불안을 타인들에게 '투사project'하는 경향이 있었다. 자신이 두려워하는 것에 대해 타인들을 비난했다. 심리학자들은 이러한 드라마틱하고 기괴한 행동 역시 내면의 공허함을 채우기 위한 조증적 책략manic maneuvers으로 볼 수 있다고 했다. 그리고 크게 말하지 않았지만 그를 대한 많은 사람은 그의 행동 가운데 많은 부분이 극도로 유아적이라고 생각했다. 그는 여전히 아버지의 뜻에 복종하는 어린아이였다.

대체로 드럼 주니어가 되고자 하는 것이 무엇이든 함께하기에는 불편한 사람이었다. 시간이 지나며 그는 교활하고 냉담하고 냉소적 마키아벨리적 청년으로 변했다. 모든 경우에 자신이 성적으로 끌리는 아름다운 여성 모두의 이름을 언급하는 것을 잊지 않았고 자신의 부와 사업 성공을 부풀리려고 노력했다.

분노 조절 Anger Management

드럼 주니어의 또 다른 특성은 성격의 또 다른 정서적 핵심emotional core인 분노였다. 그의 모든 수사에 스며든 것은 분노였다. 지면 아래에서 활화산이 타오르는 것처럼 항상 분노가 존재했다. 그러나 모든 분노가 어디에서 왔는지는 또 다른 문제였다. 다른 사람의 복제물이라는 좌절감이 근본 원인이었을까? 인생에서 무엇이든 자신이 하고 싶은 일을 진정 선택하고 싶었을까? 아버지의 복제물이 된 것을 원망했을까?

분명히 인생의 초기 단계에서 드럼 주니어는 아버지의 중요한 역할로 인해 분노를 표현할 수 없었다. 그렇다면 현재의 분노는 어린 시절, 감정을 참을 수밖에 없었을 때 아버지에게 화를 낼 수 없었을 때를 재현하는 것일까? 이제 성인이 되어서도 비슷한 상황이 떠오를 때마다 비록 의식적 과정이 아니지만 여전히 존재하는 분노를 타인들에게 '전이transferring'하는 것일까? 일부 심리학자는 이러한 정신적 작용이 규칙적 분노 폭발, 무례함, 변덕스러운 행동, 비합리적인 분노 폭발의 원인이 될 수 있다고 지적했다.

기원이 무엇이든 분노가 어떻게 이상한 방식으로 행동하게 하는지 모두가 보았다. 게다가 이 끓어오르는 분노가 행동의 다른 부분에 어떻게 영향을 미치는지도 눈에 띄었다. 예를 들어, 빈약한 유머 감각은 늘 매우 공격적 방식으로 표현되었다. 그것은 항상 타인들을 부정하는 목적으로 사용되었고 늘 불쾌한 내용이었다. 다시 말하지만, 매우 무례한 대표적 성격 '묶음'인 냉담, 무례, 거만, 공감 부족에 분노가 추가되었다. 타인의 감정에 대한 이해는 항상 그와 무관했다. 공감은 정신의 일부가 아니었다.

물론 과거 주먹을 사용할 때 사람들은 원초적 분노에 맞서야 했지만,

성인이 되었을 때는 변화해서 그의 길을 가기 위해 변호사를 고용했다. 그리고 이 법적 분쟁은 갈등을 일으키는 그의 전문성으로 인해 끝이 없었다. 몸이 부딪히는 새로운 스포츠를 발견한 것 같았다. 사업 거래에서 드럼 주니어는 계속해서 소송을 제기했고 그를 계약으로 묶는 사람들에게 저항했다. 그리고 공개적으로 여러 번 말했듯이 누군가 그를 공격하면 항상 반격하되 백 번 더 반격할 것이었다.

타인을 미치게 하기 Driving Other People Crazy

그는 그렇게 양육되었고 이제 드럼 주니어는 역사에 드럼의 이름을 남기고자 한 아버지의 과제를 지속해야 했다. 과제 수행을 위한 초기 전조는 우리가 보았듯 성인으로서 삶이 파탄 난 결혼, 사업 파산, 아는 사람들의 조롱하는 모습이었으므로 그렇게 긍정적이지 않았다. 그러나 그가 만든 비윤리적 문제들이 무엇이든 항상 타격을 입지 않는 것 같았다. 많은 불운에도 꿈쩍하지 않는 것 같았다. 불운이 무엇이든 드럼 주니어는 유쾌하고 파괴적인 방식을 이어갈 것이었다.

아버지의 특이한 교육이 있었지만 드럼 주니어에게 자질이 완전히 없는 것은 아니었다는 사실을 인식해야 한다. 협상가로서 재능이 있었다. 필요할 때 매우 집요했다. 특히 거래에서 남다른 강인함이 빛을 발했다. 항상 거기에 매달렸다. 거의 싸움을 그만두지 않았다. 그런 점에서 적들의 균형을 무너뜨리는 데 있어 드럼 주니어는 아버지의 아들이었다. 반대편을 무너뜨리는 법을 알고 있었다. 또 차례로 이상한 요구를 하여 상대를 미치게 만드는 법을 알고 있었다. 양보는 결코 그의 일부가 아니었다.

삶에 대한 제로섬 게임 태도 때문에 드럼 주니어는 항상 '거래의 기술'이 경쟁자를 폄하하는 것을 의미한다고 믿었다. 기회가 있을 때마다 가장 사소한 불일치 사항에 대해서도 열심히 흥정했다. 그리고 재능 있는 거짓말쟁이였으므로 원하는 것을 얻지 못해도 여전히 자신의 길을 가진 척했다. 그러나 불행히도 '소탐대실'이라는 표현은 결코 마음에 떠오르지 않았다. 흔히 승자처럼 보일지 모르지만 매우 좁은 시각으로 바라보다 결국 진정한 패자가 되었다. 상대했던 사람들 대부분은 다시는 그를 대하고 싶어 하지 않았다. 그러나 드럼 주니어는 그의 협상 스타일이 좋은 평을 듣지 않는 것을 결코 깨닫지 못했다.

 모든 엄청난 실패에도 사업을 하는 내내 드럼 주니어는 자신을 창의적 기업가, 재능 있는 위험 감수자로 소개했다. 실제로는 앞서 언급했듯이 위험 감수는 다른 사람들(특히 그의 아버지)이 했다. 나중에 가능할 때마다 다른 모든 사람, 모든 대출 기관과 은행, 심지어 편리할 때 지불을 거부하곤 했던 가장 말단 거래처, 하청업자에 이르기까지 모든 이에게 위험을 전가하려고 했으며 항상 쉽게 핑계를 찾곤 했다. 다시 말하지만 이 모든 사소한 실수에도 모든 실패를 성공으로 바꾸는 데 상당한 재능을 보였다. 어떤 일이 잘못될 때마다 자신을 탓하지 않는 것이 필수적이었다. 잘못은 항상 다른 사람들에게 돌려야 했다. 분명히 드럼 주니어가 행동을 정신적으로 합리화하는 방식은 어떤 경우라도 승자가 되어야 한다는 것을 나타냈다. 그렇지만 그의 상상 속 성공 스토리에서는 출생 시 부유하고 보호받고 상당한 재산을 가지고 세상에 태어나면 큰 위험이 없다는 사실이 해당되지 않는 것 같았다.

어떤 페르소나? What Persona?

흔히 드럼 주니어의 어릿광대 같은 비도덕적 행동을 볼 때 일부 사람은 가면 뒤 실체가 누구인지 궁금해했다. 실제 드럼은 어땠을까? 겉모습 이상의 것이 있었을까? 그는 과연 무엇을 옹호했나? 자신의 삶에 대한 의미 있는 이야기를 할 수 있었을까? 즉각적 사익을 제외하고 그를 인도한 원칙이 있었을까? 첫눈에 보이는 것보다 더 많은 것이 있었을까? 불행히도 이 문제에 대해 검토할수록 그가 겉으로 드러난 것과 반짝이는 것에만 관심이 있다는 것이 분명해졌다. 또 항상 드럼이 드럼 연주하는 것으로 끝이 났고 항상 이기기 위해 싸웠지만 정확한 이유는 알지 못했는데 사람들의 관심을 받는 것이 필사적으로 필요하다는 것이 유일한 동기였기 때문이었다.

애석하게도 드럼 주니어는 연극 배우가 되어 항상 무대에 있었다. 그렇지만 아버지가 디자인한 연극에서 연기를 하고 있었다. 그리고 늙은 드럼이 세상을 떠난 지 오랜 세월이 흘렀지만 아버지는 항상 하늘을 떠돌며 드럼의 이름을 영원히 유명하게 해야 한다는 것을 상기시키며 그가 그 일을 할 사람으로 선정되었다고 이야기했다. 그리고 드럼 주니어는 외향적이고 활기차고 사회적으로 지배적인 방식으로 이 역할을 수행해야 했다. 내면 극장에 있는 아버지의 대본은 그의 안절부절함, 군림하는 스타일, 영원히 주목받고자 하는 강박적 욕구를 설명했다. 끈질긴 쇼맨십에 관해서도 설명했다. 그것은 자신의 인생보다 더 큰 유명인이 되고자 하는 소망을 조명했다. 실제 야심 많은 사람들의 운명을 결정하는 성공적 기업가 역할을 한 리얼리티 TV쇼에 참여함으로써 이러한 유명인 지위의 일부를 얻었다.

왕위에 출마하기 Running for King

그러던 중 드럼 주니어 나라의 왕이 후손 없이 세상을 떠났다. 왕국의 법에 의하면 모든 시민은 원하기만 하면 새로운 왕이 되기 위한 경쟁에 참가할 수 있었다. 분명히 드럼 주니어에게 평생 기다려온 순간이 마침내 찾아왔다. 새로운 왕을 찾는 것은 아버지가 항상 원했던 것을 성취할 수 있는 기회였다. 왕이 된다면 드럼의 위대함을 모두가 볼 수 있었다. 왕으로서 '드럼'의 이름은 역사 책에 들어갈 것이었다. 또 드럼 주니어가 자신에게 스스로 말했듯이 왕으로서 항상 갈망했던 존경과 찬사를 마침내 얻게 될 것이었다. 왕으로서 사람들은 그가 얼마나 특별한 사람인지 알게 될 것이었다.

또 마음에 떠오른 것은 왕으로서 자신을 중심으로 대관식을 조직할 수 있다는 것이었다. 그런 행사는 진정으로 영혼을 고양시킬 것이었다. 많은 사람이 응원하고 그가 얼마나 대단한 사람인지 말해 주는 것이 대단하지 않은가? 게다가 아버지가 살아 계시다면 감동받지 않을까? 이러한 이미지가 마음을 스쳐 지나가며 드럼 주니어는 또한 어머니가 대관식과 관련된 모든 화려한 행사를 보며 얼마나 자랑스러워할지 생각했다. 사실 생각할수록 왕이 되는 것은 TV 유명인이 되는 것보다 훨씬 영광스러운 일이었다. 또 공상을 자극한 것은 왕으로서 계속해서 그런 장면을 만드는 것이었다. 사람들이 그에게 관심을 기울이게 하는 대단한 방법이었다.

그러나 대부분 사람은 그의 끔찍한 행적을 볼 때 드럼 주니어가 자신을 왕 후보로 내세우는 것은 어리석은 일이라고 생각했다. TV 리얼리티 프로그램에서 끝없는 쇼맨십으로 일종의 마이너 연예인이 되었지만 사람들은 대부분 이상하고 가식적이며 광대 같은 행동을 보며 부족함이 너무 많다고 생각했다. 사람들은 그를 진지한 후보자로 상상할 수 없었다. 먼저 사람들은 그에게 뇌가 없다고 생각했다. 또 왕국과 같은 복잡한 조직을 운영하는 데 매우 필요한 자질인 체계적 사고를 하는 능력이 없다고 지적했다. 일부는 그가 국가가 어떤 방향으로 나아가야 하는지에 대한 비전이 있는지 의구심을 갖기도 했다. 다른 사람들은 열심히 일할 능력이 있는지 의문을 제기했다. 그는 항상 즉흥적으로 하는 것으로 유명하지 않았는가? 왕국의 너무 많은 사람에게 그가 왕이 되는 것은 그의 무례함, 불합리한 감정 폭발을 볼 때 헛된 노력 같았다.

물론 드럼 주니어에 대해 더 안 좋은 시각을 가진 이들도 있었다. 비윤리적, 비도덕적인 행동 때문에 그들은 자질이 없는 사람, 원칙이 없는 사람이 왕이 되는 것을 매우 걱정했다. 심지어 여동생이 그에 대해 충격적인 말을 한 것을 기억했다. 많은 사람이 우려했듯이 그의 길에는 항상 배신당한 사업 동료, 속은 고객, 버림받은 친구, 파탄이 난 결혼 생활, 소원해진 가족이 흩어져 있다는 사실을 모두에게 상기시켰다. 따라서 드럼 주니어가 출마를 선언했을 때 이들 가운데 일부는 심지어 '절대 드럼 반대 Never-Drum' 운동에 합류하여 이러한 모든 우려에 주의를 환기시켰다. 그들은 또한 그가 선택되면 국가에 위험이 될 것이라는 점을 분명히 했다. 당연히 드럼 주니어는 항상 자신의 능력을 과대평가하였고 사람들이 생각하듯이 보지 않았다. 오히려 자신이 이길 수 있는 아주 좋은 기회가 있다는 것을 꽤 확신하는 것 같았다. 결국 그는 타격을 입지 않는 사람이었다. 계속 스캔들을 일으키더라도 무엇을 하든지 결코 거기에 얽매이지 않았다.

드럼 주니어가 그에 대한 모든 부정적인 이야기를 바꾸려고 시도한 첫 번째 작업은 가상의 다른 사람을 만드는 것이었는데 이 사람은 언론 기자들에게 비밀리에 자신이 얼마나 대단한 사람인지 이야기하는 사람이었다. 그는 다른 사람인 척하면서 대중이 자신에 대해 듣고 싶어 하는 모든 것을 말했다. 나중에 이 책략을 발견하고 심리학자들은 이 이상한 행동을 진정으로 인정받는다고 느끼지 못하는 증상을 보상받으려는 개인적 시도로 보았다.

드럼 주니어는 이 가상의 다른 역할을 하면서 자신이 나라를 다시 위대하게 만들 이상적인 사람이라고 말했다. 사실 이 다른 역할을 믿는다면 나라는 분명히 과거 정권 아래서 이미 망했어야 했다. 비밀스러운 목소리는 죽은 왕이 완전히 무능했다고 덧붙였다. 그리고 죽은 왕이 나라를 에워싼 많은 적에게 관심을 기울이지 않았다는 것이 얼마나 걱정스러운 일인지 듣고자 하는 사람이라면 누구에게나 계속해서 말하곤 했다. 또 국가가 대변하는 것을 약화시키려는 일련의 사람들이 나라 안에 다섯 번째 기둥으로 있다고 부드럽게 속삭였다. 또 다른 왕 후보들이 완전히 부패했다고 강조했다. 흥미롭게도 가상의 역할을 대변인으로 사용하는 맥락에서 유의할 점은 나중에 왕이 되었을 때 드럼 주니어는 이 가상 역할의 이름을 따서 세 번째 결혼으로 얻은 아들의 이름을 지었는데 아마 소설을 현실로 만들고자 망설인 시도였을 것이다.

늪 청소하기 Cleaning the Swamp

공개 포럼에서 드럼 주니어는 사람들이 믿고 싶어 하는 바를 충족시키는 법을 정확히 알고 있었다. 그는 속이기 쉬운 사람을 설득하는 달인이었다. 포퓰리스트 지도자들이 하는 일에 대해 잘 아는 그는 대중이 불만을 토로하게 하는 법을 아는 전문가였다. 국가의 현 상황에 대한 계속된 불만을 어떻게 포착할지 알고 있었다. 그 뒤 선동에 대한 재능으로 사람들이 인식한 잘못을 해결하는 챔피언으로 자신을 소개했다. 피해를 입고 남겨진 듯 느끼는 사람들을 변호할 사람이었다. 그리고 훌륭한 포퓰리스트로서 자신의 출마를 옹호하였으며, 대부분 약속은 기이했지만 나라 사람들이 듣고 싶어 한 모든 것을 약속했다. 그는 자신이 나라를 다시 위대하게 만들 유일한 사람이라는 메시지를 계속해서 반복했다.

드럼 주니어에 따르면 나라는 너무 오랫동안 급격한 쇠퇴를 겪었다. 이 우울함과 파멸의 단어에 덧붙여 검은 구름이 지평선에 나타나 적들이 나라를 에워싸 그들의 생활 방식이 위협받고 있다고 주장했다. 다른 나라 사람들이 그들을 이용하고 일자리를 빼앗고 있다고 지적했다. 그리고 이 다소 디스토피아적 미래를 그리는 동안 기꺼이 듣고 싶어 하는 모든 사람에게 그들과 대홍수 사이에 있는 유일한 사람은 자신이 될 것이라고 확신시켰다. 그들을 안전하게 지켜줄 수 있는 사람은 오직 그뿐이었다. 자신이 왕으로 선출되면 나라가 매우 달라질 것이라는 점을 분명히 하면서 다른 사람을 선택하면 겪게 될 더욱 끔찍한 일에서 자신만이 보호해줄 것이라고 했다. 반복해서 말했듯 나라를 극적으로 변화시키는 데 이보다 더 적합한 사람은 없었다. 그리고 그의 말은 많은 사람, 특히 인생에서 복권을 잃어버린 것처럼 느끼던 교육받지 못한 백인 남성의 공감을 일으켰는데 그들은 영웅적, 마초적 카우보이가 나쁜 놈들과 싸우던 과거의 상상에 여전히 지배되는 것 같았다. 그리고 드럼 주니어의 말은 그들에게 더 나은 미래의 희망을 주었다.

또 드럼 주니어는 그를 왕으로 삼는다면 첫 단계는 삶의 방식을 위협하는 모든 나쁜 사람을 막는 벽을 쌓는 것이 될 것이라고 맹세했다. 그에 따르면 나쁜 '(히스패닉) 사람들'이 너무 많았고 이 위험한 이민자들은 나라를 파괴하려 했다. 편리하게도 드럼 주니어는 친할아버지가 이민자였고 어머니도 이민자라는 사실을 잊은 것 같았다. 다시 외국인 혐오에 빠져들며 이 모든 나쁜 사람을 다룰 자격이 있는 사람은 아무도 없다고 반복해서 지적했다. 그리고 모든 조작된 위협을 이야기하며 다른 왕 후보들은 약하고 부패했고 완전히 신뢰할 수 없다는 메시지를 되풀이했다. 현 정부가 극도로 부패하고 무능한 사람들로 구성되어 있다고 강조했다. 그러나 그는 왕이 되면 모든 부패를 근절할 것이었다. 늪을 청소할 것이었다.

포퓰리스트 드럼 주니어는 다른 어떤 후보보다 청중의 감정을 자극하는 법을 알고 있었다. 실제 드라마를 만드는 법을 알고 있었다. 그리고 모든 연극으로 인해 마침내 그가 말한 모든 단어를 믿고 앵무새처럼 흉내 낼 드럼 추종자 집단을 만들었다. 그들은 가상의 현실 세계를 믿었다. 놀랍게도 무슨 이상한 말을 하든 그들은 신도로 남아 있었다. 마치 그들은 그의 말을 듣기 위해 사는 것 같았다. 그들은 과장된 언행을 좋아했다. '조작된 내용 fan facts'을 즐겼다. 그리고 과장된 언행에 대해 더 나은 사람을 찾을 수 없었다. 드럼 주니어는 자신을 방해하는 모든 이에게 공격적 행동을 하도록 신자들을 채찍질하는 법을 알고 있었다. 드라마를 만드는 법을 알고 있었으며 내외부적으로 진정한 분열의 대가였다. 사람들을 자신의 진영과 반대 진영으로 나누는 법을 알고 있었다. 이를 의식적으로 알아차리지는 않았지만 군중 역동의 대가였고 사람들이 그를 동일시하고 따르게 만드는 모든 속임수를 알고 있는 것처럼 보였다. 게다가 그의 연극에 추가하여 드럼 주니어는 추종자들에게 그의 반대자들은 투옥되어야 하고 정말로 감금

되어야 한다고 말했다. 그가 믿기에는 그들이 한 일로 인해 반대자들은 정말 '시민의 적'이었는데 이 말은 과거 선동가에게서 빌린 이야기처럼 보였다. 게다가 왕위 출마 기간 중 적들에 대한 전체 쇼핑 목록을 개발하고 있었다. 물론 가장 선호하는 이들 가운데는 그에 대해 안 좋은 보도를 하는 언론인들이 있었다. 반복해서 그들이 완전히 부패한 무리이며 그에 대한 나쁜 글을 쓰기 위해 돈을 받았다고 비난하였다.

그러나 어떤 사람들은 그것이 드럼 주니어가 자신도 모르게 자신에 관해 이야기하는 것 같다고 말했다. 오랫동안 그의 패턴이었던 것처럼 내부에서 일어나는 일을 외부로 투사하고 있었다. 그의 행적을 볼 때 그야말로 진정 부패하고 신뢰할 수 없는 사람이 아니었나? 상대한 모든 사람을 항상 속이지 않았나? 그러나 모든 아이러니가 있었지만 많은 사람은 그의 종말적 메시지가 매우 매력적이라고 생각했다. 그들이 개인적으로 생각하는 부정적인 일들, 나라에서 일어나고 있다고 그들이 상상한 일들을 그가 많이 반영하고 있었기 때문에 그에게 끌렸다.

드럼란디아의 왕 The King of Drumlandia

많은 사람이 놀랍게도 왕국을 위협하는 위험에 대한 부정적 메시지가 국민들에게 영향을 미쳤다. 많은 사람이 속기 쉬웠는데 그가 정말 나라를 재난에서 구할 수 있는 유일한 사람이며 나라를 다시 위대하게 만들 이상적인 사람이라는 약속을 믿기 시작한 사람들이 있었다. 분명히 나이가 들면서 완성된 그의 분열 전술은 효과가 있었다. 거짓 정보의 대가인 그는 대중이 자신의 메시지를 받아들이도록 선동하는 법을 알고 있었다. 항상 대체 현실을 만드는 법을 알고 있었다. 또 드럼 주니어는 선동에 대한 반대자들을 대상으로 한 선거 집회에서 발생한 많은 폭력 사건으로 사람들의 눈길을 끌었다. 그리고 그가 이러한 상황을 처리하는 무자비한 방법은 왕이 되는 데 필요한 강인함을 가지고 있다고 신봉자들을 설득하는 것이었다. 매우 놀랍게 아주 적은 차이로 드럼 주니어가 선거에서 승리했다. 이제 왕국의 많은 사람은 다음에 일어날 일을 궁금해하며 매우 긴장했다.

드럼이 왕이 되자 항상 공연하고 싶었던 무대에 황홀한 심정으로 마침내 도달했다. 만족스럽게도 현재 위치로 인해 모든 사람이 주의를 기울일 수밖에 없다는 것을 알고 있었다. 마침내 업적을 남길 때가 왔다. 드럼의 진정한 위대함을 모두에게 보여줄 순간이 왔다.

드럼 왕의 초기 활동은 대중 무대에서 그와 같이 일관되고 명백하게 불쾌한 사람이 없었다는 것을 사람들에게 곧 확신시켰다. 그리고 비난 당하는 역할을 수행하면서 그런 점에서 드럼 왕은 그 아버지의 아들이 분명한 것으로 판명되었다. 대관식 직후에 약하고 취약한 사람들을 대상으로 한 일련의 놀라운 잔인한 정책이 다가올 일의 첫 번째 신호로 발표되었다. 시행 조치에 반대하는 공무원은 즉시 해고되었다. 그리고 신하들에게 그가 대변하는 바를 분명히 하기 위해 그의 공상을 사로잡은 것에 대한 최신 견해를 제시하는 짧은 칙령(트위터)이 언론에 끊임없이 전송되었다. 대부분 생각한 것은 앞을 가로막는 사람에 대한 부정적 의견이 포함된 증오 메시지였다. 이 메시지를 준비하는 밤에 그가 바쁜 것을 보면서 일부 사람은 새 왕이 불면증으로 고통받는지 궁금해하기 시작했다. 많은 칙령을 통해 출구를 찾아야하는 괴로운 꿈을 꾸었던 것일까?

닫힌 반향실에서 살기 Living in an Echo Chamber

왕국에서 가장 중요한 위치가 된 드럼 왕은 마침내 자신에게 일어날 수 있는 최고의 상태가 된 것을 모두에게 보여줄 인생 단계에 도달했다. 그가 얼마나 총명하고 강력하고 장엄한지 모두가 인정하는 순간이 왔다.

드럼 왕이 자신에게 몰두하는 것 때문에 많은 신하가 왕을 기분 좋게 하는 방법은 그가 가장 위대한 사람이라고 말하는 것임을 곧 깨닫게 되었다. 살아남기 위해 아첨꾼 역할을 하는 것이 좋았다. 모든 고위 관리 회의를 시작할 때마다 그가 거의 숭배의 찬양을 기대하는 경향이 있다는 사실을 받아들이게 되었다. 그는 모두가 자신을 위해 일하는 것이 얼마나 큰 영광인지 표현하기 원했다. 그리고 심복들이 빠르게 학습함에 따라 그것은 왕을 그들 편으로 만드는 좋은 방법이었다. 대조적으로 그의 위대함을 드러내지 않으면 심각한 결과가 초래될 수 있었다. 따라서 선택의 여지가 별로 없었으므로 드럼 왕이 기분 좋을 때 무언가가 추진되기만을 바라며 이 이상한 과정을 따라 갔다. 그러나 그들 다수는 개인적으로 그가 여전히 어린애처럼 행동한다고 생각했다. 또 그들은 어린 아이와 매우 흡사하게 새로운 왕이 이런 '조치fix'를 받지 않으면 정기적으로 화를 낼 것이라고 말했다. 주기적으로 칭찬받지 않으면 금방 기분이 나빠지고 짜증을 냈다.

시간이 지나면서 많은 신하에게 드럼 왕의 갈망은 계속되었다. 그들은 왕이 공허한 느낌과 나르시시즘적 상처의 상상에서 자신을 방어하기 위해 끊임없이 자기를 과장해야 한다는 것을 깨달았다. 자신의 실패에 대해 타인들을 비난하면서 조금이라도 성공한 것에 대해서는 과도하게 공로를 인정하는 것은 아주 일시적으로 그의 기분을 고양시키는 것처럼 보였다.

신하들이 어떤 영웅적 행위를 그에게 돌렸든 그것들은 결코 충분하지 않았다. 많은 긍정적 의견이 있는데도 긍정적 감정이 오래 지속되기에는 결코 충분하지 않았다. 그 대신 이러한 메시지를 계속 반복해야 했다. 신하들은 드럼 왕과 함께 있는 것이 달걀 껍질 위를 걷는 것과 같다는 것을 깨닫게 되었다. 어떤 순간에도 깨어질 수 있었다. 분노의 폭발은 오늘의 순서였다. 항상 그를 화나게 하는 무언가가 있었다. 그리고 그들은 그의 분노가 끔찍한 결과를 초래할 수 있다는 것을 알고 있었다. 그의 복수심이 전설이 된 것은 놀라운 일이 아니었다. 사람들은 좌우로 쫓겨났다. 드럼 왕은 완전한 충성을 기대했다. 충성이 없다는 징후가 있으면 극적인 행동으로 끝날 것이었다.

드럼 왕의 행동 때문에 많은 사람은 '교만은 패망의 선봉'이라는 표현이 그에게 적용될지 궁금해하기 시작했다. 그의 모든 터무니없는 행동들로 인해 왕국에 무슨 일이 일어났을까? 그는 나라를 귀중한 보물이라고 믿었을까? 진정으로 나라를 위대하게 만들었을까 아니면 정말로는 반대 일을 하고 있었을까? 미래는 어떤 모습이었을까? 많은 사람에게 그것은 수평선에 검은 구름이 나타나는 것처럼 보였다.

편집증, 왕의 질병 Paranoia Being the Disease of Kings

세월이 흘러 드럼 왕은 교활하고 냉담하며 냉소적이며 마키아벨리적 스타일로 나라를 다스리는 사람으로 널리 알려지게 되었다. 그가 하는 모든 일은 아버지에게 배운 대로 돈이라는 프리즘으로 바라보았다. 의사 결정에 따르는 비용과 이점을 단지 금전적 측면에서 바라보았고 도덕과 윤리는 무시되었다.

왕좌에 앉아 아첨꾼들에게 둘러싸여 과거의 미완성된 일인 부모님 액자에 담긴 사진을 멍하니 바라보면서 드럼 왕은 개인적 심리극을 통해 나라를 끌고 다니며 오해를 받는다고 느낄 때 무자비하게 비난했다. 그리고 이 심리극의 주인공이 되면서 행동 가운데 많은 부분이 초현실주의적 특성을 갖게 되었다. 그 어느 때보다도 드럼 왕의 신하들은 그의 발언에서 어느 것이 참이고 어느 것이 거짓인지 스스로 묻고 있었다. 그가 한 어떠한 발표이든 항상 극도로 혼란스러웠다. 그리고 불행하게도 진실과 거짓의 구분을 없애는 경향은 시간이 지날수록 더 커졌다. 거짓말이 항상 자연스러워 그는 왕의 자리에서 잘못된 정보를 더 많이 퍼뜨리는 사람이 되었다. 그리고 이는 그가 왕으로서 제시한 롤 모델로 볼 때 더욱 위험했다. 타인들이 행동을 본받을 것이었다.

물론 많은 거짓말을 통해 드러난 것은 늘 만족을 모르는 자아, 실제 책임지지 않음, 신뢰할 수 없음, 만인에 대한 불신, 미래에 대한 냉담한 무시였다. 부하들이 이 모든 비합리적 행동의 배후에서 발견한 유일한 이유는 존경받고 가장 위대한 사람으로 보이고 싶은 만족할 줄 모르는 욕구였다. 그가 한 모든 일에는 항상 자기를 지칭하는 특성이 있었다. 과거 아버지와 마찬가지로 그와의 토론은 이상하고 다분히 자기 중심적 대화가 되었다.

드럼 왕의 행동 때문에 신뢰는 왕국에서 보기 드물게 되었다. 점점 더 많은 사람이 왕의 말을 불신하게 되었다. 개인적 차원에서 그가 어느 정도 신뢰하는 것처럼 보이는 유일한 사람들은 자녀들이었다. 그러나 그들조차도 왕을 대할 때 살얼음판 위를 걷고 있으며 왕에게 완전히 동의하는 것이 가장 좋은 일이라는 것을 항상 알고 있었다. 아이들은 신하들이 어렵게 발견한 방법처럼 그가 듣고 싶은 대로 말하면 (드럼 왕이 아버지에게 했던 행동 방식과 매우 유사) 원하는 것을 얻을 수 있다는 것을 알고 있었다. 그리고 시간이 지나면서 자녀들과 처가는 이 게임을 아주 잘하는 법을 배웠다. 그것은 가족에 대한 의존이 항상 전면에 드러날 뿐만 아니라 많은 재정적 갈등이 이어지는 이유를 설명했다. 따라서 역설적이게도 이른바 반부패 집단으로서 많은 부하는 왕의 성인 자녀들과 배우자들이 그의 결정에 전례 없는 영향력을 행사하면서, 임명된 자문 위원들의 위상에 손상을 입히는 것에 점점 더 동요하게 되었다. 많은 사람이 가족들이 자신의 지위를 재정적인 측면에서 이용하고 있다고 의심했다.

많은 사람이 인식하기 시작한 것은 드럼 왕의 뿌리 깊은 희생자 의식이었는데, 한때 인생에서 일어난 일들에 희생당했다고 느끼는 많은 추종자와 그가 관계를 맺는 데 도움이 된 특성이었다. 그러나 드럼 왕의 섬세한 정신적 균형으로 인해 그에게 오해를 받는 데는 그리 오랜 시간이 걸리지 않았다. 아첨꾼들과 이야기하는 동안 신하들이 그가 국가를 위해 하고 있는 모든 좋은 일을 이해하지 못한다는 사실에 끊임없이 불평하곤 했다. 그에 따르면 그가 한 모든 위대한 일에 대해 대부분은 감사할 줄 모르는 무리였다. 그들은 충분한 신용을 얻지 못했다. 그들은 마땅히 해야 할 방식으로 칭송하지 않았다.

이러한 피해의식에 더해 편집증적 성향 때문에 또한 드럼 왕은 사람들이 그를 쫓고 있으며 잡으려고 많은 사람이 나올 것으로 상상했는데, 그리 놀라운 현상은 아니었다. 그는 평생 동안 "편집광만이 살아남는다!"라는 표현을 마음에 깊이 새겼다. 그리고 편집증이 있을 이유가 없을 때에도 항상 적이 없는 곳에서도 적을 만드는 데 매우 능숙했다. 그러나 예상대로 편집증적 견해로 인해 가장 신뢰하는 조언자조차도 자신에 대해 음모를 꾸미고 있다고 항상 믿었다. 이 특별한 마음 상태는 그가 정기적으로 주위 사람들을 교체하는 이유를 설명했다. 심복들 사이에 끊임없이 교체가 있었던 것도 이러한 이유 때문이었다. 그리고 왜곡된 선택 기준 때문에 그들 가운데 다수가 부패 행위들로 기소되어 감옥에 갇혔다.

물론 왕의 지위를 볼 때 의심하는 생각은 어느 정도 현실성이 있었다. 결국 이전에 말했듯이 편집증은 왕의 병이다. 그러나 드럼 왕의 경우 의심이 정말로 과도했다. 그리고 과거 그가 언급한 세계를 '우리' 대 '그들'의 범주로 나누는 경향을 생각하면 상상의 적을 어디에서나 찾는 것은 어렵지 않았다. 작은 사고가 나더라도 남 탓으로 돌리는 것이 언제나 당연했기 때문에 자신을 적대시하는 사람을 찾기가 쉬웠다. 따라서 항상 자신이 두려워하는 것을 다른 사람들에게 투사했으며 실제로 자신이 책임져야 하는 많은 일에 대해 다른 사람들을 비난하였다. 곧 주위 사람들은 실패한 행동에 대해 개인적으로 책임지는 것이 그의 관심 사항이 아니라는 것을 깨닫게 되었다. 드럼 왕은 그가 자신의 불행을 만들어내고 있다고는 상상도 하지 못했다.

드럼 왕이 자신에게 적대적인 것으로 인식한 사람들의 특징을 설명할 때 지속해서 나쁘고 더럽고 파괴적인 것과 같은 극단적 용어를 사용했다. 그는 나라를 통일하려는 대신 점점 더 분열의 대가가 되었다. 그의 리더십 아래 나라는 더욱 분열되었다. 증오심은 항상 기반을 모으는 데 선호되는 방법이었다. 드럼 왕이 믿기에 많은 적이 나라를 둘러싸고 있었다. 그리고 국민들이 자신이 상상하는 힘을 이해하도록 연설에서 극명하게 반대되는 단순한 언어를 사용했다. 여기에서 그의 재능은 사람들에게 욕설을 퍼붓는 데 사용되었다. 그가 욕설을 하는 방식 때문에 많은 사람은 드럼 왕이 사는 곳은 매우 어두운 세상이어야 한다는 것을 이해하게 되었다. 그것은 항상 선과 악이 맞서는 흑백 세상이었다. 그러나 무엇이 '악'으로 간주될 것인가는 또 다른 질문이었다.

게다가 항상 오해를 받는다는 생각으로 인해 드럼 왕이 완전히 불안정해 보이는 경우가 여러 번 있었다. 신하들은 아주 사소한 실수로 극도의 화를 내는 것을 경험했다. 그때 그는 분노에 가득 차서 칼을 찔렀다. 그것은 그들 다수가 그의 내면에 얼마나 많은 분노가 항상 타오르고 있는지 깨닫게 만들었다. 그러나 권세의 막강한 힘으로 인해 그의 행동은 매우 무섭게 인식되었다. 또 이런 분노 폭발이 있을 때 두려운 점은 이상한 결정을 내릴 뿐만 아니라 폭력적 행동을 하는 것이었다.

시간이 흐르면서 드럼 왕의 기분 변화는 전설이 되었다. 그와 가까운 사람들은 결정이 완전히 비합리적인 지경이 되기까지 점점 변덕스러워진 것을 깨달았다. 거의 정신을 차리지 못한 채 대화의 흐름을 따라가지 못하는 것 같았고 결국 주제를 뛰어넘는 경우가 많았다. 어떤 사람들은 이것이 처리되지 않고 인정되지 않은 불안의 결과인지 권력과 책임에 의해 악화된 결과인지 의문을 가졌다. 이유가 무엇이든 드럼 왕이 그 상태에 이르면 진정시킬 사람은 아무도 없었다. 화를 내는 동안 방에 있는 사람들은 모두 아무것도 할 수 없었다. 경계를 정할 용기를 가진 사람이 아무도 없는 것 같았다. 그렇게 하려 했던 모든 사람은 이미 쫓겨났다.

오만은 가을이 되기 전에 온다 Hubris Comes Before the Fall

시간이 흐르며 드럼 왕의 심복뿐만 아니라 신하들도 그가 그들의 삶을 개선하는 데 별로 관심이 없다는 것을 깨달았다. 훨씬 더 나은 설명은 자신의 삶을 개선하는 데 더 관심이 있었다. 그들은 그의 주된 동인이 항상 인정에 대한 만족을 모르는 욕구였음을 인식했다. 드럼 연주는 항상 드럼 자신에 관한 것이었다. 개인의 영광을 추구하는 내내 관심사가 긴급한 사회적 문제와 관련된 경우는 거의 없었다. 과거에 항상 그랬듯이 모든 결정은 독특하고 비도덕적이며 극도로 자기 중심적 세계관에 따라 결정되었다. 전략적 사고는 결코 강점이 아니었다. 드럼 왕은 특정 의제, 조직 원칙에 따라 운영할 수 없었다. 독재적 리더십 스타일 때문에 국가를 진정으로 좋은 곳으로 만드는 법에 관해 타인들의 조언을 듣는 것은 '해야 할 일' 목록에 없었다.

한 가지 운영 원칙이 있었는데 그것은 권력 기반의 유지였다. 어떤 대가를 치르더라도 드럼 왕은 그의 통치에 대한 사소한 도전이라도 막고 싶었다. 이를 위해 주로 나이든 지인들과 선택된 가족으로 구성된 작은 마피아 같은 내부 핵심 조직을 만들었다. 또 재정적 인센티브를 사용해 군, 경찰의 보안군이 체제를 보호하는 동시에 서로를 감시하도록 독려하는 법도 알고 있었다. 그리고 이 모든 조치를 취하는 동안 자신의 지지층에 대한 최선의 이익을 마음에 품고 있는 척하고 있었다. 그러나 많은 이에 대한 진정한 서번트 리더의 겉모습은 급격히 약화하고 있었다. 드럼 왕은 통치 초기에 대중적 호소력이 있었지만 시간이 흐르면서 드럼 추종자들을 제외하고는 인기가 매우 내려갔다. 따라서 그는 기반을 위해 많은 드라마를 만들고 분열을 전파하며 영향력을 이어갔다. 드럼 추종자들은 그가 말한 모든 것을 계속 믿었다.

　드럼 왕이 다스리던 이 시점에 사람들은 대부분 그를 왕의 자리에 오르게 한 극적인 장난이 국정 운영에 도움이 되지 않는다는 것을 알게 되었다. 왕의 자리를 놓고 로비를 할 때는 능력을 과대평가하는 것이 매력적이었는지 모르지만 현재 왕국 운영의 현실을 직시할 때 드럼 왕이 크게 부족하다고 느꼈다. 그리고 그는 일상적 리더십에 전혀 관심이 없었기 때문에 점점 더 많은 사람이 리더십 능력에 의문을 갖기 시작했다. 국가 운영에 필요한 능력과 그의 완전한 무능력 사이의 격차가 점점 더 뚜렷이 드러나며 문제 있는 성격이 어느 때보다 강조되었다. 드럼 왕은 국가 운영이 무엇을 의미하는지 전혀 모르고 관심도 거의 없다는 것을 모두가 알 수 있었다.

　또 다른 매우 우려되는 점은 유능한 심복의 부족이었다. 더 유능한 신하들은 드럼 왕이 조언을 듣지 않는다는 것을 아주 빨리 발견했다. 어떤 조언을 해주려 해도 그날 관심사에 맞지 않으면 무시되었다. 결과적으로 그들 대부분은 그의 행동에 완전히 환멸을 느끼며 쫓겨나거나 떠났다. 머물렀던 이들은 드럼 왕이 듣고 싶은 것만 들으려 한다는 것을 알게 되었다. 나쁜 소식을 전하지 않는 것이 최선임을 깨달았다. 자신을 위해 구축한 인기와 성공 이미지를 무너뜨릴 정보를 가져오면 안 되었다. 따라서 그들이 발견하여 가져온 모든 정보를 검열하는 것이 필수적이었다. 너무 자주 겪었던 것처럼 그가 예전만큼 인기가 없다는 말을 들으면 화낼 것이라는 것을 알고 있었다. 드럼 왕에게는 인기가 항상 가장 중요했다.

　결국 극적인 행동을 두려워한 드럼 왕의 신하들은 재능 있는 '조력자'

가 되어 나쁜 소식, 부정적 피드백, 거의 모든 형태의 비판에서 보호하는 방식으로 그를 둘러싼 일종의 거품을 만들었다. 그러나 불안한 소식에서 그를 보호한 비극적 결과는 더 많은 리더십과 더 적은 연극을 요구하는 대중에 적응하지 못하게 했으며 이러한 변화하는 국가 분위기에 점점 더 대응할 수 없다는 것이었다. 그로 인해 그는 더는 바로 앞에서 무슨 일이 일어나는지 볼 수 없는 상황이 되었다. 드림 왕은 국민 정서national psyche와 심하게 동떨어져 있었다.

결국 드림 왕 측근 가운데 많은 이가 그가 운영하는 공개 무대 때문에 독선적이고 통제 불능한 분노의 끝없는 위협이 점점 더 위험해지는 것을 깨닫게 되었다. 조금이라도 모욕당한다는 느낌이 있으면 복수를 위해 비난했고 상상 속 모욕에 대한 극도로 과장된 반응이 빈번했다. 그리고 사정이 이렇게 되어감에 따라 많은 이가 그의 행동이 쉽게 확대되어 통제 불능 상태가 될까 봐 두려워했다. 사람들은 분열과 외부 위협을 먹고 사는 드림 왕의 독재적 리더십 스타일이 치명적인 결과를 초래할 수 있음을 인식했다. 스스로 창조한 디스토피아 세계는 자기 충족적 예언으로 변할 수 있었다. 결국 최후의 날 시나리오를 그리는 것은 항상 그의 나라에서 통치를 정당화하는 독특한 방법이었다. 성경의 예레미야 선지자 같은 말을 하는 것이 왕국의 수호자로 자신을 내세울 기회를 주었다. 그러나 그의 지위와 변덕스러운 기질로 인해 많은 사람이 그가 왕으로서 인기가 약해질 때 정말 위험해질 수 있다고 우려했다. 사람들은 자신의 활동에 대한 새로운 열정을 불태우는 방법으로 그가 더 많은 내부 분쟁을 일으키려는 유혹을 받을 뿐만 아니라 전쟁의 형태로 외부 분쟁을 일으킬 준비가 되어 있지 않을까 걱정했다. 많은 사람이 앞으로 일어날 일에 대해 점점 더 걱정하게 되었다.

신들의 황혼 Gotterdämmerung

시간이 지나 점점 줄어든 신하들은 드럼 왕의 모욕적 행동을 받아들일 준비가 되었다. 그는 점점 더 고립되어 갔다. 그를 위해 기꺼이 일할 유능한 사람들을 찾는 것이 매우 어려워졌다. 그들 가운데 너무 많은 이들이 왔다가 사라졌다. 왕궁에서 일하는 것은 끝없는 인력 교체로 변했다. 통치 초기에 이 사람들 가운데 일부는 그를 어느 정도 존경해서 심지어 오래전부터 있던 미친 아이디어 일부를 합리화하려고 시도하기까지 했다. 그러나 그의 행동은 너무 터무니없었다. 그들은 그의 비이성적 행동이 나라를 얼마나 해치는지 깨달았다. 드럼 왕은 유독한 존재가 되었다. 그가 말할 때마다 더욱 분열이 초래되었다.

드럼 왕의 초기에 일부 사람은 권력의 원천(모든 특권과 기타 이점)에 가깝기 때문에 그에게 매력을 느꼈지만 그 매력도 오래 전에 사라졌다. 그들 대부분은 그와 관계를 맺기 위해 치러야 하는 좋지 않은 평판의 대가를 너무도 잘 알고 있었다. 그들은 드럼 왕의 잘못된 판단과 자신의 세계관에 맞지 않는 정보는 고려하지 않는 지나친 자신감이 결합되어 너무 많은 체계와 관계가 손상되었음을 인식했다. 많은 사람이 그의 과도한 행동을 고치려는 고귀한 생각은 환상에 불과하다는 것을 깨달았다. 드럼 왕이 무언가를 하고 있을 때 멈출 수 없었다.

왕국의 쇠퇴로 의심 없는 충성과 헌신에 대한 드럼 왕의 요구는 지속될 수 없었다. 더욱이 점점 더 많은 신하가 그를 왕국에 대한 위협으로 보기 시작했다. 짧은 통치 기간 내내 너무 많은 사람을 실망시켰다. 과거에는 굳건한 자신감으로 카리스마 있는 사람으로 보였지만 완전한 자기 중심주의로 인해 그런 생각은 오래전에 사라졌다. 많은 속임수와 협박은 단지 너무 혼란을 주기만 했다. 부풀어진 자아, 타인들의 끊임없는 찬사를 받고 싶은 욕구, 모든 형태의 비판에 대한 과민성, 천박한 감정적 애착, 공감 부족, 착취적 행동, 냉담함과 무자비함, 경직된 견해, 세상에 대한 편집증적 견해가 분명히 드러났다. 또 모든 사람이 볼 수 있었던 것은 자아ego가 너무 부풀어져 자신의 이익만을 추구하며 국익을 위해 행동하는 척하는 것조차 그만두었다는 것이었다. 드럼 왕은 자아가 자신을 길들이기 전에 자아를 길들이는 것이 중요하다는 것을 결코 깨닫지 못한 것 같았다.

그런데도 신하들 일부는 계속 그를 내버려 두는 것이 가장 좋다고 생각했다. 드럼 왕의 행동이 파격적이었지만 적어도 왕국은 여전히 번영하고 있었다. 소수의 사람들은 그의 일 일부가 금전적으로 유익하다고 계속 믿었다. 기회주의적 측면에서 그들은 그와 함께 지내지 않을 이유가 없다고 생각했다. 물론 일부 경제학자들은 그가 경제 활성화를 위한 실질적인 조치를 취하지 않은 것이 운이 좋았다는 지적을 마다하지 않았다. 다른 사람들은 그의 많은 부도덕한 행동으로 괴로워했지만 계속해서 무슨 일이 일어나고 있는지 보지 않으려 노력했다. 그들은 공모를 합리화했다. 그리고 그들은 좋은 삶을 누리겠다고 생각했다.

그러나 분쟁이 나라에서 점점 더 흔한 패턴이 되면서 드럼 왕의 신하 다수는 더는 빵만으로는 충분하지 않다고 느꼈다. 비윤리적이고 흔히 무자비한 일을 하는 그의 방식이 그들 다수를 힘들게 하기 시작했다. 일부 사람은 여전히 그를 왕으로 삼아 단기 기회주의적 금전적 이익을 보았지만 많은 신하는 큰 환멸을 느꼈다. 특히 그들은 품위를 아쉬워했다. 그리고 불에 기름을 더한 것은 여전히 그의 곁에 붙어있는 사람들의 냉담한 행동이었다. 드럼 왕 이너 서클의 '남은 사람들' 일부는 그의 위험한 행동에서 영감을 받은 것 같았다. 그들은 '공격자와 동일시'했다. 그들은 그의 행동을 모방하고 있었다. 왕의 따돌림과 위협적인 행동은 전염성이 강했다.

게다가 예상대로 드럼 왕의 호전적 언어를 측근들이 모방하여 그들의 목표물이 된 경쟁 국가들을 상당히 자극했다. 그들의 도발적 언어에 왕국을 둘러싼 국가들이 영향을 받았다. 이에 따라 그의 행동은 내부 갈등을 일으켰을 뿐만 아니라 그가 조장한 분열은 대외 불안에도 기여했다. 다시 말하지만, 나라를 다시 위대하게 만드는 것 이외의 모든 것을 하고 있었다. 오히려 그 나라는 다른 나라들의 웃음거리가 되었다. 드럼 왕은 믿을 수 없는 당혹스러운 존재가 되었다. 왕국의 많은 이는 그가 국가의 명성을 크게 손상시키고 있음을 깨닫기 시작했다.

팬데믹이 전국을 강타했을 때 사람들의 우려는 사상 최고치를 기록했다. 역시 상황에 대한 드럼 왕의 반응은 예상대로였다. 걱정할 이유가 없는 척하며 전면 부정했다. 이 전염병이 어떤 종류의 것이든 곧 사라질 것이라고 발표했다. 그것은 단지 독감과 같았다. 그 사이 수십만 명이 목숨을 잃었다. 그는 언제나 자신의 상대를 악마로 묘사하던 방식처럼 자신의 앞을 가로막는 사람에게 불쾌한 별명을 붙여주는 것이 전염병에는 효과가 없다는 것을 깨닫지 못한 것 같았다. 이번에는 매우 다른 상대를 대하고 있었다.

그의 이상한 행동과 더 나은 행동을 못 하는 것을 보고 신하들은 황제가 실제는 옷을 입지 않고 있다는 것을 깨달았다. 비록 드럼 컬트 신도들이 여전히 뒤에 있었지만 다른 사람들은 이제 드럼 왕이 만든 개인 숭배가 잠재적 폭정의 시작이 될 수 있다고 진심으로 걱정했다. 그가 위협을 느끼면 권력을 다시 얻기 위해 권력 남용과 권위주의에 더 빠져들지 않을까 걱정했다.

더구나 매우 힘든 시기였으므로 사람들은 드럼 왕이 만든 분열과 혼돈의 정신에 완전히 질려버렸고 어떤 것도 계획되거나 관리되지 못했다. 한때 추종자들이 그의 생각을 중심으로 뭉쳤을지 모르지만 지금 너무 많은 사람이 사망함에 따라 매력이 빠르게 약해졌다. 많은 사람이 그의 세계관이 실제로 얼마나 공허했는지 깨닫게 되었다. 그들은 또한 드럼 왕이 희생양을 필요로 할 때 얼마나 소모적인지 깨달았다. 그리고 한때는 왕이 지키는 규범을 어기는 그의 방식을 즐겼을지 모르지만 터무니없는 행동은 더는 통하지 않았다. 점점 더 많은 사람이 그가 왕으로서 통치에 완전히 부적절하다고 믿었다. 점점 더 그를 불안정하고 위험한 존재로 여기게 되었다. 어떤 사람들은 그 의미가 무엇이든 그가 '사이코^{psycho}' 또는 '미친 사람^{deranged}'이 되었다고 말하기까지 했다.

여전히 많은 '조력자'가 있었지만 많은 신하가 깨닫게 되었다. 이제서야 드럼 왕이 말만 하고 행동하지 않는 사람이라는 것이 떠올랐다. 그들은 이제서야 진짜 모습을 보게 되었다. 그는 변덕스럽고 비합리적이며 어리석고 지식이 적고 놀랄 정도로 무능한 사람이었다. 이 슬픈 특징에 더해 매우 게으르다는 것을 깨달았다. 골프장에서 너무 많은 시간을 보냈고 국가 문제 처리에는 신경 쓰지 않았다.

그가 내던 모든 소음에 더는 눈이 멀지 않게 되었고 사람들은 그의 자아를 북돋아주는 단순 동기가 아닌 주요 결정을 하는 것을 볼 수 없었다. 그를 아는 사람들은 드럼 왕의 생각이 정말로 점들의 조합 같고 어떤 종류의 정책 결정을 위해 이 점들을 조합하는 시도는 타인들에게 맡겼다는 점에 주목했다. 그들 다수는 이제 그의 부패한 영향력, 즉 행동 가운데 얼마나 많은 것이 자신과 가족을 부유하게 하는 유일한 목적인지 말할 준비가 되었다. 마침내 철인이 아니라 종이로 된 사람을 택했다는 사실을 깨닫게 되었다.

이러한 대중 분위기의 변화로 인해 드럼 왕과 신하 사이의 거래는 빠르게 무너지고 있었다. 대중의 신뢰 부족을 메우기 위해 실시한 외국인 혐오 정책, 반대자들에 대한 미끼, 경찰 폭력 조장 등 더욱 강압적인 전술에 대중은 점점 더 분개심을 느꼈다. 공포의 요소를 휘두르는 것은 효과를 잃어가고 있었다. 이전에는 드럼 왕이 외부인을 질병, 죽음, 경제 붕괴의 매개체로 악마화하는 것이 항상 쉬웠다. 과거에는 사실과 이성을 다루지 않고 오히려 자신의 뜻 외에는 어떤 방해도 받지 않고 자신의 말을 법으로 만드는 맹렬한 힘으로 항상 괜찮았다. 그러나 너무 많은 사람이 사망함에 따라 이 전술은 효과를 잃었다. 특히 신하들은 그가 전염병에 대해 콧방귀를 뀌는 것이 용서받지 못할 것임을 알게 되었다. 가까운 동료들조차 그가 사람들의 고통에 연민의 마음이 있는 것처럼 속이지 못한 이유가 궁금했다. 분명히 사람들은 왕이 초래한 혼돈, 잔인함, 속임수, 무능함에 대항하고 있었다. 사람들은 공개적으로 불평하기 시작했다. 반란이 일어나고 있었다.

대다수 왕에게는 소수의 분노한 사람들이 있기 마련이다. 왕이 모든 사람을 기쁘게 하는 것은 항상 불가능하다. 그러나 불행히도 드럼 왕은 매우 다른 상황으로 들어갔다. 현재 상황에서 불만을 품은 신하들의 대탈출만이 아니라 모든 종류의 기관과 정부 구석구석에서 놀란 수많은 관리의 대탈출에 직면했다. 많은 이가 그가 정말 미쳤다고 속삭였다. 그들 다수가 그가 왕국에 위협이 된다고 기꺼이 큰 소리로 말했다. 그러나 예상대로 이 우려 가운데 일부가 드럼 왕 귀에 들어갔을 때 그는 더욱 비열하고 변덕스럽게 되었다. 주변 사람들을 공격하며 정부에서 점점 더 빨리 사람들이 교체되기 시작했다. 왕은 마치 방화광처럼 사람들 사이에서 타오르고 있었다. 그리고 해고된 많은 사람은 복수심을 품고 떠났다. 그리고 이들은 복수가 항상 미디어에 가장 잘 나오는 주제라는 것을 깨달았다. 그리고 왕이 무너지는 모습을 지켜보는 동안 언론을 통한 그들 목소리는 점점 더 강해졌다. 왕이 약해 보일수록 그들은 더 수다스러워졌다. 그들은 듣고자 하는 모든 이에게 드럼 왕이 실제로 얼마나 하찮고 무능하고 바보 같은 존재인지 말하고 있었다.

대규모 소요의 발단은 드럼 왕의 비밀 경찰이 다수의 시위대를 무자비하게 구타한 것이었다. 이 사건은 통치에 반대하는 더 큰 시위로 이어졌고 다시 한번 폭력 진압을 시도한 소동을 일으켰다. 그러나 이번에는 그다지 성공적이지 못했다. 더 많은 사람이 대담해졌다. 더는 소동이 허용되지 않았지만 사람들은 통치에 대한 항의를 계속했다. 드럼 왕이 백성을 억압했던 방식은 더는 작동하지 않았다. 더는 비판을 막을 수 없었다. 더는 자유로운 정보 흐름을 통제할 수 없었다.

왕국 내에서 이런 일이 전개되며 드럼 왕의 대중적 이미지가 깊이 조망되었다. 이제 공개적으로 사람들은 왕의 통치 역량에 의문을 제기하였다. 또 수많은 사람이 죽는 바람에 원래 지지자들조차 떼를 지어 그를 버렸다. 몇몇 눈 먼 신자들은 아니었지만 일반인들은 더는 그의 이데올로기에 끌리지 않았다. 그가 뿌린 모든 증오에 질려버렸다. 마침내 그의 진정한 모습을 보았는데 모든 것이 가짜였다. 왕으로서 개인 불만을 표현하는 것 외에는 백성에게 전할 진정한 메시지가 없음을 이제 깨달았다. 왕으로서 나라를 위대하게 만든 의미 있는 일을 한 적이 없었다. 사실 많은 이가 깨달았듯 오히려 그 반대였다.

이 비애의 이야기에서 주로 오랜 친구들, 선택된 가족들로 구성된 작은 마피아 같은 내부 핵심 계층을 만든 드럼 왕의 '쿠데타 방지' 전략이 무너지고 있었다. 정권 보호를 위해 군, 경찰이라는 보안 세력의 지지를 얻는 데 사용한 유인책도 더는 작동하지 않았다. 그들이 받은 재정적 혜택에도 마침내 원래 충성파들조차 지쳐버렸다.

예상대로 이 모든 변화가 일어나는 동안 왜곡된 현실 장을 만든 드럼 왕은 자신의 반향실에 갇혀 지내며 주변에서 무슨 일이 일어나는지 제대로 이해하지 못했다. 현실에 기반을 둔 행동을 취하는 대신 여전히 사람들의 지지를 받고 있다고 믿으며 환상의 세계에서 계속 살았다. 사실 고립된 채로 소수의 남아 있는 아첨꾼들에게 둘러싸여 자신의 본질에 몰두했던 드럼 왕은 상황이 악화된 것을 마침내 알게 되었다. 그는 백성이 여전히 그를 사랑한다고 계속 주장했다. 그리고 자신에 대한 지지가 낮아졌다는 여론조사가 가짜 뉴스에 불과하다고 주장했다. 그러나 동시에 자신이 더는 충분히 매력적이고 강력하지 않다는 끈질긴 불안과 실패에 대한 두려움은 괴롭힘 경향을 증가시켜 행동을 더욱 폭력적으로 만들었다. 드럼 왕의 가장 무서운 점은 세상에 대한 무지와 자신에 대한 무지가 독특하게 결합되어 있는 것이었다.

이 비애의 이야기 끝은 드럼 왕의 비극적 판단 오류가 나라를 악몽으로 몰아넣은 것이다. 그리고 많은 동화에서 보았듯이 무지는 치명적일 수 있다. 이 이야기 끝에는 그가 저지른 많은 폭력이 있었다. 폭력으로 많은 사람이 사망했다. 또 재정적 관점에서 많은 사람이 파산했다. 그들 다수가 빈곤에 빠졌다. 이 비참한 시나리오에 추가된 것은 왕이 시민들을 안전하게 보호하는 주요 임무를 수행하지 않았다는 사실이다. 전염병이 맹위를 떨치며 걱정스럽게 사망자 수가 늘었다. 당연히 정부에 대한 사람들의 신뢰가 깨졌다. 게다가 주변국과의 관계도 사상 최저 수준이 되었다. 사실 한때 강대했던 이웃에게 무슨 일이 일어나는지 보았을 때 다른 나라들은 드럼 왕의 신민을 불쌍히 여겼다. 다른 나라에서는 도대체 왜 사람들이 그를 지도자로 선택하는 우를 범했는지 의아해했다. 드럼 왕은 조국을 다시 위대하게 만들지 않기 위한 모든 일을 하고 있었다. 그 대신 그들이 본 것은 극도로 혼란스러운 사람들이 곤경에 처해 어쩔 줄 모르는 국가였다. 그들은 한때 모범이었던 국가가 이제 일종의 '해외에서 원조를 받는 국가'로 바뀌고 있다고 생각했다. 한때 상상을 초월했던 일들이 너무도 많이 실제로 일어났다.

많은 동화에서 그러하듯 횡포한 자아의 영웅(더 정확히 악당)은 횡포한 자아에 의해 무너진다. 그런 의미에서 이것은 사람들이 오래오래 행복하게 사는 종류의 동화가 아니다. 이 비극적 이야기의 슬픈 결말은 자기 연민에 빠져 있는 드럼 왕이 여전히 자신이야 말로 왕국에 주어진 신의 선물이라는 독특한 망상을 하며 많은 사랑을 받는 왕이 될 기회를 어떻게 망쳤는지 깨닫지 못하고 그 기회가 정체불명의 쓰레기통에 버려졌다는 것이다. 예상대로 그는 조용히 가지 않았다. 결국 사악한 나르시시스트는 늘 승리를 원한다는 것을 우리는 알고 있다. 지는 것은 이 사람들에게 항상 완전한 재앙, 즉 세상의 종말로 인식되므로 이를 막기 위해 무엇이든 한다. 성장 과정으로 인해 드럼 왕에게 패배는 항상 상상할 수 없었다.

권력 몰락을 방지하려고 드럼 왕은 매번 사람들 의지를 뒤집으려 했다. 신이 부여한 통치권으로 생각한 것을 유지하려 초토화 전략을 포함하여 모든 것이 허용된다고 상상했다. 예상대로 그는 국가에서 더 많은 폭력을 행사하려 했으며 전술을 통해 자신을 구세주로 내세우기를 희망했다. 심지어 권력을 유지하려고 국가 최고 군사 및 정치 지도자의 도움을 요청했다. 불행히 그들 대부분은 거부하기로 결정했다. 그들 대부분은 그의 계획을 꿰뚫어보고 행동을 거부했다. 결국 그들은 충분하다고 생각했다. 그런데도 드럼 컬트 교인들의 격렬한 항의가 있었다. 더 많은 사람이 사망했다. 그러나 결국 이성이 승리했다. 사람들 대부분은 그가 상징하는 위험, 즉 왕이 실제로 얼마나 정신적으로 불안정한지, 입헌 군주제가 어떻게 매우 어두운 전제 군주제로 쉽게 바뀌었는지, 왕이 백성을 얼마나 실망시켰는지 깨달았다.

모든 이야기가 끝나고 임기도 완료되어 계속 통치를 할 수 없을 때조차 드럼 왕은 자신의 실패를 결코 이해하지 못했다. 그는 여전히 떠나기를 거부했고 가야 한다는 사실을 받아들이지 않았다. 마침내 완전히 정신이 나가 발로 차고 비명을 지르며 왕좌에서 쫓겨났다. 품위 있는 퇴장과는 정반대였다. 드럼 컬트의 일부 신도가 계속 격렬히 항의했지만 공포 통치는 끝이 났다.

흥미롭게도 신하들은 암살 대신 일종의 '해피' 엔딩을 위해 드럼 왕을 추방하기로 결정했다. 용서하는 분위기에서 다시는 소식을 들을 수 없기를 바라며 아주 먼 섬으로 추방했다. 그러나 망명 중이었는데도 타락한 왕이 복귀를 시도하거나 왕국에 사악한 주문을 걸기 위해 마법에 손을 대고 있다는 소문이 계속 돌았다. 그러나 분명히 아무 일도 일어나지 않았으므로 마법은 효과가 없었다. 어떤 사람들은 이전 왕이 항상 공부를 잘하지 못했다고 말했다. 게다가 이번에는 그를 구해줄 아버지도 없었다.

물론 이 슬픈 결말에서 궁금한 점은 드럼 왕이 아버지의 과제를 완수했는지 여부이다. 그가 드럼의 이름을 유명하게 했을까? 실제로 그는 드럼의 이름을 악명높게 만들었다. 영원히 왕국 역사상 최악의 왕으로 알려질 것이다. 다소 복잡하지만 이 결말은 해피 엔딩이라고도 할 수 있다. 결국 아버지의 과제를 볼 때 악명이라 해도 알려지지 않는 점은 해결한 것이다.

그러나 독자에게 이 슬픈 동화를 모든 지도자 지망생에게 전하는 것은 도전이 될 것이다. 분명히 효과적인 리더가 되는 것은 항상 도전 과제이다. 그리고 리더의 위치는 반드시 해피 엔딩으로 끝나는 동화가 아니다. 이 동화에서 보듯이 동화의 결말은 모든 형태와 방식으로 나타날 수 있다. 진실을 말하면 실제 동화에서 리더의 해피 엔딩은 거의 없고 그와 좀 더 먼 경향이 있다. 물론 리더가 동화 같은 순간을 가질 수 없다는 의미는 아니다.

지도자의 흥망성쇠와 별개로 이 동화는 드럼 왕의 교육 이력을 통해 지도자 형성에 대한 교훈을 제공한다. 아마 어린 시절 사건들이 독자들의 동정심을 유발했을 수도 있다. 드럼 왕이 왜 그렇게 유독한 존재로 변했는지 약간 이해할 수 있었을 것이다. 독자 가운데 일부는 그가 현저한 역기능적 양육 대상이 되는 불행을 겪었기 때문에 약간의 동정심을 느꼈을 수도 있다. 더욱이 이 이야기에서 분명히 밝혀진 것은 드럼 왕과 같은 부모와 함께 사는 것이 동화가 아니며 동화 같은 결말을 만들지 않는다는 것이다. 또 누구도 괴물로 태어나지 않는다는 것을 깨닫게 해준다. 사실 우리는 모두 괴물을 만들 수 있다. 게다가 우리는 모두 괴물이 될 수 있다. 그러나 때때로 우리는 그들이 그냥 괴물로 태어났기를 바란다. 즉 본성이 양육에 앞섰으면 하는 것이다. 그러면 이 괴물들을 미워하는 것이 훨씬 쉽기 때문이다.

이야기의 시작 부분에서 말했듯이 고대부터 사람들은 동화를 만들었다. 동화는 항상 문제, 사건, 기쁨, 고통, 상실, 위안을 이해하는 매개체이자 기초였다. 동화의 대부분은 책 서문에서 언급했듯 독자가 기억할 교훈을 제시하는 데 주된 목적이 있다. 또 동화에서 사람들은 여행을 떠난다. 이야기의 대부분은 변화에 관한 것이다. 그것들은 또한 자기 계발에 관한 것인데 사람들에게 드럼 왕이 비참하게 실패했던 도덕이 무엇인지 알게 하는 것이다. 우리는 또한 이 동화가 우리에게 사회, 관계, 정서, 가치, 악덕, 그리고 확실히 선과 악에 관해 무엇인가를 가르쳐 주었다는 것을 알 수 있다. 그리고 좋은 점은 동화에서는 선과 악이 매우 뚜렷한 색으로 표현되는 경향이 있다는 것이다. 회색 영역은 거의 발견되지 않는다. 상징적으로 이 특별한 동화는 또한 우리가 인간이 된다는 것이 무엇을 의미하는지, 그리고 우리가 선과 악에 어떻게 직면하는지에 대한 자신의 정체성을 개발하기 위해 인간관계를 맺으며 겪는 경험을 전달했다.

또 드럼 왕 이야기에서도 볼 수 있듯이 동화의 또 다른 목적은 상상력을 키우는 것이다. 동화는 우리가 '큰 꿈을 꾸고' 마술적이고 신비로운 것을 생각하도록 격려할 수 있다. 이야기 가운데 일부는 우리가 무엇이든 가능하다고 믿게 한다. 그것들은 우리가 어렸을 때 가졌던 창의적 상상력을 재현하는 데 도움이 된다. 그런 점에서 동화는 다른 현실로 통하는 문이다. 드럼 왕의 기이한 이야기를 이해하기 위해서는 상상력이 정말 필요하다.

요컨대 방금 말한 동화는 실제로 살았던 사람들에게는 끔찍한 악몽이었고, 그렇지 않은 사람들에게는 오히려 잊히는 이야기였다. 앞서 언급했듯이 이 이야기는 또한 괴물이 존재하고 전면에 나타날 수 있으며 어떻게 물리칠 수 있는지 알려준다. 게다가 이 동화는 우리에게 결코 스스로 괴물이 되지 말 것을 일깨워준다.

그러나 불행하게도 괴물을 죽이는 것은 모든 동화에서 항상 일어나는 일이 아니다. 그리고 그 괴물이 결국 죽게 되더라도 드럼 왕의 이야기에서 보았듯 그 기간 중에 많은 끔찍한 일이 일어날 수 있다. 너무 많은 동화에 피 흘리는 사건들이 나온다. 어쩌면 그것이 실제 생활에서 행복한 동화의 결말이 거의 없는 이유일 것이다. 그러나 독자는 지금쯤 되었으면 중요한 것은 해피 엔딩이 아니라 스토리라는 것을 알았을 것이다. 중요한 것은 동화에 담긴 경고이다. 그것이 동화를 그토록 중요하게 만드는 이유이다. 동화가 삶의 비극과 어려움에 대해 깊이 반성하도록 도와주는 이유이다.

이야기를 들으며 동화가 아이들만을 위한 것이 아니라는 점을 다시 깨닫는다. 동화는 우리 모두를 위한 것이다. 동화에는 우리가 변화하는 데 도움이 될 뿐만 아니라 우리 주변 세상을 변화시키는 힘이 있다. 이 특별한 사례에서 독성 있는 리더들toxic leaders의 위험성을 경고하는 동화를 보았으며 이들을 인식하는 법, 절대 이들처럼 되지 않는 법, 절대 이들을 만들지 않는 법을 알게 되었다. 이야기가 비극이지만 이 동화에도 약간의 희망이 있다. 희망이 있든 없든 내가 해준 이야기가 당신 이야기가 되지 않기를 진심으로 바란다. 독자인 당신이 잘못된 이야기에 빠져 있었다면 다르게 행동할 수 있다. 그리고 정말 잘못된 이야기 속에 있는 것을 깨닫는다면 빠져나갈 수 있다는 것을 알게 된다. 그것이 인생의 작동 방식이다.

이것은 다음 이야기로 안내한다. 다시 한번 포퓰리스트 지도자의 괴상함을 설명하는데, 권력을 얻는 수단으로 증오를 발산하는 사람이다. 이 이야기는 증오가 우리 세상에서 많은 문제를 일으켰지만 단 하나의 문제도 해결하지 못했다는 것을 알려준다. 솔직히 말해 이 이야기는 증오가 더 많은 증오를 불러올 뿐이라는 것을 이해하는 데 도움이 될 수 있다. 이런 맥락에서 나는 부처^{Buddha}의 다음 말이 생각났다. "증오는 증오로 중단될 수 없고 오직 사랑으로 중단될 수 있다. 이것이 영원한 법칙이다."

4장
기묘한 증오 이야기

증오hatred는 바닥이 없는 구덩이이다. 나는 붓고 또 붓게 된다.
- 에우리피데스Euripides

증오는 증오로 중단될 수 없고 오직 사랑으로 중단될 수 있다.
이것이 영원한 법칙이다.
- 고타마 싯다르타Siddhārtha Gautama

옛날 옛적 사람들이 여전히 경이로움을 느끼는 또 다른 머나먼 땅에 독설로 널리 알려진 보우소나루Bolsonaro라는 사람이 살았다. 무슨 일이든 그는 가장 터무니없고 혼란스러운 말을 하곤 했다. 주제가 무엇이든 발언은 항상 증오로 가득 차 있었다. 그의 말을 들어보면 그를 괴롭히는 모든 사람과 일들이 끝이 없는 것 같았다. 그러나 보우소나루의 혐오에 찬 행동은 많은 사람에게 그가 왜 이런 식으로 행동하는지 의문이 들게 하였다. 이 모든 증오는 어디에서 왔을까? 그는 왜 이 모든 혐오에 찬 말을 해야만 했을까?

보우소나루가 아무런 결과를 내지 못한 사람이었다면 말이 쉽게 무시되었을 것이다. 그러나 절대 그럴 수 없었다. 그는 국가의 지도자였던 것이다. 지위 때문에 그의 말을 듣는 많은 사람은 그가 이 모든 증오를 발산하는 데 매우 무책임하다고 생각했다. 사람들은 그가 이 사실을 더 잘 알아야 한다고 생각했다. 증오 발언이 실제로 얼마나 전염성이 있는지 깨달아야 했다. 타인들이 공공연히 이런 사실을 말하지 못하도록 보우소나루가 법제화를 추진한 것에 대해 많은 이가 매우 걱정한 것은 당연했다. 사람들이 그에게서 메시지를 받는 방식에 대해 확실히 알려 주는 것으로 그가 당선된 뒤 어떤 기자가 다음과 같이 쓴 내용이 있다.

> 보우소나루보다 증오, 두려움, 좌절을 더 잘 활용한 사람은 없었다. 그는 특히 구매력 저하를 겪었고 역사적 하층 신분으로 돌아가기를 거부하는 흑인 공동체를 지켜본 백인 중산층 사이에서 이를 활용했다. 그리고 특히 성희롱, 여성혐오 농담으로 여성들에게 비난을 받고 곤혹을 당했던 남성들을 대상으로 했다. 문화, 인종, 계급 특권이 위협받고 있다는 사실을 인식한 브라질 사회의 일부는 기득권 침해를 감지했다.
>
> 증오에 대한 집중은 인간의 삶과 브라질을 세계적 악당 국가로 만드는 대가를 치르고 있다.
>
> 지난해 대선 승리 연설에서 보우소나루는 '사회주의, 반전된 가치, 정치적 올바름에서 해방'을 약속했다. 고문 옹호, 반대 진영 암살을 포함해 폭력에 대한 옹호를 추종자들은 '진정성authenticity'으로 해석했다. 흑인, 토착민, 여성, 성소수자LGBTQ 집단에 반대하는 목소리를 내는데, 이들 모두 그가 '공산주의자'로 낙인찍은 적대자들이다. 인터넷의 하수구 깊숙이 편견을 숨겼던 브라질 사람들이 공개적으로 흡사 전리품을 자랑하듯 소셜 미디어 상에서 그들의 편견을 나타내기 시작했다. 집권한 보우소나루가 그런 사람들을 구원했다.[1]

---

1) Eliane Brum, The Guardian, 3 June 2020.

증오의 많은 측면

슬프게도 보우소나루 이야기는 진짜 동화가 아니다. 아무도 행복하게 살지 않는 나라의 아주 암울한 이야기이다. 드럼 왕 얘기처럼 리더십의 어두운 면에 관한 이야기이다. 이는 질 낮은 사람이 지도자 위치를 얻기 위해 얼마나 비열해질 수 있는지 알려준다. 그것은 사람들이 마법에 걸리도록 그들이 즐겨 사용하는 방식 가운데 하나를 보여준다. 그리고 보우소나루는 증오를 도구로 선택한 것으로 보이는데 다른 많은 동화에서도 볼 수 있는 무기이다.

사실 많은 동화에서 유추할 수 있듯이 증오는 인간의 가장 강력한 감정 가운데 하나이다. 인간에게 증오는 항상 슬픔과 고통의 근원이었다. 그러나 증오가 불행을 가져왔는데도 어떤 이들에게는 그것이 원동력인 것 같다. 사실 증오만큼 지속하고 보편적인 인간 본성의 기능은 없다.

우리와 다른 모습의 사람들이 두려워 흔히 증오한다. 미지의 것에 대한 두려움, 다른 것에 대한 무지가 증오의 피난처로 가도록 부추기는 것일까? 윌리엄 셰익스피어는 『안토니우스와 클레오파트라Anthony and Cleopatra』를 그런 생각으로 집필했을 수 있다. "때가 지나면 우리는 흔히 두려워하는 것을 싫어하게 된다." 아마 우리가 미워할 때, 누군가 또는 무언가를 증오할 때 실제로는 우리가 두려워하기 때문일 수 있다. 무력감을 느끼기 때문에 우리는 두려워하는 것일까?

사랑과 증오는 매우 밀접한 관련이 있는 것 같다. 그러나 두 가지 감정을 자세히 살펴보면 사랑보다 증오가 생기기는 훨씬 쉽고 제거하기는 더 어렵다. 여기서 증오가 반드시 사랑의 정반대가 아니라는 것을 인식하는 것이 중요하다. 물론 연결고리가 있기는 하나 다소 복잡하다. 사랑의 반대는 무관심이 더 정확한데 더는 우리를 괴롭히는 누구 또는 무엇에게 어떤 일이 발생해도 관심을 가지지 않는 것이다. 우리가 누군가에게 가지고 있던 강한 감정이 무엇이든 그것들은 사라져 버린다.

화 anger

증오와 화의 차이도 있다. 흔히 화내는 사람들은 화내는 것을 안타까워한다. 그러나 증오는 그렇지가 않다. 화내는 사람들은 화내는 상대에게 영향을 미치기를 바란다. 그들은 관계 내에서 무엇인가 더 나은 방향으로 바뀌기를 바랄 수도 있다. 그러나 증오에는 변화를 바라는 마음이 없다. 증오하는 사람들은 증오 대상을 없애고 싶어 한다. 간단히 말해 우리는 누군가의 행동, 말 때문에 화를 내지만 증오는 누군가의 존재 자체를 싫어하는 것이다.

또 행동 측면에서도 화를 바라볼 수 있다. 우리는 특정 개인, 집단의 특정 행동을 부도덕, 불공정, 부당하다고 생각해서 화를 낸다. 동시에 '만일 이 사람들이 그들의 행동을 바꿀 준비가 되었다면, 나는 기꺼이 화내지 않을 것이다'라고 생각한다. 이런 점을 보면 어떤 상황에서는 화가 유용하고 화해에 기여할 수도 있다. 그렇지만 이런 일이 일어나기 전에 우리는 화내는 사람이 사과하고 화해하기를 바란다. 그러나 증오는 그렇지 않다. 증오가 있을 때 우리는 갇혀 있다. 변화에 대한 소망이 없다. 일시적 행동 변화조차도 타인에 대한 증오의 강도를 감소시키지 않는다. 그 대신 우리는 적대감의 대상을 변화하게 할 수 없고 회복할 수 없으며 개선할 수 없는 것으로 본다. 증오의 목표는 화해가 아니라 소멸이다.

경멸 contempt

때때로 누군가에게 반복적으로 화를 냈는데 아무 변화가 없으면 화는 경멸로 바뀔 수 있다. 누군가가 더는 화낼 가치조차 없을 때 화내는 것을 그만두고 화나게 한 대상과 거리를 둘 수 있다. 이것은 경멸을 차가운 증오로 만든다. 철학자 아서 쇼펜하우어 Arthur Schopenhauer가 말한 것처럼 "증오는 마음의 문제이다. 반면 경멸은 이성의 문제이다." 이상하게 들릴 수 있지만 증오의 대상보다 경멸의 대상이 되는 것이 더 나쁘다고 할 수 있다. 적어도 증오가 있을 때는 무관심하기보다 대상에 관심을 가지기 때문이다.

증오는 배고픈 짐승이다

약간의 증오는 오래 갈 수 있지만 증오로 가득 차 있다면 지칠 수 있다. 증오는 먹이를 구하는 굶주린 짐승이다. 불행히도 더 많이 먹을수록 더 배고파 한다. 결코 만족하지 않는다. 마음을 좀먹고 오염시키며 인간성을 없앤다. 증오는 복수revenge를 갈망하고 분열division, 폭력violence을 증폭시킨다. 증오는 적개심animosity에 집중한다. 마음을 완전히 차지한다. 그리고 이 야수는 다른 것이 들어갈 여지를 남기지 않을 정도로 모든 것을 흡수한다. 선동가와 포퓰리스트 지도자의 출현으로 이어진다. 증오가 주변에서 흔히 볼 수 있는 폭력의 근원이자 전쟁의 주요 원인이 되는 것은 놀라운 일이 아니다. 역설적이게도 전쟁 중에는 증오가 애국심을 가장하여 오히려 존경받을 수도 있다.

증오 행위는 흔히 감정적 곤경에서 벗어나는 가장 쉬운 방법이다. 타인에 대한 연민은 훨씬 더 많은 용기가 필요하다. 이 장의 시작 부분에 인용한 파괴적 프로필의 주인공 보우소나루를 생각해보자. 그는 자신 외에 다른 사람을 사랑할까? 그는 연민이 무엇인지 알고 있을까? 그리고 드럼 왕(도널드 트럼프)과 매우 유사하게 증오, 분열을 통해 인기를 유지한다. 비록 국가 지도자이지만 국민을 통합하려 노력하지 않으며 오히려 정반대이다. 그는 독선에 빠져 있다. 사실 여러모로 안타까운 인물이다. 다리를 만드는 것이 벽을 만드는 것보다 훨씬 더 건설적이라는 것을 깨닫지 못한다. 증오가 통제할 수 없는 화염이라는 것을 이해하지 못하는 것 같다. 너무 오래 타면 그를 태울 것이다. 그러나 아마 격렬한 증오는 증오하지 않았다면 공허한 존재로 느꼈을 자신에게 약간의 의미와 목적을 부여할 것이다. 그의 좌우명은 '나는 미워한다. 그러므로 나는 존재한다'인 것 같다.

독선 self-righteousness 의 위험

자신이 모르는 사람을 증오할 수 있다는 사실이 이상하지 않은가? 보우소나루는 자신이 알지 못하는 사람들에 대해 부정적 가정을 하는 것 같다. 그는 항상 경솔하고 부정적인 도덕 판단을 할 준비가 되어 있다. 조금의 증거도 없이 증오 대상이 된 사람을 나쁘고 더럽고 위험한 존재로 낙인 찍는다. 자신의 악의적 이야기에 기꺼이 귀를 기울이는 사람들에게서 최악의 상황을 끌어낸다. 그리고 그는 오늘날 세상에서 혼자가 아니다. 미국의 도널드 트럼프, 튀르키예의 레제프 타이이프 에르도안, 필리핀의

로드리고 두테르테, 헝가리의 빅토르 오르반, 러시아의 블라디미르 푸틴, 벨라루스의 알렉산드르 루카셴코 등 매우 다른 나라의 정치 지도자들도 마찬가지이다. 이들이 대다수 언론의 주목을 받지만 슬프게도 이들 외에도 더 많은 사례가 있다.

우리는 다른 사람의 행동이 부당하고 불공정하거나(우리를 화나게 함) 도덕적으로 열등하다고(우리를 경멸하게 함) 인식할 때 증오하는 경향이 있다. 이것은 증오를 이야기할 때 흔히 고상한 마음을 갖게 되는 이유를 설명한다. 도덕적 분노보다 더 파괴적 감정을 불러일으키는 것이 있을까? 우리는 증오가 흔히 미덕을 가장한 행동으로 나타나는 것을 알 수 있다.

예를 들어, 보우소나루는 자신의 행동 방식이 도덕적으로 정당하다고 믿는다. 증오 대상인 모든 사람을 부정직하고 부도덕하며 심지어 악한 사람으로 본다. 그리고 보우소나루 같은 사람들이 사는 세상을 그토록 비극적으로 만드는 것은 증오의 동기가 단순히 상처를 주기 위한 것이 아니라 궁극적으로 정신적(굴욕, 복수를 통해), 사회적(배제, 무시를 통해) 또는 물리적으로(미움의 대상을 죽이거나 괴롭히고 싶음) 증오 대상을 제거, 파괴하기 위한 것이다. 기본적으로 증오를 가진 이들은 그들에게 잘못 인식된 사람들이 고통받기를 원한다.

시기심envy의 색깔

증오하는 사람들의 역설은 증오 대상과 일종의 상호 의존성이 생길 수 있다는 점이다. 보우소나루 같은 사람들은 공허한 자신의 존재에 목적을 부여하기 위해 '타인'이 필요하다. 취약한 정체성 강화를 위해 '타인'이 필요하다. 자신을 괴롭힌다고 생각하는 사람이 고통받을 때만 자신이 증오의 고통에서 해방될 것이라는 이상한 환상 속에서 살고 있는 것 같다. 물론 이것은 터무니없는 것이다.

어떤 사람들은 시기심에 바탕을 둔 더욱 단순하고 도구적인 증오를 경험하는데 이는 우리 정신에 깊이 내재한 인간의 기본적 감정 경험으로 모두에게 공통적이다. 시기심은 우리가 부족하고 열등하다고 느끼게 만든다. 그것은 분노와 원한이 뒤섞인 매우 어두운 욕망으로 이루어진 다소 복잡하고 사회적으로 용납될 수 없는 감정이다.

시기심의 근원은 형제 사이의 경쟁에서 발견되는데 이는 증오의 기본 원인이 되기도 하다. 아이들은 자기 중심적이며 삶의 단계에서 형제들 각자가 부모를 완전히 소유하기를 원한다. 물론 이러한 상상의 낙원은 결코 얻을 수 없다. 그것은 좌절될 욕망이고 그 결과 시기심과 증오가 생긴다. 이러한 감정의 강도는 부모의 양육 환경에서 부모가 감정을 억제할 수 있는 정도에 달려 있다.

이러한 초기 감정의 연장으로 우리는 다른 사람, 집단이 가진 것을 부러워하므로 미워하기 시작한다. 그렇지만 부러움은 어두운 감정이어서 거의 거론되지 않는다. 우리는 자신에게도 부러움을 느낀다는 사실, 즉 우리가 다른 사람이 가진 것으로 인해 증오한다는 사실을 인정하고 싶어 하지 않는다.

전염병

증오는 또한 분열과 양극화를 조장하는 전염병에 비유된다. 일반적으로 증오의 문화는 사람들의 정서적, 심리적, 신체적 건강에 부정적 영향을 미치고 사회적으로도 파괴적 영향을 미친다. 그것은 사람들의 인간성을 벗겨낸다. 다른 사람들이 겪는 불공정에 대해 공감적 관심을 나타내는 능력을 앗아 간다. 그것은 항상 테러 행위, 학살, 심지어 대량 학살의 주요 전조였다. 그리고 그러한 행위에는 여러 가지 원인이 있을 수 있지만 무지에서 비롯된 증오는 항상 모든 것의 원인이 될 수 있다.

수치심shame과 죄책감guilt을 넘어

증오는 사람들이 편견, 부정적 행동에 대해 느끼는 죄책감, 수치심을 둔감하게 한다. 그것은 도덕적 제약과 양심을 없앤다. 그리고 사람들이 증오로 가득 차 있을 때 비양심적인 일을 할 가능성이 더 큰데 특히 타인들에 대해 더욱 그렇다. 사실 1장에서 언급했듯 끔찍한 활동에 집단의 일원으로 참여하는 것은 양심의 거리낌을 해소하는 매우 효과적인 방법이다. 집단은 익명성을 제공하며 모든 사람이 책임진다고 가정하므로 실제 아무도 책임을 느끼지 않는다. 매우 자주 역사는 증오가 어떻게 악용되어 전체 국가의 사람들이 특정 인종, 종교, 정치, 이데올로기 집단에 대해 말할 수 없는 범죄를 저지르는지 보여준다. 이런 사례로 1941년 9월 나치 친위대 장교 월터 매트너Walter Mattner가 아내에게 보낸 믿을 수 없을 정도로 충격적인 편지가 있다.

> 아직 당신에게 더 말할 것이 있어. 사실 나는 그저께 엄청난 대량 학살에 참여했어. 첫 트럭 사람들에게 총을 쏠 때 손이 약간 떨렸지만 익숙해졌어. 열 번째 트럭이 도착했을 때 나는 이미 안정적으로 조준해서 많은 여성, 어린이, 유아들을

확실하게 사살했어. 집에 있는 두 아기를 떠올리며 열 배까지는 어렵겠지만 이 무리들에게 똑같은 일을 할 거야. 우리가 그들에게 해준 것은 멋지고 짧은 죽음이었어. 유아들은 넓은 아치 공간으로 달아났고 우리는 그 애들이 공중에 떠 있는 중에 쏘아 맞혔고 그 뒤 그 애들은 구덩이와 물에 떨어졌다. 유럽 전체를 전쟁으로 몰아넣고 미국에서도 여전히 떠돌고 있는 이 무리를 우리 함께 없애자. 전쟁이 시작되기 전에 했던 히틀러의 말이 현실이 되고 있어. 유대인이 유럽에서 다시 전쟁을 촉발할 수 있다고 믿는다면 유럽에서의 승리는 유대인이 아니라 유대인의 종말을 예고하게 될 거야.

분열splitting에서 무엇이 발생하는가?

매트너 같은 사람이 자신의 자녀를 떠올리며 다른 사람의 자녀를 죽일 수 있었던 능력을 무엇으로 설명할 수 있을까? 짧은 대답은 고정관념에 기여하는 과정인 분열의 방어 메커니즘(1장 참조)이다.[2] 고정관념은 태초부터 함께 해왔다고 말하는 것이 정확하다. 그것을 진화 유산의 일부로 생각할 수도 있다. 호모 사피엔스가 지구에서 지내는 동안 내부 그룹과 외부 그룹이 존재했다. 항상 세상을 친구와 적으로 나누는 경향이 있었다. 항상 '타인'이 있었다.

심리학적 관점에서 증오하는 사람들은 분열을 방어 메커니즘으로 사용할 가능성이 더 크다. 그들은 내부 그룹과 외부 그룹을 구분하는 관점에서 생각하고 느끼고 행동한다. 이러한 정신적 해석을 통해 세상을 더 잘 이해할 수 있다. 포퓰리스트 지도자들 행동을 설명할 때 이미 언급했듯 모든

---

2) Otto F. Kernberg (1990). *Borderline Conditions and Pathological Narcissism*. New York: Aronson.

것, 모든 사람을 친구와 적으로 나누는 것이 편리하다. 그것은 우리와 그들을 구분해 세상을 더 단순하게 만든다. 사람에 대한 두 가지 생각을 동시에 머리 속에 간직하는 것보다 구분하는 것이 훨씬 용이하기 때문이다.

분열할 때 내부 그룹 사람들은 외부 그룹 사람들을 분노 대상으로 삼고 세상에서 잘못되었다고 생각하는 모든 것을 그들 탓으로 돌리며 비난한다. 선입견을 확인하기 위해 선택적으로 사실을 찾고 믿고 싶은 것을 믿으며 확증 편향confirmation bias으로 알려진 바에 의지한다. 즉 이전의 신념, 가치를 확인하거나 지지하는 정보를 수집, 해석, 선호, 회상하는 경향이 있다.[3] 매트너의 편지는 이런 정신적, 비인간적 합리화의 끔찍한 사례이며 우연히 내부 그룹 사람들이 얼마나 극단적으로 전염될 수 있는지 보여준다.

보우소나루 같은 포퓰리스트 선동가 지도자들은 휴면 상태로 보였던 이미 존재하던 편견을 성공적으로 증폭한다. 그리고 1장에서 언급했듯 포퓰리스트 지도자들은 부패 관행의 '늪에서 빠져나올' 것이라고 말하며 본인들이야 말로 국민의 단결된 의지를 대표한다고 주장한다.

보우소나루 같은 사람들은 유권자들에게 이전에는 금기시되었던 것들을 말할 수 있는 권한을 부여한다. 오래된 상처를 열어 증오의 분출을 조장하고 예의와 시민의 품위라는 연약한 층을 걷어낸다. 법의 지배력을 약화시킬 뿐만 아니라 시민 관계를 강화하는 사회적 규범도 약화시킨다. 민주주의 체제에 대한 위협과 권력을 견제하는 헌법 상의 보호 장치 파괴를 정당화하는 유사 비상 사태를 일으키는 재능이 있다. 급박한 환경을 만드는 것이야말로 항상 대의를 위해 군대를 모으기 위한 전략이었다.

---

3) Cliford R. Mynatt, Michael E. Doherty, and Ryan Tweney(1977). Confirmation bias in a simulated research environment: An experimental study of scientific inference, *The Quarterly Journal of Experimental Psychology*. 29 (1), 85-95.

컬트적인 행동 cultish behavior

보우소나루 같은 선동가는 다른 모든 사람을 공격하고 악마로 매도하여 지지층을 확대하므로 일부 사람들에게 매력적이다. 이 선택된 그룹에게 그들이 특별하거나 의롭다고 말한다. 이 전술은 리더가 의미하는 바가 무엇이든 동일시하게 만드는 매혹적인 방법이며 드럼 왕 이야기가 또 다른 충격적인 사례이다.

그들은 어떤 형태의 비판적 생각도 생기지 않는 환경을 유권자 내에 만든다. 비판적 질문을 용납하지 않으며(리더는 항상 옳다) 외부인에 대한 편집증을 조장하고 추종자들이 이념에 동의하게 촉진한다. 팬클럽 회원을 잃지 않고 가장 터무니없는 언행을 할 수 있는 경지에 이른다. 그리고 좀 더 냉정하고 조용하고 겁 많은 대다수가 자신의 다른 견해를 대중에 공개하는 것을 꺼리는 와중에 증오는 동의하는 시끄러운 소수에 의해 반복되며 문화적 패턴이 될 때까지 더 많은 증오를 발생시킨다.

그러나 침묵이 답이 아님을 깨달아야 한다. 침묵은 모든 사람이 언급된 주장에 동의한다는 환상을 만든다. 일부 사람이 모든 이가 같은 생각이라고 주장할 때 실제로 아무도 그렇게 생각하지 않을 가능성이 크다. 증오 발언에 직면하면 이를 용납할 수 없다고 용감하게 말해야 한다. 보우소나루 같은 지도자의 행동에 대해 명확히 경계를 설정하는 것이 중요하다.

불이 산소에 의해 타오르듯이 선동가는 분열 division 을 활용한다. 그들은 비합리적 신념, 가짜 뉴스 확산과 함께 인터넷 기술로 가속화한 음모론 현상에 매우 능숙한 이들이다. 이미 1장에서 언급했듯이 소셜 미디어를 통해 증오 발언이 강력한 토대를 마련했음이 확인되며 현재 많은 정부 기관이 대응 방안 및 사실 기반 정보 교류 촉진을 통한 언론 자유의 장려 방안 문제로 고군분투하고 있다. 깜짝 놀랄 정도로 보우소나루와 그의 이너써클, 심지어 가족들도 다른 선동가들처럼 소셜 미디어를 조작하며 윤리적인 가치 기반의 행동value-based behavior이 설 자리가 없는 비진리untruths, 근거 없는 사실factoids로 가득 찬 세상을 만드는 대가들이다. 스페인 철학자 호세 오르테카 이 가세트Jose Ortega y Gasset가 슬프게 말했듯 "증오는 … 가치의 소멸로 이어진다."

무엇이 내부, 무엇이 외부인가?

우리가 증오심이나 극도의 혐오감을 느끼는 데에는 여러 가지 이유가 있다. 흥미롭게도 우리가 다른 사람들을 미워하는 부분이 자신에게서 가장 싫어하는 부분일 수 있다. 일반적으로 우리는 자신의 원치 않는 부분을 다른 사람들에게 투사하는 경향이 있다.[4] 우리는 다른 사람들에게 배제될까 봐 두려워서 자신의 나쁜 점을 보고 싶어 하지 않는다. 다시 한번 1장의 논의를 참조하면 사회적 동물로서 우리는 더는 사회 집단에 속하지 않고 배척당하는 것을 두려워한다. 그래서 자신의 어두운 부분을 억누르면서 다른 사람들에게 투사하여 이 상상의 위협에서 자신을 방어한다. 우리가 자신의 부정성을 투사하는 사람들은 희생양이 된다. 그리고 이 투사의 원리를 통해 증오하는 사람들은 흔히 자신에 대한 매우 호의적인 이미지를 유지하려고 한다. 그러나 그들의 자존감은 매우 불안정하다. 따라서

---

4) George E. Vaillant(1992). *Ego Mechanisms of Defense: A Guide for Clinicians and Researchers*. Washington, DC: American Psychiatric Press.

어떤 형태의 공격을 받았을 때, 즉 위협을 느꼈을 때 자신을 부정적으로 인식하는 사람들에게 폭력적으로 반응한다. 이 사람들에게 자기애적 상처는 항상 찾아오고 증오의 불꽃이 언제든지 타오를 수 있다.

개인 증오 대 집단 증오

우리는 개인 간 증오와 집단 간 증오를 구별해야 한다. 전자의 경우 파트너 또는 우리가 상대한 누군가에게서 반복적으로 굴욕, 조롱, 공개적 수치심을 경험하면 그 사람에 대한 강렬한 증오가 생길 것으로 생각할 수 있다. 대부분 개인 사이에서는 친숙한 사람들을 싫어한다. 모르는 사람에게 격렬한 감정을 보내는 경우는 거의 없다. 우리가 증오를 경험하는 주된 이유는 대개 충실하지 않거나 어떤 종류의 약속을 어긴 것 같은 일종의 배신 또는 다른 사람의 성격에 대한 극심한 혐오 때문이다. 그러나 특정 사람에 대한 증오는 그 사람이 속한 그룹으로 방향이 전환될 수 있다. 집단 간 증오는 개인 간 증오의 패턴을 따르지만 외부 집단이 악의적 의도를 가질 수 있다는 두려움이 특징이다.

인식된 외부인에게는 위협을 느낄 때 자동적인 생존 원리로 우리가 동일시하는 내부 집단 사람들을 향한다. 그리고 애석하게도 상호 증오만큼 사람들을 하나로 묶는 것은 없는 것 같다. 증오는 엄청난 결속력을 가지고 있다. 우리가 소속된 집단의 이익을 공격한다고 상상하는 혐오스러운 외부 집단은 내부 집단 정체성을 더욱 중요하게 만든다. 게다가 외부 집단 사람들이 모두 비슷하다고 상상한다면 증오가 훨씬 더 쉬워지는 동시에 역설적으로 공동의 증오로 인해 내부 집단의 가장 이질적 요소들까지도 통합된다. 이상하게도 다른 사람에 대한 부정적 의견을 공유하는 것이 긍정적 의견을 공유하는 것보다 더 강한 유대감을 형성한다.[5]

외부 집단의 동질성에 대한 인식은 개인 간 증오의 필수 특징이다. 그것은 분열에 의존하는 사람들이 한 명의 외부 집단 구성원의 부정적 행동에서 전체 집단에 대한 부정적 평가로 일반화할 수 있도록 한다. 앞서 언급했듯이 세상을 흑백으로 볼 때 훨씬 더 단순하며 내부 집단에 대한 '사랑'은 외부 집단에 대한 '미움'과 평형을 이룬다. 이런 분열 과정을 통해 야기된 증오는 복수 욕구를 불러 일으키고 결국 외부 집단을 없애려 할 수 있다. 그리고 포퓰리스트 선동가 지도자들은 이런 행동 패턴을 악용하는 법을 안다.

개인 간에서 집단 간 관점으로 이동하면 더는 우리가 싫어하는 사람을 알 필요가 없다. 우리가 상상하는 것(아마 권력, 부, 가치, 과거 행동, 정체성)으로 인해 다른 사람들 집단을 충분히 증오할 수 있다. 그리고 애석하게도 증오가 개인이 아닌 집단을 향할 때 더 빠르게 확산하는 경향이 있다. 개인 간 증오를 해소할 수 있는 타인에 대한 공감, 재평가와 같은 구체적이고 다른 관점의 정보는 집단을 증오할 때 염두에 두지 않게 되므로 증오의 강도는 커질 수 있다.

---

5) Jonathan R. Weaver and Jennifer Bosson(2011). I Feel Like I Know You: Sharing Negative Attitudes of Others Promotes Feelings of Familiarity, *Personality and Social Psychology Bulletin*. 37 (4), 481-491.

이데올로기의 힘 The Power of Ideology

집단 수준의 증오는 흔히 이데올로기, 즉 모든 사람에게 더 나은 미래를 약속하는 일종의 신념 체계에 의해 유발되는데 '낙원'은 외부 집단 구성원이 그것을 방해하지 않을 때만 도달할 수 있다는 내용이 포함된다. 이는 보우소나루 같은 포퓰리스트 지도자들이 적극 권장하는 것이다. 이데올로기에서는 약속의 땅이 아직 성취되지 않은 유일한 이유가 부패하고 사악한 외부 그룹 구성원들의 (상상 속의) 비도덕적인 활동 때문이라고 주장한다. 더 나은 세상은 외부 집단을 제거해야만 얻을 수 있다. 동시에 이들의 모든 행동은 이데올로기에 의해 정당화가 된다. 인류는 그러한 합리화의 참혹한 결과를 너무나 자주 겪어왔다.

그렇게 행동하는 더 직접적인 이유는 앞서 언급한 시기심의 감정과 관련이 있다. 흔히 사람들은 표적이 된 그룹의 더 나은 사회경제적 조건을 부러워하고 단지 이 그룹이 가진 것들을 원한다. 자신들이 외부 집단에 의해 착취당하거나 억압받았다고 확신하여 외부 집단에게 하는 행동을 정당화한다.

사실 진화론 관점에서 이런 종류의 행동에 대해 또 다른 설명을 할 수 있다. 집단 간 갈등 이유에 대한 일반적 설명은 식량, 영토, 파트너 같이 번식을 향상할 수 있는 자원을 집단 내 사람들에게 제공하는 것이다. 심지어 인식된 경쟁자들에게 자원을 빼앗아 내부 집단 구성원들의 생존 가능성을 높인다고 주장할 수도 있다. 이것은 영토와 직접 관련된 과제이며 영역에 대한 소유를 주장하고 방어해야 하는 필요성이기도 하다.

비인간화 dehumanization

포퓰리스트 선동가 리더는 예측 가능한 전형적 방식으로 행동한다. 내부 그룹 밖에 있는 모든 사람을 빠르게 인간 이하로 낙인 찍는다. 아내에게 보낸 편지에서 월터 매트너의 말은 이 극적인 비인간화 과정을 보여준다. 집단 간 증오를 조장하는 요인은 개인이나 집단의 비인간화이다. 그룹(인종, 문화 또는 기타)의 일부가 되어 우리와 다르다고 인식한 타인들에게 부정적 반응을 보인다. 그들에 대해 최소한만 알고 있다면 특히 그렇다. 인간이 다른 사람의 완전한 인간성을 보지 못하는 것은 아주 쉽다. 유형구분 categorizations, 이미지 images, 은유 metaphors를 통해 사람들은 비인간화된 집단에 대해서 상해, 질병의 원인인 대개 비인간적 물질에 대해 느끼는 감정을 갖게 되고 '해충'을 대하는 것 같은 부정적 감정을 공격받는 집단 사람들에 전한다.

이런 정신적 합리화를 통해 일종의 도덕적 탈선이 발생하고 다른 상황에서 부도덕, 비윤리적, 불공정하다고 인식할 수 있는 '타인'에 대한 부정적 행동을 수용한다. '다른 사람들'을 더럽거나 unclean 약탈적인 predatory 것으로 규정해 혐오 disgust, 분노 anger, 두려움 fear, 증오 hatred와 같은 원초적 감정을 이어간다. 그리고 월터 매트너 사례처럼 이런 원초적 감정은 경멸하는 그룹에 대한 극단적 조치를 부추기고 정당화하는 데 사용한다. 또 타인을 인간보다 못한 것으로 인식하는 것은 신경학적 영향을 미치는 것으로 보이는데 뇌의 공감 중추와 사람들의 양심적 고통을 비활성화한다.[6] 증

---

6) Jean Decety(2010). The Neurodevelopment of Empathy in Humans, *Developmental Neuroscience*. 32 (4), 257-267.

오하는 사람들이 증오의 표적이 된 이들을 저급한 인간 또는 심지어 인간 이하로 보게 되면 모든 잔학 행위가 허용된다. 도덕적 장벽이 완전히 사라진다.

개인, 집단을 열등 존재로 규정하는 행위는 편견, 차별, 억압의 주요 동기이다. 잔학 행위를 하는 그룹 일원이 되는 것은 익명성을 제공한다. 비인간화와 익명성 조합은 흉악한 행위를 하는 것을 더 쉽게 만든다. 그리고 앞서 말했듯이 익명성은 개인적 책임감 저하로 이어진다. 익명성 anonymity과 비인간화 dehumanization의 불경한 결합은 테러리즘, 증오 범죄, 대량 살상 및 기타 많은 잔학 행위의 근원이 된다. 이것이 보우소나루 같은 지도자들의 행동을 위험하게 만드는 것이다.

학습된 경험 A Learned Experience

우리는 모두 공격성과 연민에 대한 타고난 능력이 있다. 자라면서 이런 성향이 어떻게 변화하는지는 개인과 가족의 신중한 선택과 사는 지역 사회, 문화 내에서 그것이 어떻게 표현되는지에 달려 있다. 우리 마지막 모습은 노출된 사회화 과정에 달려 있다. 증오의 이유는 심리 구성, 가족 배경, 문화적, 사회정치적 역사 사이의 복잡한 교류 결과로 보인다. 분명히 이 과정에서 부모, 놀이 친구, 교사, 다양한 종류의 미디어가 중요한 역할을 할 것이다. 그러나 첫 번째이자 가장 중요한 양육자인 부모는 자녀에게 증오의 씨앗을 심을 가능성이 가장 큰 사람이다. 이러한 씨앗은 성인이 되어 지도자 위치에 도달할 때 공개적인 규모로 발전할 수 있다.

선동가가 증오에 의존하게 된 이유인 개인사는 어려운 생활 여건, 과거의 희생 또는 다른 그룹에 의한 폄하의 역사를 포함하여 많은 다른 원인이 있을 수 있다. 그들이 동일시한 그룹이 다른 그룹에게 받은 트라우마 경험의 집단 내러티브를 들으며 성장했을 수 있다. 나를 돌본 사람이 폭력 희생자였고 일종의 집단 트라우마를 경험했다면 이러한 감정적 경험을 공유할 가능성이 크다.[7] 이런 종류의 영향을 미치는 과정을 통해 증오 기억은 세대를 이어가며 생생하게 유지한다. 외부 집단의 부도덕하고 폭력적 행동에 대해 축적된 집단 지식은 피해 집단이 현재와 미래에 이런 사람들을 평가하는 방식에 영향을 미친다.

이 증오가 영속하는 데에는 증오하는 사람과 증오받는 그룹의 구성원 사이에 어떤 형태의 개인적 상호작용도 있을 필요가 없다. 그러나 증오가 증폭되는 것은 바로 이런 직접적 상호작용이 부족해서이다. 즉 그룹의 악의적인 성격에 대한 부정적 평가는 결코 재평가되거나 다른 정보에 의해 반박되지 않는다. 개인, 그룹에 대한 증오로 인해 사람들이 왜 그토록 증오로 가득 차 있는지를 알아내는 더 어렵고 불안한 작업에 집중하지 못하고 주의가 분산되어 버린다. 미움이 자기 성찰보다 훨씬 쉽기 때문이다.

적을 창조하고 유지하는 것은 한 무리의 사람들이나 민족을 공동 목표를 중심으로 일치된 행동으로 단결시키는 효과적 전술이었다. 많은 지도자에게 적이 없다는 개념은 자기 정체성이 미흡한 것을 의미하는 것 같다. 적을 증오하는 것이 그들이 누구인지를 결정한다. 적을 만들지 않으면 삶의 목적을 잃어버릴 것이다. 이로 인해 완전한 공허함을 느끼게 된다. 따라서 이 사람들은 자기 감각을 유지하고 조절하기 위해 끝까지 적

---

7) Vamik Volcan(2020). *Large-Group Psychology: Racism, Who Are We Now? Societal Divisions and Narcissistic Leaders*. Quezon City: Phoenix Publishing House.

에게 매달린다. 비슷한 심리 과정에 갇힌 그들의 추종자들에 대한 관찰 결과도 동일하다. 그리고 의식적이든 무의식적이든 그들을 이끄는 지도자들은 이를 안다. 보우소나루 같은 지도자들이 평가 절하, 차별, 폭력, 외부 집단에 대한 증오 표현 과정을 추종자들이 그들의 행동과 동일시하도록 어떻게 활용하는지 우리는 안다.

증오의 정치

증오의 강력한 심리적 영향으로 인해 정치 영역에서 항상 큰 역할을 할 수밖에 없다. 보우소나루와 드럼 왕 사례가 보여주듯 많은 포퓰리스트 선동가 지도자들은 증오를 매우 효과적이고 단순한 정치적 도구로 사용하여 내부 집단의 더 큰 연대를 창출하고 동시에 외부 집단을 배척한다. 선거 광고, 부정적인 조사, 집단 증오에 기반을 둔 슬로건이 얼마나 많은 성공적인 정치 캠페인의 단골 메뉴가 되고 있는지 모두 볼 수 있다. 그리고 앞서 말했듯이 소셜 미디어의 등장으로 이런 활동은 더욱 매력적으로 다가왔다. 보우소나루 같은 포퓰리스트 지도자는 인류 최악의 본능을 감지하고 불안과 증오를 대중 정치에 전달하기 위해 미디어를 사용하는 법을 아는 신기한 촉을 가지고 있다.

심리적 고통은 흔히 이러한 두려운 그룹 역동을 만들어내는 원천이 된다. 집단 간 관점에서 불안과 불확실성에서 비롯된 의미 없음은 사람들이 그런 혐오스러운 행동을 수용하도록 동기를 부여하는 핵심 자극제이기도 하다. 고통스러운 개인적, 사회적 사건은 흔히 사람들이 세상을 의미 있는 것으로 경험하지 못하도록 한다. 결국 목적의식을 되찾기 위해 포퓰리스트 선동가 지도자들에게 쉽게 유혹당하여 강하고 분명한 이데올로기를 채택하게 된다. 이는 현실 진단이 결여된 집단 정신병에 걸린 것과 같다. 아무리 기이한 일이라도 믿고 싶은 소망으로 가득 차게 된다.

이 상황에서 극도로 복잡한 사회 환경에서 살기 어려운 사람들에게 극단주의 신념 체계extremist belief systems는 매우 자주 중요한 의미 만들기의 동인이 된다. 그것은 세상을 더 이해하기 쉽게 도와준다. 불행히도 이 사람들은 가치 있는 일을 지지한다고 믿으며 자신을 속인다. 자신들의 이데올로기에 대한 지나친 자신감은 도덕적 절대성을 만드는데, 이는 부정적 행동의 또 다른 촉매제이다. 그러나 도덕적 우월감은 타인들에 대한 편협함을 악화하고 가치관이 다른 사람들은 열등하다는 믿음을 가중한다.

증오는 다양한 불안을 덮는 가면으로 보아야 한다. 위협받을 때 정체성이 취약한 사람들은 매우 터무니없는 이유라도 자신을 높이려고 타인들을 경멸하는 경향이 있다. 이러한 뒤틀린 정신적 합리화는 다른 사람들이 싸움에 가담할 때 강화되고 리추얼 구조, 상징, 고유 언어가 만들어지며 컬트적 행동cult-like behavior으로 이어진다. 동일한 생각을 가지는 사람들과 함께 있다는 것이 결합되면서 일종의 둥지가 되어 (비록 상상에 불과하더라도) 유사한 신념 체계를 가진 사람들과 함께 있다는 매력이 만들어진다.

소셜 미디어social media

이 책의 글에서 반복해서 말했듯이 소셜 미디어를 통해 컬트적 둥지를 만들고 유지하는 것이 용이한데, 현재 소셜 미디어와 증오의 결합은 인류에게 큰 위협이 되고 있다. 이제 특정 인종 집단, 공동체를 모든 악의 근원으로 비난하는 것이 그 어느 때보다 쉬워졌다. 사회적 전염으로 인해 비난의 이유가 무엇이든 부당하다고 느끼는 사람들의 마음에 공감대를 형성하는 데 거의 시간이 걸리지 않는다. 이어 집단 히스테리$^{mass\ hysteria}$의 한 형태가 추악한 고개를 든다.

개인적으로 이 사람들은 자신의 신념에 대해 불안감을 느낄 수 있다. 그러나 소셜 미디어(그리고 익명성의 추가된 매력)에 의해 고무되면 그들은 증오를 표명할 가능성이 더 크다. 그리고 선동가들은 이를 아주 잘 안다. 그들은 소셜 미디어를 무기화하는 법을 알고 있으며 본인이 부추기는 디스토피아적 미래의 구원자를 자처한다. 슬프게도 소셜 네트워크는 부정적인 생각을 퍼뜨리는 이상적인 도구가 되었다.

인터넷은 극도의 증오를 공유하고 강화하는 이상적 인큐베이터이자 증폭자로 변모했다. 인터넷은 매우 혼란스러운 집단 사고 역동성을 위한 이상적인 배출구가 되었다. 언론의 자유가 우선이라는 점으로 인해 검열은 거의 이루어지지 않는다. 오히려 사람들의 관심을 끌기 위해 극단적 언어를 사용한다. 보우소나루 같은 지도자들은 흔히 '순수하고 결백하며 근면한 사람들'과 '부패하고 사악하고 악의적인 엘리트'를 대비시킨다. 이 메시지는 다른 그룹이나 파벌을 수용하거나 정치 질서에 관여할 필요가 없다는 것이다. 이는 지도자가 어떤 결정을 내리기 전에 장기간 논의할 필요도 없다는 것이다.

세계적으로 이러한 포퓰리스트 선동가 지도자들의 핵심 전략은 시민들을 서로 분열시키고 온갖 문제에 대해 소수 집단을 비난하는 것이다. 그들의 의사 소통에는 항상 정의감이 있으며 높은 도덕적 기반을 주장하며

'우리는 그들을 반대한다'라는 집단 간 분열의 역동성을 공고히 한다. 보우소나루 같은 지도자들은 위기 상태를 지속하거나 심지어 유사 위기를 더 잘 만들어내면서 이 상황을 바로잡을 '구원자'로 자신을 포장함으로써 유권자들의 관심을 유지한다. 이런 위기는 자신들의 많은 단점에서 주의를 분산시키는 추가적인 이점이 있다. 보우소나루의 노력은 이러한 전략의 대표적 예인데, 국내든 외부든 적으로 낙인 찍힌 사람들의 '타자화'를 강화하는 선동적 언어를 사용하여 이러한 실제적 또는 만들어 낸 갈등을 조장한다.

보우소나루의 메시지 대부분은 부정적인 것으로 구성되어 있다. 즉 반지성, 반엘리트, 반전통적인 정치이다. 개인사를 보면 '모욕하는 정치$^{insult\ politics}$'가 항상 강점이었다. 짧고 단순한 슬로건과 직접적 언어를 사용하는 경향이 있다. 그리고 많은 유사한 지도자 (도널드 트럼프가 가장 유명)처럼 '진정성 있는^{real}' 사람들과 유사한 방식으로 천박한 행동을 한다. 또 선동가들은 반체제적 자세를 취하고 주류 정치를 경멸하며 자신을 어두운 음모의 표적으로 묘사하기를 좋아한다. 공개 발언은 흔히 검증되지 않거나 철저한 사실 확인이 필요한 가짜 정보 기반의 근거 없는 사실^{factoids}로 가득 차 있는데 잘못이 드러나도 너무 늦은 감이 있다.

포퓰리스트 지도자들은 언론의 많은 부분을 통제하는데, 논쟁의 여지가 있는 문제와 관련된 담론에 대해서는 거의 완전한 통제를 하려고 한다. 기자들은 배척당하고 감옥에 갇히기도 한다. 시간이 지나면서 (작은 드럼 소년의 동화에서도 보았듯) 이 지도자들은 자신이 퍼뜨리고 싶은 정보를 전달하는 영향력 있는 아첨꾼들로 구성된 집단을 스스로 만든다. 그들이 만든 정치적 분위기를 통해 야당을 민중의 적으로 낙인 찍고 비합법화할 가능성이 크다. 야당 정치인들은 조롱이나 위협적 행동으로 인해 능력이 없어지거나, 단순한 금전적 이익 또는 공직자 추천을 기대하는 사람들로 채워진다. 기자들과 마찬가지로 조작된 범죄로 기소되어 투옥될 수도 있다.

앞서 언급했듯 선동가 리더는 이기적, 자기 중심적이며 지식에 자신이 있어서 자문consultation, 숙고deliberation, 전문가 조언expert advice이 거의 필요 없다. 그 가운데 다수가 사이코패스가 더해진 심한 나르시시스트이다.[8] 게다가 보기에는 그럴 것 같지 않지만 매우 적응성 있는 신념 체계를 가지고 있다. 카멜레온 같이 개인 이익이 있을 때마다 신념을 바꿀 준비가 되어 있다. 국가와 시민 이익을 최우선으로 한다고 주장하지만 사실 그들은 자신만을 생각할 뿐이다.

때때로 이 지도자들은 그들이 주장하는 보살핌의 모습을 보여준다. 지지 기반 강화를 위해 불우한 사람들을 돕는 계획을 제안하기도 한다. 그러나 이러한 대중적 수단은 전적으로 정치적 목적으로 추진되며 그들이 관리하는 선거 시점에 발표될 가능성이 크다. 일반적으로 포퓰리스트 지도자는 꾸미는 말에 강하고 실행에 약하다. 그들은 자신에게 도움되는 활동 외에는 거의 수행하지 않는다. 고위직 유세에서 약속했던 늪에서 물빼기draining the swamp 활동을 하는 것이 아니고 실제는 그들 자체가 늪지 생물swamp creatures인 것이다.

---

8) Manfred F. R. Kets de Vries(2020). *The CEO Whisperer: Meditations on Leadership, Life, and Human Nature*. London: Palgrave Macmillan.

증오를 통해 이끌기

역사는 많은 지도자가 공동의 사랑보다는 공동의 증오를 가진 사람들을 결속시키는 것이 훨씬 더 쉽다는 것을 보여준다. 그렇지만 당연히 증오를 통해 이끄는 리더들은 사람들에게 최고의 것을 얻지 못한다. 인류 역사를 통틀어 모든 잔학 행위에 대한 선동가들의 방식은 차별, 분열, 파괴였는데 일단 증오가 발생한 뒤에는 통제하기가 매우 어렵다.

현재 자리를 얻기 위해 보우소나루는 소셜 미디어에서 들불처럼 번졌던 선동적 반기득권 수사를 촉발했다. 당연히 그의 포퓰리즘적 발언은 정치적 기득권이 자행했던 부패에 질리고 분노했던 대중들 측면에서는 비옥한 기반을 찾은 것 같았다.

이러한 맥락에서 보우소나루는 드럼 왕과 같이 브라질이 절실히 필요로 하는 깨끗한 청소를 할 수 있는 빗자루로 자신을 소개했다. 정치적 아웃사이더인 척하며 일련의 스캔들에 연루된 기득권층에 분노했지만 그는 정말 정치적 아웃사이더에 불과했다. 선거 전에는 정부에 중요한 기여를 한 적이 없는 무능한 의원이었다. 자신의 명성에 대해 말했던 주요 주장은 논란을 불러일으켰고 원하는 대로 되지 않을 때 캐리커처 같이 연극적으로 반응했다. 스스로 만든 가상의 아웃사이더 모습을 자신에게 유리하게 이용하여 정치적 올바름에 대해 거의 염려할 필요가 없는 반체제적, 저항세력 후보로 자신을 내세웠다. 기존 정치에 불만을 품은 많은 브라질 사람이 메시지에 매료되었다. 그가 고위직에 오른 것은 전통 정치에 대한 국가적 피로를 반영한 것이었다.

그리고 선동가 지도자들에게 예상하듯 보우소나루는 사람들이 '믿고 싶은 소망'에 더 민감하도록 만들었다. 앞서 언급했듯 사람들은 자신이 믿고 싶은 것을 믿기 위해 자신이 보고 싶은 것을 보려 한다. 우리는 자신의 욕망과 일치하는 식으로 증거를 해석하는 경향이 있다. 때때로 현실과 진실은 심리적 웰빙에 좋지 않다. 그것은 달갑지 않은 정보를 창 밖으로 던져버리고 싶게 만든다. 스스로 옳다고 증명되기를 원하는데 관점을 바꾼다는 것은 틀렸거나 적어도 문제를 불완전하게 이해했다는 것을 인정하는 꼴이 되기 때문이다. 잘못된 정보가 기존의 종교적, 정치적, 사회적 관점과 일치할 때 특히 지속할 가능성이 크다.

보우소나루 같은 포퓰리스트 선동가 지도자들을 통해 우리는 희망적 생각이 얼마나 우세한지 알 수 있다. 결코 중단되지 않는 비현실적 동화에 얼마나 많은 사람이 속는지 보는 것은 슬픈 일이다. 미디어 연설에서 자신의 말이 진실과 거리가 있더라도 추종자들을 기분 좋게 만들기 위해 많은 노력을 기울인다.

매우 편리하게도 많은 추종자가 그가 국가 지도자를 하기 전에는 대부분 자유를 제한하는 의제와 관련이 있었다는 사실을 잊은 것 같다. 그는 여성 혐오적 신념과 여성 학대로 악명이 높았고 많은 여성을 공개 모욕했다. 흑인, 동성애자, 외국인, 국가의 토착 공동체에 대한 공격은 선동적이었다. 증오심 표현을 선동한 혐의를 받기까지 했다.

그러나 앞서 언급했듯이 보우소나루는 브라질에서 심각한 정치적, 경제적 불안정을 야기한 경제 위기와 부패 스캔들을 이용하는 법을 알고 있었다. 특히 실업의 증가는 그가 집권하게 된 주요 수단임이 입증되었다. 예상대로 일자리를 잃은 많은 사람이 강한 인종차별 주의, 파시스트 주의, 여성 혐오적 주장을 하는 포퓰리즘적 수사에 매료되었다. 사람들은 자신을 강하고 결단력 있는 지도자로 묘사한 보우소나루의 모습, 무력감에 대한 평범한 인간적 반응에 끌렸다. 국가가 직면한 많은 불확실성 때문에 권위주의 정부를 선출한 결과에 대해서는 많이 걱정하지 않았다.

또 그는 대중들 사이에 영향력 있는 종교인들에게 자신이 진정한 종교적 가치를 지니고 있다고 호소했다. 현실은 정반대였지만 슬프게도 사람들을 속이는 것은 쉬웠는데, 특히 신념과 확신이 거의 없는 포퓰리스트 기회주의자이고 개인적 이익에 부합하는 방향으로 휘둘릴 준비가 되어 있는 사람들의 경우라면 더욱 그러했다.

물론 회의론자들도 있었는데, 그가 국가의 시민 문화를 보호하는 것과는 거리가 멀고 정반대일 것으로 예측한 것은 옳았다. 노골적인 독재자로서 민주주의에 대한 실질적 위협이 되었고 국가의 법률적 틀을 체계적으로 해체하는 데 많은 에너지를 쏟았다. 또 브라질 안팎의 많은 사람을 크게 놀라게 했듯 브라질의 독특한 열대 우림의 삼림 벌채를 촉진했다. 지구 온난화는 좌익의 음모라고 주장까지 했다. 그러나 냉소주의자들은 불법 광부, 불법 점거자, 벌목꾼, 소 목장 주인이 핵심 유권자이기 때문에 열대 우림 파괴에 대한 보호 조치를 꺼린 이유가 자신을 보호하기 위한 것이라고 주장한다.

놀랍게 보우소나루는 카리스마가 전혀 없다. 그는 비참한 토론자이다. 토론은 그를 매우 불편하게 하며, 할 말이 너무 적어 토론을 회피한다. 자신이 얼마나 마초적인지 보여주려고 카우보이로 포즈를 취하는 것과 같은 비언어적 연극에 의존한다. 그러나 앞서 언급했듯 자신을 주장하는 법(자녀의 도움을 많이 받음)을 아는 공간인 소셜 미디어에서 두각을 나타낸다. 소셜 미디어는 선거 운동에 동원되어 총 모양으로 손을 접는 트레이드

마크인 선거 운동 사인을 퍼뜨리는 완벽한 플랫폼이 되었다. 브라질의 범죄 확산에 대한 사람들의 두려움을 퍼뜨리고 증폭시켰으며 이에 대해 그가 제안한 해결 방안은 기존 총기법을 완화하고 더 많은 총을 시민들의 손에 쥐어 주는 것이었다. 취임 후 경찰의 더 강한 무력 사용을 독려하고 노골적으로 경찰 사살대를 칭찬했다. 더욱이 개인사의 어두운 측면은 국가의 준군사 조직 및 민병대 지도자들과 그가 맺은 여러 관계에서 드러난다.

마찬가지로 걱정은 브라질이 극적인 경제 위기에 직면해 있는데도 보우소나루가 거의 경제를 이해하지 못한 것이 분명하다는 점이다. 그는 머리가 좋지 않다. 드럼 왕 사례에서 보았듯 진정한 리더십의 복잡성은 그의 능력 밖이다. 더욱이 코로나가 전국을 휩쓸기 시작하자 그의 유일한 대답은 "유감입니다. 어떤 이들은 죽을 것입니다. 그들은 죽을 것입니다. 그것이 삶입니다. 교통사고 사망자 때문에 자동차 공장을 멈출 수는 없습니다."였다. 드럼 왕처럼 세계적 전염병의 심각성에 대한 인정을 거부한 그는 의학적 조언을 거부했고 브라질의 사망률이 믿을 수 없을 정도로 높은 기간에도 건강 법안을 고의로 무시했다. 브라질 열대 우림 파괴에 대한 고의적인 조장은 국내와 국제적 경멸과 분노를 일으켰지만 여전히 상당한 국민의 지지를 유지하고 있다.

증오 극복하기

고대로부터 전해지는 원한을 뜻하는 '눈에는 눈'이라는 오래된 증오 개념을 극복하는 열쇠는 가정, 학교, 지역 사회 교육이다. 긍정적 애착 경험이 있고 사랑과 애정을 체험하고 아이들로서 인간의 기본 욕구에 대해 돌봄을 받은 사람들은 자신의 행동이 타인들에게 미치는 영향을 더 잘 인식하며, 그 반대의 경우도 마찬가지이다. 공감적 반응empathic responsiveness은 투사, 분열, 희생양 같은 원시적 방어 기제의 처방이다.

앞서 제시되었듯 증오는 일반적으로 뿌리 깊은 불안이나 희생감에서 비롯된다. 사람들은 경제적 불안정으로 위협을 느끼거나 이민과 같은 가시적인 문화 변화로 소외감을 느낄 수 있다. 계속해서 볼 수 있듯 포퓰리스트 지도자들은 이 두려움을 이용한다. 세계 인구 대부분이 인터넷에 무제한으로 접근할 수 있어서 사람들이 서로 쉽게 연결되는데, 증오하는 이들은 혼자 증오하지 않는다. 소셜 미디어는 콘텐츠를 조정, 관리하는 노력보다 훨씬 빠르게 퍼져 나가며 다크 웹은 접근조차 할 수 없다. 정직한 사실 기반의 설명과 실제 사람들이 인지한 내용 사이의 조율은 항상 어려웠다. 불행히도 많은 국가, 특히 '관리되는' 민주주의 국가와 독재 국가에서 이러한 균형을 달성하는 것은 그저 헛된 꿈일 뿐이다.

진단

인간의 감정은 매우 탄력적이다. 해소되지 않은 감정은 시간이 지남에 따라 축적되고 강화된다. 우울한 증오는 생리적, 정신적 영향을 미칠 수 있다. 시간이 지나며 건강에 중요한 영향을 미치는 스트레스 호르몬 방출을 유발한다. 증오와 같은 감정이 더 격렬해질수록 육체적으로 이를 억제하는 것이 더 많이 요구된다. 악명 높은 램프 요정 '지니'처럼 그것에 대해 아무 조치도 취하지 않으면 병에서 한 번 꺼내는 순간 다시 집어넣기가 어렵다.

증오를 중화하려면 노력이 필요하다. 가장 중요한 첫 단계이자 가장 중요한 것은 증오가 개인, 공동체, 국가 복지에 심각한 위협임을 인식하는 것이다.[9] 위험 신호는 고정 관념, 희생양, 비인간적인 행동 패턴이다. 그러므로 자신과 타인의 증오를 인식하고 자신과 타인의 인식에 도전할 용기를 갖고 자신이 잘못 인도되거나 잘못된 정보를 받고 있는지 묻는 것이 중요하다.

자가 진단

증오는 다른 사람을 진정으로 이해할 때 필요한 투자에 비해 실제 노력이 거의 필요하지 않으므로 지속한다. 왜 그렇게 하고 싶은지 알아내는 것보다 비난하는 것이 훨씬 쉽다. 따라서 당신이 원시적인 방어적 사고 과정으로 도피하고 있는 것을 알아차린다면 이것들의 기원이 무엇인지 자신에게 물어볼 때이다.

중요한 사람이나 집단에 대한 증오를 가장 일찍 경험한 시기와 원인을 회상하는 것이 중요하다. 특정 사람들이나 집단에 불편함을 느끼는 이유를 인식하기 위해 노력해야 한다. 그들에 대해 그토록 불안감을 느끼는 것은 무엇인가? 당신의 도전 과제는 내부의 처리되지 않은 감정이 외부 그룹 사람들에게 어떻게 투사되는지 알아내는 것이다. 증오는 흔히 상대방에 대한 이해 부족과 무지의 결과이다. 그러나 이런 입장을 취할 용기가 있다면 타인의 행동에서 친숙함의 징후를 경험하고 자신의 생각, 자동

---

9) Robert J. Sternberg (ed.) (2004). *The Psychology of Hate*. Washington, DC: The American Psychological Association.

반응, 가정, 공격 가능성 등 자신의 일부를 인식할 수 있다. 작가 헤르만 헤세Herman Hesse는 이렇게 말했다. "당신이 누군가를 싫어한다면 당신은 그 사람 안에 있는 당신의 일부를 싫어하는 것이다. 우리 자신의 일부가 아닌 것은 우리를 방해하지 않는다." 당신이 이런 연관 관계를 납득하고 취약성을 인정한다면 타인들에게 연민으로 반응하고 공감적 담론과 이해로 증오를 탐색하는 것이 더 쉬울 것이다.

사람들이 증오에 그토록 완고하게 집착하는 이유 가운데 하나는 반드시 의식적인 것은 아니지만 일단 증오를 놓아버리면 내면의 고통을 처리해야 한다는 것을 느끼기 때문이다. 그리고 실제 타인을 더는 미워하지 않는 대가는 자신을 덜 사랑하는 것일 수 있다. 자신의 마음에 들지 않는 부분도 진정한 자신의 일부라는 사실을 받아들여야 한다.

소통과 공감

다른 사람들에게 다가가고 소통하는 것은 증오 극복에 매우 중요하다. 일반적으로 당신은 어떤 사람들에 대해 알아보려고 노력한 적이 없어서 어떤 사람들을 미워하고, 그들을 미워하기 때문에 그들이 어떤 사람들인지 알지 못할 것이다. 그러나 상대방을 알게 되면 태도가 극적으로 바뀔 것이다. 가까운 사람들이 당신이 악마화하고 있는 외부 집단의 일원이라는 사실을 발견할 수도 있다. 공감 능력을 사용할 때 다른 사람에 대한 증오가 논리, 명백한 사실, 진실보다 우선한다는 것을 알게 될 것이다.[10]

---

10) Manfred F. R. Kets de Vries (2022). *The Many Colors of Wisdom: Becoming a Reflective Leader*. New York: Wiley.

증오의 주요 요소는 친밀감의 부정이다. 친밀함은 가까움을 포함한다. 타인들이 우리를 거부할 것으로 생각하므로 흔히 거리를 유지한다. 이런 상황에 처하면 위험을 감수하고 화해를 모색할 때이다. 당신의 증오가 옳다고 느낄지 모르지만 그것이 행복을 가져다주지는 않을 것이다.

초월 transcendence

증오는 마약과 같아서 삶을 집어삼킬 정도로 거스를 수 없다. 그러나 당신은 이런 종류의 의존성을 원하는가? 사회의 발전은 증오에서 자신을 해방시키는 방식에 달려 있다. 분명히 보우소나루 같은 선동가 지도자들은 결코 포용적인 사회에서는 리더가 될 수 없다. 그들이 하는 모든 것이 그들에 관한 것이고 어떤 대가를 치르더라도 권력을 유지하려고 하므로, 왜 그들이 일하는지 자신에게 묻지 않을 것이다. 그들이 원하는 것을 얻기 위해 사람들을 악마화해야 한다면 그렇게 할 것이다. 그들은 즉각적인 사리사욕을 넘어서지 못할 것이다.

역사는 선동가 지도자들이 단지 자신들의 권력을 공고히 하기 위해 수 세기 동안 소수 민족과 종교적 소수자들에 대한 증오를 부추겼다는 것을 보여주었다. 그리고 그 과정에서 사회의 관용과 인간성을 파괴하고 국가의 자유와 민주주의를 향한 진보를 가로막았다. 이 증오 이야기를 볼 때 도전 과제는 보우소나루 또는 작은 드럼 소년 같은 포퓰리스트가 대표하는 도덕적 리더십 부재와 비전의 빈곤에 대항하는 것이다. 따라서 이런 이야기에서 뭔가를 배운다면 타인들에 대한 심한 편견과 무관용에 저항하도록 주의해야 한다는 점이다. 삶의 방식은 이렇게 깨어 있는지 여부에 달려있다. 증오가 사회에 세운 벽을 허무는 것이 우리 책임이자 의무이다. 그렇지만 우리가 증오에 휘둘리는 한 세상에 평화는 없을 것이다.

이 매우 사실적인 가짜 동화에서 설명되듯 두 가지 가능한 세계 중에서 선택할 수 있다. 하나는 증오hatred와 분열division로 가득 차 있고 다른 하나는 사람들이 동료 인간을 돌보는 곳이며 아이들과 그들의 아이들이 살길 원하는 곳이다. 이 선택이 주어진다면 친절kindness, 선함goodness, 연민compassion, 공감empathy, 양심conscience의 편에 서고 싶지 않은가? 그것은 당연한 일이다.

이 현실에 기반을 둔 동화 아닌 이야기의 또 다른 예를 보면, 일부 리더는 두뇌에 '장애물blockages'이 설치된 것처럼 보인다. 그들 가운데 다수가 자기 행동의 의로움에 지나치게 집착하고 있어서 아무것도 전달되지 않는다. 완고하게 자기 의견을 고수할 것이다. 그러나 그들 '고집stuckness'은 흔히 사람들에게 조언했던 현자wiseman 이야기를 생각나게 한다.

> 어느 부부가 어느 날 현자가 분쟁을 해결해 주길 바라는 마음으로 그를 만나러 갔다. 그는 남편의 비통한 이야기를 주의 깊게 듣고 신중하게 대답했다. "당신 말이 옳은 것 같다."
>
> 다음은 아내 차례였다. 그녀가 생각하는 문제를 말했다. 그리고 잠시 숙고한 뒤 현자는 "당신 말이 옳다."라고 말했다.
>
> 화가 난 현자의 아내는 이 이야기를 듣고 남편에게 가서 말했다. "놀리지 마세요. 어떻게 두 사람 모두 옳을 수가 있죠?"
>
> 현자는 "당신이 옳다."라고 대답했다.

분명히 현자는 '편가르기splitting'의 그물에 걸리지 않았던 것이다. 그 대신 아주 미묘하진 않지만 해결책을 찾는 최고의 수업을 제공했다. 그는 증오에 쉽게 빠지는 것을 인식했다. 보우소나루 같이 하지 않았다. 갇히지 않았다. 그 대신 부부(그리고 그의 아내)의 상황을 반영했다. 그는 모든 사람이 옳다고 말함으로써 다른 사람의 관점을 반영하여 격려하려고 시도했다. 그들이 막힘이 없도록 돕고 있었다.

보우소나루의 유독한 리더십 스타일을 염두에 두고 리더십 영역에 대한 연대기를 계속 얘기하다 보니 또 다른 형태의 '고집'(이 경우에는 완고함)이 존재하는 다른 동화로 넘어갈 때가 되었다. 그리고 앞으로 보겠지만 고집을 부리는 것은 좋은 것일 수도 있지만 나쁜 것일 수도 있다. 그것은 모두 당신이 그것을 사용하는 법에 달려 있다. 그리고 증오와 마찬가지로 완고함은 흔히 약한 자의 힘이다.

5장
나는 하지 않을 것이다, 그러므로 나는 존재한다

> 마음이 작음은 완고함의 원인이며
> 우리는 볼 수 없는 것을 쉽게 인정하지 않는다.
> – 프랑수아 드 라 로슈푸코 François de la Rochefoucauld

> 완고함은 약자의 힘이다.
> – 요한 카스파 라바터 Johann Kaspar Lavater

옛날 아직 멀고도 먼 또 다른 나라에 모든 신하에게 완고하다고 알려진 여왕이 있었다. 그 나라의 모든 시민은 "나는 하지 않을 것이다. 당신들은 내가 그렇게 하도록 할 수 없다."라는 그녀의 주문에 익숙했다. 그녀가 한번 마음을 정하면 그것을 바꿀 수 없다는 것을 모두 알고 있었다. 그러나 항상 옳은 일을 해야 하는 여왕이 있다는 것은 다른 가능성에 주의를 기울이도록 애쓰는 보좌관들의 삶을 매우 어렵게 만들었다. 그렇지만 '내가 하자는 대로 하거나 아니면 떠나라'는, 다른 시각을 가진 사람들을 대하는 그녀의 계속된 반응이었다. 그러나 여왕은 완고함이 항상 성공 비결이라고 확신했다.

모든 것이 그 땅에서 잘 되었지만 여왕은 나라가 잠재력을 충분히 발휘하지 못한다고 느꼈다. 흔히 그녀는 모든 이웃 국가가 부러워했던 영광스러운 과거를 꿈꿨다. 나라를 예전의 영광으로 되돌리는 것을 아주 그리워했다. 그러나 현재 상황과 같이 이 나라는 더 큰 연방에 속박되어 있었다. 완전히 독립되지 않았다는 사실이 여왕의 손톱 밑 가시였다. 그녀는 국가의 미래에 영향을 미치는 결정에 대해 발언권을 가진 비시민권자가 너무 많다고 느꼈고 많은 신하가 동의했다. 게다가 국경이 열려 있어 너무 많은 이민자가 이 나라에 넘쳐나고 있고 시민들이 자신의 땅에서 이방인처럼 느끼고 있다고 믿었다. 여왕은 이 모든 비시민권자가 국가가 제공하는 서비스를 이용하고 있다고 확신했다. 그러므로 그녀는 변화가 필요한 때라고 느꼈다. 그녀의 나라는 '속박에서 해방'되고 외부 간섭에서 자유로워야 한다. 그렇게 된다면 영광스러운 미래가 그들을 기다리고 있다고 그녀는 믿었다.

과거의 영광에 대한 꿈에 사로잡혀 있는 여왕은 나라가 다시 한번 자립해야 하는지 묻는 국민 투표를 지지하기로 결정했다. '분리'를 시도하고 싶었지만 이것은 스스로 결정할 수 있는 사안이 아니라고 자신을 설득했다. 그녀는 그 결정이 모든 신하에게 지지를 받는다면 더 큰 영향을 미칠 것이라고 확신하면서 동의했다. 그러나 그녀가 원하는 결과를 얻을 수 있도록 가장 가까운 고문들은 연방을 떠나면 모든 무지개 끝에 황금 항아리가 기다리고 있을 것으로 믿도록 격려하는 방식으로 질문을 구성했다.

투표일이 되자 사람들은 여왕이 원하는 대로 투표했다. 이제 그녀의 과제는 연방의 다른 구성원들과 원만한 분리를 준비하는 것이었다. 그녀는 노력이 거의 필요하지 않을 것으로 확신했다.

리더의 속살

그러나 연방과 분리하는 것은 말은 쉬었지만 실행은 여왕이 상상했던 것보다 훨씬 더 어려운 것으로 판명되었다. 그녀의 나라를 다른 나라와 분리하기로 한 결정은 매우 많은 문제를 드러냈다. 뒤늦게 여왕의 보좌관들은 연방과의 분리가 실제로 무엇을 의미하는지 이해하기에 충분한 준비 작업이 완료되지 않았다는 것을 발견했다. 이제서야 그들은 다양한 구성원 사이의 강력한 상호 연결망을 깨달았다. 보좌관들은 여왕에게 지금 겪는 문제에 관해 이야기했지만 여왕은 반대를 듣고 싶어 하지 않았다. 그녀는 자신의 결정이 옳았다고 확신했다. 완고하게 고문들에게 그것을 지속하고 지체 없이 분리를 해결하라고 말했다. '뜻이 있는 곳에 길이 있다!'고 주장했다.

여왕의 칙령 직후 보좌관 가운데 한 명이 알현을 청했다. 그는 이렇게 말했다. "폐하, 과거 우리는 국경 보호를 위해 군대를 공유했습니다. 알다시피 그 주요 임무는 항상 사악한 트롤이 우리 나라에 침투하여 나쁜 짓 하는 것을 막는 것이었습니다. 그러나 험준한 산맥과 뚫을 수 없는 숲으로 인해 우리 힘으로만 땅을 지키는 것은 불가능합니다. 우리는 항상 연맹의 다른 회원들 협력이 필요했습니다. 우리가 여전히 분리 작업을 계속해야 한다고 생각하십니까?" 여왕은 하나도 받아들이지 않고 반박했다. "당신은 잘못 생각하고 있어요. 우리 스스로 나라를 지킬 수 있습니다. 계속 진행하세요."

얼마 뒤, 두 번째 보좌관이 여왕과의 알현을 요청하고 그녀에게 이렇게 말했다. "폐하, 연방에서 떠나기로 결정하기 전에 우리는 중요한 세부사항을 잊고 있었습니다. 분리를 결정한 이유 가운데 하나는 외국인이 우리 나라에 오는 것을 막는 것이었습니다. 우리는 그들이 우리 나라가 제공하는 많은 혜택을 이용하고 있다고 생각했습니다. 그러나 최근 연구에 따르면 이민자들이 가장 기업가적 사람들임이 밝혀졌습니다. 그들은 국가에 부를 가져왔고 모두에게 이익이 되는 많은 새로운 산업을 창출했습니다. 우리가 분리되면 기업가적 인재 공급이 고갈될 것입니다. 계속 진행해야 하겠습니까?" 다시 여왕은 이렇게 주장했다. "우리는 혼자 있는 것이 훨씬 나아요. 우리 국민들 사이에는 기업가적 인재들이 충분합니다."

며칠 후 세 번째 신하가 여왕과 알현을 청했다. 그녀는 다음과 같이 말했다. "폐하, 연방에서 우리는 항상 마법 버섯의 주요 생산자였습니다. 우리 버섯은 연방 전역에서 큰 수요가 있습니다. 그러나 우리가 떠나면 국경이 생길 것이고 연방의 다른 회원들은 다른 공급처를 찾을 것입니다." 여왕은 경쾌하게 대답했다. "걱정 마세요. 연방 너머에 많은 부유한 시장이 있고 그들은 몇 년 동안 우리를 기다리고 있습니다. 우리는 혼자 가는 것이 훨씬 나을 거예요. 우리가 관리할 수 있어요!" 그러나 아무도 여왕에게 그들이 어떻게 관리할지 설명할 수 없었다. 그래서 보좌관들이 왔다 갔다 하면서 어떻게 해야 할지 여왕에게 조언을 구하며 토론을 계속했다. 그러나 그녀의 대답은 그들이 제시한 사실과 두려움이 무엇이든 항상 한결 같았다. "우리가 관리할 수 있습니다!"

시간이 흐르고 분리가 임박해지면서 보좌관들은 연방을 떠나는 것이 큰 재앙이 될 것임을 깨달았다. 분리는 누구나 상상할 수 있는 것보다 훨씬 더 많은 비용이 들 것이었다. 모든 현명한 경제학자들은 같은 결론에 도달했다. 왕국의 모든 사람, 특히 젊은 세대가 더 나쁠 것이었다. '자유'였을 때의 영광스러운 과거를 재현한다는 생각은 환상에 불과했다. 결과적으로 대부분 보좌관은 분리를 잊어버리고 그것이 큰 실수였다는 것을 인정하는 것이 최선이라고 결론 지었다. 그러나 여왕은 꿈쩍도 하지 않았다. 그녀는 분리하기로 한 결정이 옳았다는 신념을 굳게 믿었다. 분노에 찬 그녀는 자신의 마음을 바꾸려는 시도를 비난했다. 여왕은 분리의 장점에 의문을 제기하는 것을 반역죄와 유사한 인신공격으로 인식했다는 것이 모두에게 분명했다. 여전히 분리가 재앙이라고 말할 용기가 있던 소수의 고문들은 그녀가 틀렸다는 것을 암시하며 최고 집행관에게 파견되었고 머리를 맞대고 있었다.

이 이야기가 어떻게 끝날지 상상에 맡기겠다. 내 느낌은 이 동화의 결과가 어떻든 아무도 이후에 영원히 행복하게 살지 못했다는 것이다. 이것은 분열과 갈등에 관한 이야기다. 여왕과 마찬가지로 우리 가운데 다수는 생각하는 방식이 다르다. 쉽게 자신의 생각에 갇힌다. 그러나 "내가 여기 있다$^{Here\ I\ Am}$."에서 "내가 여기 있다$^{Here\ I\ Am}$."로 가는 여정은 아무 데도 가지 않는다는 뜻과 같다는 것을 깨달아야 한다. 또 자신과 계속 싸우면 항상 승리하지만 이익 없는 승리임을 알아야 한다. 결국 마음속에 갇혀 있는 것보다 더 완벽한 지옥은 없다. 속담처럼 과거에 매이게 되면 뒤로만 나아갈 수 있다.

여왕은 갇혀 있는 것이 주어진 상황이 아니라 자신의 선택이라는 사실을 이해해야 한다. 그러나 그녀에게 도움이 될 수 있는 것은 자신을 깊이 들여다보고 힘들더라도 마음을 바꿀 의지와 용기를 찾는 것이다. 그러나 그녀의 행동 방식을 볼 때 어느 곳에 안착하느냐 하는 인생에서 단 한 번의 중요한 실존적 결정만 내리는 연체동물 홍합처럼 보인다. 그 결정을 내린 뒤에는 머리를 바위에 붙인 채 평생을 보낼 것이다. 여왕은 이 이야기를 마음에 새겨야 한다. 그녀는 홍합 증후군의 희생자가 되고 싶을까?

과거에 대한 집착은 미래에 대한 좋은 징조가 아니다. 인생에서 가장 위대한 일은 안전 지대$^{comfort\ zone}$ 안이 아닌 밖에서 일어나는 경향이 있다는 것을 깨닫는 것이 좋다. 안전 지대는 편안할 수 있지만 그곳에서 많이 성장하지는 못한다. 실제로 일이 일어나는 곳은 안전 지대 밖에 있다. 여왕과 그녀의 뒤를 이을 사람들은 그것을 염두에 두는 것이 좋다.

여왕은 무엇이 문제인가?

완고함은 사람들이 어떤 것에 대한 의견을 바꾸기를 거부하거나 자신이 내린 결정에 대해 마음을 바꾸지 않으려는 성격 특성이다. 우리 모두 알다시피 대부분 완고하다고 낙인 찍히는 것은 긍정적 특성으로 생각되지 않으며 동화 속 여왕이 좋은 예이다. 그러나 아이러니하게 리더십의 가장 큰 역설 가운데 하나는 효과적인 리더는 완고한 동시에 개방적이어야 한다는 것이다. 다시 말해 리더가 비전을 고수할 때, 즉 방향을 유지할 때 가장 효과적일 수 있다. 그러나 동시에 그렇게 하는 동안 또한 열린 마음을 가질 필요가 있다. 행동 방침이 무엇이든 필요한 경우에는 기꺼이 유연하게 변경해야 한다.

다시 말해, 다소 완고한 것은 장점이 되는 경우도 있다. 즉 완고함이 미덕이 될 수 있다. 결국 리더십은 옳다고 믿는 일을 하는 것인데 심지어 우리가 틀렸다고 알고 있는 것을 받아들이도록 설득하는 목소리가 점점 더 커지는 상황에서도 그러하다. 그러나 우리가 하는 일이 미덕으로 판명될지는 흔히 뒤늦게 알 수 있다. 당연히 완고한 사람이 사물을 보는 시선이 옳다고 판명되면 그것은 긍정적으로 볼 수 있다. 도전 과제에서 우리가 물러서지 않을 때, 그것이 긍정적 완고함으로 인식될 수 있다. 다시 말해 완고함이 장애물을 극복하고 위대한 업적을 달성하는 방법인 경우가 있다. 때로 타고난 완고함 때문에 중요한 일이 이루어지기도 한다. 어떤 역경에 처하든 목표를 달성하는 데 도움이 되는 것은 완고함이다. 따라서 완고함 때문에 스스로를 최대한 활용하지는 못한다 하더라도 어느 정도의 완고함은 우리를 인생에서 멀리 데려갈 수 있다.

잠재적으로 장점이 있는데도 완강한 고집, 비타협, 뻔뻔함과 같은 완고한 행동의 동의어는 이 성향을 그다지 매력적으로 만들지 않는다. 매우 쉽게 완고함은 오히려 역기능이 될 수 있다. 한 걸음 더 나아가면 고집이 어리석음으로 변할 때가 있다. 사실 분노한 완고함을 소유한 사람과 무기로 사용하는 사람들 모두에게 파괴적 무기가 될 수 있다. 다시 말해 완고한 것이 반드시 자산은 아니다. 강해 보이는 것이 실제는 약자의 강함일 수 있다. 사실 완고함을 위한 완고함은 높은 수준의 불안을 보여준다. 또 그것은 다른 사람의 관점에서 무슨 일이 일어나는지 볼 수 없다는 점을 알려준다. 반대로 대인관계에서 효과적이려면 타인의 눈으로 문제를 인식할 수 있는 능력이 필요하다. 그렇지 않다면 완고함은 끔찍한 성격 결함으로 판명될 수 있다.

일반적으로 말해 완고한 사람들은 변화를 두려워하는 것처럼 보이는데 그 사실을 인식하지 못할 수도 있다. 다시 한번 여왕의 동화가 이에 대한 좋은 예이다. 완고한 사람들은 특정 세계관에 맞지 않는 모든 것이 저항을 불러일으킨다. 그들의 일상이나 사고 방식에 변화를 주려는 사람은 어떤 대가를 치르더라도 피해야 할 위협으로 간주된다. 그것은 그들 성격의 독단적이고 경직된 측면을 설명한다. 또한 발달 관점에서 이 사람들이 심리적으로 '고착'된 것처럼 보인다는 점을 알려준다. 불행히 완고한 이들은 정신 건강이 끝없이 변화하는 상황을 수용하고 적응하는 능력에 크게 좌우된다는 점을 받아들이기 꺼린다.

흔히 그런 완고한 사람은 아는 것이 적을수록 아는 것을 고집하는 경우가 많은 것 같다. 완고함과 무지는 결코 먼 관계가 아닌 것으로 보인다. 타협 능력은 이들에게 해당되지 않는다. 그 대신 이전 장에서 설명한 일부 지도자와 마찬가지로 원시적 방어 메커니즘, 특히 '분열시키기'를 활용한다. 따라서 그들은 너무 자주 세상을 보는 자신의 견해에 동의하는 사람들과 그렇지 않은 사람들로 구성된 색상이 분명히 구별된 세계에 사는 것처럼 보인다. 이 책에서 설명한 다른 지도자들처럼 완고한 이들에게는 중도가 없다. 그러나 상황을 흑백으로만 보는 것은 그리 사랑스럽지 않다. 솔직히 말해 그들은 상대하기 매우 어려운 사람들이 된다. 심리 구조로 인해 마음을 바꾸는 것은 어렵고 흔히 불가능할 수도 있다.

사실 마음을 바꾸는 것에 관해 이 사람들이 특히 좋아하지 않는 것은 자신의 의지에 반하는 일을 하도록 강요당하는 것이다. 그들의 기본 모토(여왕이 대표적 예)는 "아니요, 저는 하지 않아요. 그리고 당신은 저를 변화시킬 수 없어요."이다. 마음을 바꾸려고 하는 사람이 누구든 그것이 무엇이든 위협으로 인식될 수 있다. 변화에 대한 압박이 있을 때마다 자신들의 입장을 고수할 것이다. 그리고 심리 구조로 인해 어떤 일에 대해 의견이 일치하지 않을 때 가장 마지막에 타협하게 되는 사람일 것이다. 분명히 그런 태도로 인생을 사는 것은 조화로운 관계를 만들 수 없다. 그리고 이들을 곤경에 빠뜨리는 것은 바로 매우 유연하지 않음^{inflexibility}과 경직

리더의 속살

성rigidity이다.

완고한 사람들의 유연하지 않음, 즉 자신이 틀릴 수 있음을 인정하지 못하는 성격으로 인해 자신이 보는 방식으로 현실을 형성하는 경향이 있다. 그들은 자신의 주장을 하고 증거를 제시하는데, 논쟁하는 것이 무엇이든 선택적으로 뒷받침할 수 있고 아무도 그들과 의견을 함께하지 않더라도 입장을 견지할 것이다. 그런 점에서 완고한 사람들은 집단 사고를 하는 경향이 적다. 그들은 집단 사고방식groupthink mentality이 쉽게 자신에게 영향을 미치게 하지 않는다. 그리고 앞서 언급했듯 그들에게 타협은 없다. 따라서 가끔 지속성이 존경할 만한 특성으로 보일 수 있지만 어떤 형태의 변화가 필요하다는 사실이 나타날 때 완고함을 유지하는 것은 아주 어리석은 모습으로 보일 수 있다.

내면 핵심에 대한 공격

완고한 사람들에게는 세상을 해석하는 방식에 동의하지 않는 것이 그들의 내면 핵심에 대한 위협으로 해석되는 것으로 보인다. 그것은 엄청난 내부 혼란을 일으킬 수 있다. 마치 그것은 그들을 축소되고 굴욕감을 느끼며 완전히 발달하지 않은 인간으로 간주하는 것과 같다. 이 완고한 사람들이 삶에 대해 "아니요, 나는 하지 않아요. 당신은 나를 변화시킬 수 없어요."라는 태도를 보인다는 것은 놀라운 일이 아니다. 완고함은 사물을 바라보는 시선이 위협받는다고 생각할 때마다 이끌리는 무기가 된다. 그럴 때마다 존엄, 자부심, 명예, 자존심을 잃는다는 연상을 불러일으킨다. 무시당하는 느낌, 열등한 사람이라는 느낌을 불러일으킨다. 분명히 그들이 가장 싫어하는 것은 나약한 존재로 인식되는 것이다. 당연히 현실에서 양보를 의미하는 것인데도 뒤로 물러나는 모든 행위를 패자의 행위로 연관시킨다. 그들의 추론은 다음 내용을 따른다. "다른 사람이 옳다면 그녀는 나보다 나은 것이다. 그녀는 나를 이길 것이다. 그렇다면 나는 내가 상상하는 그런 사람이 아닌 것이다." 분명히 이러한 추론 방식은 매우 비합리적이다. 그러나 모두 알다시피 감정이 이성을 능가하는 경우가 많다. 결과적으로 이 완고한 사람들은 어떤 현실이 발생해도 완고하게 그들의 방식에 존재하는 오류를 인정하지 않는다. 고통스럽더라도 정서적 안전 지대에 머무는 것을 선호한다. 이것은 완전히 비합리적인 방식으로 행동하게 만든다.

완고한 사람들 사이에서도 중요한 역할을 하는 것은 권력과 복종의 정신 역동성이다. 다른 사람들과 일상적인 상호작용 대부분은 누가 윗사람$^{one\text{-}up}$인지 또는 아랫사람$^{one\text{-}down}$인지의 입장에 대한 결정과 관련된다. 솔직히 우리는 대부분 지배되고 통제되는 것을 좋아하지 않는다. 우리는 대부분 주변에서 압력을 받는다고 생각할 때 저항하는 경향이 있다. 그러나 이러한 감정은 해결되지 않은 정서적 문제가 있는 사람들의 경우에 악화하는데 완고한 사람들이 좋은 예이다. 다른 사람들이 자신을 통제하려 한다고 생각할 때 그들이 손을 떼게 하는 데는 그다지 많은 것이 필요하지 않다. 사실 그들은 흔히 다른 사람, 즉 자신을 통제한다고 의심하는 사람이 단지 정보를 제공하려고 할 경우조차 자신이 통제되고 지배당한다고 생각한다.

어떤 사람들이 완고한 또 다른 이유는 원한^{grudges}에 강하게 묶인 경향 때문이다. 이런 사람은 실제 또는 상상의 모욕이나 자신의 인격에 대한 모욕으로 인해 완고함을 고수한다. 사실 아주 천진난만한 발언도 곧 위협으로 해석한다. 따라서 이 '불의를 수집하는 사람들'은 수년에 걸쳐 자신이 겪었다고 믿는 크고 작은 무시당한 사항을 집요하게 붙잡는다. 그리고 상상할 수 있는 것처럼 삶에 대해 그런 시각을 가지고 있을 때 이 원한은 표면으로 쉽게 드러난다. 그러나 그런 태도로 삶을 살다 보면 완고함이 일종의 마조히즘적 모습으로 변질된다. 그것은 자처하는 고난이 된다. 그러나 의식적 수준에서 자기 방식이 비합리적임을 인식하지 못한다. 흔히 완고한 사람들이 의견을 바꾸지 않는 데 대한 명확한 이유나 설명을 하지 못하는 이유이다.

더욱이 완고한 사람들은 세상을 해석하는 자신의 방식을 지지하기 위해 신념, 가치에 부합되는 정보를 찾는 경향이 있다. 동시에 그들은 이런 신념에 어긋나는 정보는 빠르게 무시한다.[1] 분명히 4장에서 논의한 바와 같다. 그들은 확증 편향에 익숙하다. 당연히 이러한 정신적 합리화에 의지함으로써 자신이 믿고 싶은 것을 믿게 된다. 이런 행동 패턴을 보여주는 예는 완고한 사람들은 세상에 대한 자신의 시각에 부합하는 내용의 뉴스만 읽는 경우가 많다는 사실이다. 사실 그들은 다른 정보 찾는 것을 매우 싫어한다. 그렇게 하면 정신적 혼란만 야기된다. 더욱이 그것은 정체성이 깊이 뿌리내린 신념을 기반으로 구축되고 유지되었으므로 자신이 누구인지에 대한 감각에 영향을 미친다. 그러나 이렇게 특정 방식으로 행동하면서 세상이 어떻게 생겼으면 하는지에 대한 고정 관념에 맞는 거품 속 현실 속에서 자신을 고립시킨다. 결과적으로 개방적으로 되거나 새로

---

[1] Peter C. Wason(1960). On the failure to eliminate hypotheses in a conceptual task, *Quarterly Journal of Experimental Psychology*. 12 (3), pp. 129-140.

운 정보의 가능성에 관해 논의하지 않을 것이다. 현실에 대한 자신의 시각과 맞지 않는 것은 모두 폐기된다.

실제로 완고한 사람들이 세상에 대한 자신의 시각을 뒷받침하기 위해 사실, 수치, 과학적 연구에 의존하지 않는 경우가 매우 많다. 그 대신 그들이 증명하려고 하는 것이 무엇이든 이를 증명하기 위해 주의를 산만하게 하는 전략을 사용할 것이다. 예를 들어, '관심을 다른 곳으로 돌리는 오류fallacy of the red herring'에 상당히 끌리는데, 즉 의견이 일치하지 않는 사람의 주의를 원래 문제에서 다른 곳으로 돌리기 위해 논쟁과 관련 없는 주제를 언급한다. 게다가 완고한 사람들은 필요 시 다른 전술을 사용해 대화 상대를 약화시킨다. 타인의 신뢰도를 공격하는 것과 관련된 모든 것이 진행된다. 심지어 자신에게 동의하지 않는 사람들에 대한 모욕이나 기타 가치 판단에 의존한다. 이들과의 토론을 매우 화나게 만드는 것은 바로 이런 행동이다. 너무 자주 의견 불일치는 개인 영역으로 흘러 들어가 인간적인 성격을 띠고, 논쟁의 근거가 아니라 그 사람에 관한 것이 이야기된다.

또 완고한 사람들은 세상을 보는 방식을 더욱 뒷받침하려고 비슷한 생각을 하는 이들에 둘러 쌓이기를 선호하는데 이는 신념 체계에서 그들을 확인하는 또 다른 방법이다. 다른 의견을 가진 이들은 너무 위협적이다. 따라서 일반적으로 말해 완고한 사람들은 세상에 대한 자신의 시각에 대한 도전을 막으려고 많은 노력을 기울인다. 자신의 시각에 안 맞는 것은 모두 빠르게 인신 공격으로 해석되어 반격이 필요하다. 이것이 매우 유독성이 있는 행동 특성의 이유이다. 그것은 이들을 매우 화나게 만든다.

분리-개성화 매트릭스 separation-individuation matrix

당연히 나오는 질문은 사람들이 왜 그렇게 완고하게 되어가는가 하는 것이다. 일부 사람들은 왜 자신의 생각과 의견에 그렇게 집착할까? 특히 다른 사람들이 변화하는 것이 앞으로 나아가는 더 좋은 방법이라고 설명할 때 왜 그들은 변화에 대해 그렇게 강하게 저항할까? 왜 그들은 "아니요, 저는 그렇게 하지 않아요. 그리고 당신은 저를 변화시킬 수 없어요."라는 태도를 가지고 있을까?

지금까지 명백해진 바와 같이 완고함은 근본적인 감정 문제에 대한 반응인 경향이 있다. 그것은 개인의 깊은 불안에서 비롯된다. 어떻게 보면 자기 the self 의 핵심을 보호하기 위한 부적응적 대처 전략으로 볼 수 있다. 타인들의 의견에 동의하지 않는 이유는 이들이 대변한다고 생각하는 것을 인정하지 않는 것 같다고 해석하기 때문이다. 즉 그것은 정체성에 대한 공격과 같다. 그리고 많은 성격 장애와 마찬가지로 이러한 종류의 행동 기초는 인생의 매우 초기 단계에 형성된다.

개인의 완고한 행동에 대한 다양한 설명이 있다. 다소 단순한 설명은 일부 아이들이 고집을 부리는 것이 부모를 순응하게 만드는 좋은 방법이라는 것을 알게 되면 고집을 부리는 동기가 된다는 것이다. 원하는 것을 얻는 도구로 완고함을 사용하는 법을 배운다. 그리고 '버릇없는' 아이들 spoilt children 이 흔히 이런 방식으로 행동하는 것을 관찰할 수 있다. 즉 아이들이 단순한 요청만으로 원하는 것을 얻지 못할 때 완고한 방식으로 행동하며 다른 방법을 찾으려고 노력할 것이다. 결과적으로 부모가 이러한 종류의 행동을 멈출 수 없다면 아이는 원하는 것을 얻기 위해 그러한 방식으로 계속 행동할 가능성이 가장 크다. 따라서 완고함을 점차적으로 고정되는 일종의 학습된 행동으로 해석할 수 있다.

그러나 완고함에 대한 이 다소 단순한 설명보다 눈에 들어오는 것이 더 많다. 표면 아래에서 무슨 일이 일어나는지 자문해볼 수 있다. 실제 무슨 일이 벌어지고 있을까? 이 고려 사항은 더 깊은 수준에서 발생하는 시나리오로 이끈다. 그것은 표면 아래에서 일어나는 일과 관련이 있다. 흔히 완고함의 원인은 보호자의 과도한 통제 행동이다. 표면 아래에서 일어나는 일은 보호자가 자녀들과 관련된 모든 결정을 내리려 한다는 것이다. 만약 그렇다면 아이들은 이 과잉 통제를 자신의 존재에 대한 위협으로 인식한다. 그들은 진정한 자기true self를 표현하는 것이 허용되지 않고 '침해' 받는 것처럼 느낀다. 결과적으로 완고함은 타인에게 통제당하는 불편함을 피하기 위한 방어적 반응으로 변한다. 그것은 분리와 개성화에 대한 요구와 같다. 그들은 자신의 권리를 지닌 개인이 되기를 원한다.

완고한 행동의 초기 시작을 더 자세히 설명하기 위해 더 깊이 파고들려면 우리가 모두 경험하는 분리-개성화 발달 매트릭스에 주의를 기울일 필요가 있다. 더 정확히 말하면 분리-개성화는 자기와 타인에 대한 내부 지도가 형성되는 과정에 주어진 이름이다. 이런 경험 지도 또는 '내부 표상'은 보호자와의 상호작용을 통해 구축되며 관계 내에서 긍정적 또는 부정적 경험으로 발전한다. 따라서 이 중요한 초기 발달 단계 과정이 다소 성공적으로 진행된다면 성격의 타고난 요소와 개인 삶의 경험이 통합된다. 육아가 '충분히 좋은' 방식으로 이루어지면 아이는 자기 내부와 타인과의 감정 상태 변화를 용인하는, 원활히 작동하는 안정적인 자기 의식을 갖게 된다.[2] 더욱이 아이는 양육자가 진정으로 별개의 개인으로 분리된 정체성을 가졌다는 것을 이해하게 된다. 더는 공생적 성격의 아이-부모 관계가 아니다.

따라서 인생의 초기 단계에서 양육이 '충분히 좋은' 상황에서는 안정적인 내면화가 이루어지며 내적 안정감이 생긴다.[3] 결과적으로 아이는 양육자가 없을 때 더는 불안을 느끼지 않는다. 이러한 내부 표상의 도움으로 분리 공포가 덜 두드러진다. 그러나 분리-개성화 과정이 제대로 이루어지지 않은 상황, 즉 이런 내적 표상이 잘 확립되지 않은 상황에서는 아동의 내적 안정감이 부족하다. 불안과 회피 애착이 그 결과로 이어진다.[4]

아기와 어린 아이들은 양육자와 가까워지고 싶은 내면의 깊은 욕구가 있지만 그것은 항상 섬세한 춤과 같다. 양육자를 정서적으로 이용할 수 없을 때 아이는 가까이 있고 싶은 필요를 억제함으로써 대처하는 법을 배운다. 양육자가 너무 간섭하는 경우에도 동일한 모습을 볼 수 있는데 발달 중인 아이에게 공간을 주지 않을 때 '침해'당하는 느낌이 발생한다. 이 '침해'에서 자신을 방어하기 위해 완고함이 전면에 나타날 수 있다. 다른 사람에게 통제를 당하는 불편함을 피하기 위해 사용되는 방어적 반응이다. 그것은 이 아이들의 자기 의식을 보호하는 방법이 되는데 그들이 자신의 권리가 있는 사람임을 스스로 증명하는 방법이다. 결과적으로 나중에 그들은 과거에 경험한 양육 행동이 생각날 때마다 과잉 완고함 충동에 빠질 수 있다.

---

2) Margaret Mahler, Fred Pine, and Annie Bergman(2008). *The Psychological Birth of the Human Infant: Symbiosis and Individuation*. New York: Basic Books.
3) Donald W. Winnicott(1973). *The Child, the Family, and the Outside World*. New York: Penguin.
4) John Bowlby (1988). *A Secure Base*. New York: Basic Books.

통제받는 것에 대한 두려움으로 인해 이 사람들은 통제와 관련된 이슈가 발생할 때 수동-공격적passive-aggressive 방식으로 행동할 수도 있다. 해야 할 일을 하지 않음으로써 통제 받는 느낌에 대한 숨겨진 분노 감정을 아주 미묘할 수 있지만 표현하는 것이다. 그들은 통제를 당하는 이러한 느낌을 다시 경험할 때마다 수동-공격적 저항 모드로 빠져들 가능성이 크다. 사실 비겁한 공격성, 즉 교활하고 암묵적으로 협력을 거부하는 형태로 볼 수 있지만 아랫사람 위치에 있는 사람 입장에서는 힘이 있는 것처럼 경험한다.

물론 앞서 말했듯 이 아이들의 완고함이 인내로 바뀔 수 있다는 점에서 항상 더 긍정적인 결과가 생길 가능성이 있다. 그렇지만 여기에서 인내는 포기할 수 있는데 포기하지 않는 것을 의미한다. 이 사람들은 올바른 균형을 찾은 것이다. 그리고 앞서 제시한 바와 같이 리더십 환경에서 그러한 인내는 실제 성공으로 이어질 수 있다. 모든 역경에 맞서는 리더는 놀라운 결과를 얻을 수 있다.

사실 약간의 긍정적 완고함이 있는 사람의 대표적 예는 애플Apple의 스티브 잡스Steve Jobs이다. 우리가 아는 바에 따르면 타인들의 말을 듣는 것은 결코 그에게 해당되지 않았다. 그러나 비참하게 끝날 수 있었던 모습이 좀 더 해피 엔딩에 가깝게 되었다. 그의 완고함은 더 나은 방향으로 바뀌었다. 동시에 우리는 이러한 행동 패턴이 잡스가 일찍 죽는 데에 영향을 끼쳤을 수도 있다는 가설을 세울 수 있다.

모든 역경에도 잡스는 대형 데이터 처리 기계가 매우 유행하던 시기에 모든 사람이 집에 컴퓨터를 갖고 싶어 한다는 개념을 고수했다. 그러나 그는 기술의 미래에 대한 자신의 비전을 현실로 만들어 그 비전이 미쳤다고 생각한 모든 이들을 바보로 만들었다. 그러나 완고함은 공동 설립한 회사를 잃게 했는데 타협했다면 쉽게 피할 수 있었던 일이었다. 물론 가장 놀라운 점 가운데 하나는 그가 애플에 대한 통제권을 되찾았다는 것이다. 동시에 그의 완고함은 조기 사망에 기여했을 수 있다. 췌장암 진단을 받았지만 오랫동안 기존 치료법을 거부했던 그는 대체 의학의 열렬한 옹호자였다.

잡스의 완고함은 그렇게 조기에 개발되지 않았을 다양한 개인용 컴퓨터와 모바일 장치를 세상에 제공했다. 그러므로 그의 이야기는 여러 면에서 삶을 최대한 활용하는 데 도움이 된다면 완고함도 좋은 것이 될 수 있다는 도덕적 이야기였다. 반대로 완고함이 완전한 삶을 살고 경험하는 것에 방해된다면 정말 나쁜 일이 될 수 있다.

완고한 사람들 다루는 법

이 책에서 반복적으로 제시한 것처럼 기본적 성격 특성은 인생 초기에 발달하고 시간이 지나면서 어느 정도 고정된다. 그러나 이러한 고정된 성향은 사람들의 행동 변화를 매우 어렵게 만든다. 상당한 정도의 불편함, 즉 고통이 없다면 변화하지 않는다. 그리고 그들의 행동이 자아-동조적$^{\text{ego-syntonic}}$ 특성, 즉 개인의 자기 인식과 조화를 이루는 행동, 가치, 감정 같은 것을 말하는데 이러한 특성을 가지는 경우에는 충분한 고통을 느끼지 못할 것이다. 결과적으로 변화 노력이 성공하기 위한 필수 요건인 변화의 필요성 자체를 경험하지 않는 것이다. 그리고 그들이 변화가 내키지 않아 문제가 발생하는 경우 대부분 그들은 잘못된 모든 것을 다른 사람의 탓으로 돌릴 것이다. 그들은 개인적인 책임을 거의 지지 않는다. 오히려 대부분 내부에 있는 것을 외부로 전이한다. 어떠한 역기능적 방식이든 재구성하여 일이 잘못되면 타인을 비난할 것이다. 결과적으로 어떤 형태의 반발이 있더라도 하던 일을 계속할 것이다. 그들은 갈등 상황에 대처하는 부적응적 방식을 계속 활용할 것이다.

또 다른 역기능적 리더들과 매우 유사하게 '분열splitting'이라는 이분법적 사고 과정에 의존하는 경향이 있어 타인을 대하는 방식이 개선되지 않는다. 앞서 언급했듯이, 애석하게도 그들이 만든 세계에 회색은 존재하지 않는 것 같다. 요컨대 그들 세계는 타협이 중요한 역할을 하는 곳이 아니다. 오히려 '옳다', '틀리다'만 할 수 있는 세상이다. 그리고 그들은 항상 '옳다'고 확신하기를 원한다. 한 걸음 더 나아가 이 완고한 사람들 가운데 일부는 자신이 항상 옳다는 것을 증명하기 위해 심지어 잘못된 것을 선택하는 듯이 보인다.

애석하게도 듣지 않으려는 사람들은 맹목적으로 된다. 그리고 자기 행동에 대한 무지 때문에 이들을 돕는 것은 매우 어렵다. 그러나 완고한 방식을 계속하면 생활이 매우 어렵기 때문에 도움이 필요하다. 아주 사소한 것 하나하나에 스트레스를 많이 받는 생활 방식이 된다. 세상이 어떠해야 하는지 그들의 개념에서 조금이라도 벗어난 모든 것은 장황한 일련의 논쟁을 초래할 수 있다. 이들에게는 세계관에 반대되는 모든 것이 논쟁 가치가 있는 것 같다. 그들 세계관의 모든 변경 사항은 안전 지대에서 벗어나기 때문에 위험으로 인식된다. 대가가 얼마이든 그들은 '올바른' 것이어야 한다. 완고한 사람들을 다루기 어렵게 만드는 것이 바로 이 폐쇄적인 마음과 불변성이다. 그것은 그들과의 상호작용을 너무 피곤하게 만든다.

완고함의 기원이 무엇인지 알고 이 사람들이 변화하도록 도우면서 완고함의 '요새' 뒤에는 엄청난 양의 불안이 있음을 유념해야 한다. 먼저 그들의 심리적 균형이 매우 섬세할 것이라는 점을 이해해야 한다. 이들에게는 안전 지대에서 벗어나는 것이 매우 위협적일 것이다. 안전 지대를 벗어날 수 있다고 생각할 때마다 그들은 논쟁을 시작하는 기본 패턴에 빠지는데 이는 그들이 성장하면서 완성된 것이다. 그러나 온갖 저항이 있지만 모든 것이 흑백이 아니라는 것, 즉 인생에서 일어나는 대부분 일은 더 미묘한 경향이 있다는 것을 받아들일 때까지는 치유 과정이 제대로 시작될 수 없다.

이 완고한 사람들을 도울 때 항상 염두에 두어야 할 것은 통제받는 느낌을 싫어한다는 것이다. 그러므로 그들과 상호작용할 때 그들이 이러한 감정을 갖지 않도록 하는 것이 중요하다. 동시에 목표가 그들 행동을 바꾸는 것이라면 표면 아래에서 일어나는 일을 해결해야 하며 방해하고 통제하는 것처럼 보이지 않아야 한다. 따라서 어려울 수 있지만 공감은 협력 관계 구축에 중요하다.[5] 이 완고한 사람들이 왜 그렇게 행동하는지 이해하려 노력하는 것은 생산적이고 발전적 대화에 참여하는 데 큰 첫걸음이 될 것이다. 그것이 업무 관계를 구축하는 방법이다.

이 사람들이 변화하도록 도우려고 할 때 또한 명심해야 할 점은 완고함은 어떤 아이디어가 자신이 대변한다고 여기는 것에 도전한다고 믿을 때 활성화하는 방어적 반응이라는 점이다. 다시 말해, 자아가 위협받는다고

---

5) Manfred F. R. Kets de Vries(2020). *The CEO Whisperer: Meditations on Leaders, Life and Change*. London: Palgrave Macmillan.

믿을 때 활성화된다. 따라서 그들과 함께 일하면서 마지막으로 해야 할 일은 (그들의 상상 속에서) 자존감과 관련된 그들의 문제에 책임 있는 태도를 지닌 통제하는 부모의 모습으로 변형되는 것이다.

결과적으로 이들을 다룰 때 모든 상호작용은 매우 섬세하게 이뤄져야 한다. 따라서 그들의 변화를 도우려면 그들의 까다로움을 감안할 때 일종의 '정서적 유도 시합emotional judo'에 참여해야 한다.[6] 이는 자신의 힘을 많이 쓰지 않고 '상대'의 힘을 사용해 움직임을 만드는 과정을 의미한다. 이들이 변화에 대한 동기를 발견하고 키우도록 도움을 주어야 한다. 당연히 이 프로세스를 활성화하려면 이들이 자신의 문제를 해결할 수 있다는 가정에서 시작해야 한다. 다시 말하지만 이 지점에 도달하도록 돕기 위해서는 공감이 필요하며 때로는 어려울 수 있다. 이 완고한 사람들에게 그들의 관점을 이해하고 그들의 상황을 받아들인다는 것을 전달해야 한다. 본질에서 판단하지 않고 비판하지 않는 방식으로 접근하는 것이 중요하다. 그렇지 않으면 방어가 상당히 빨리 올라갈 것이다.

더욱이 그들의 상황을 논의하면서 반응적 경청reflective listening 과정을 연습하려 노력해야 한다. 다시 말해서 그들이 말한 것을 다시 말하고 대화를 지속하기 위해 질문하려고 노력해야 한다. 그러나 이 완고한 사람들이 그들의 목표, 가치와 행동 사이에 불일치를 나타내는 말을 할 때 그것을 그들에게 이야기할 기회로 볼 수 있다. 이러한 불일치를 이야기하면 인지 부조화cognitive dissonance가 어느 정도 발생하여 이러한 완고한 사람들이 해결하길 원하는 불편함이 드러날 수 있다. 동시에 양 당사자에게 미래 시

---

6) William Miller and Stephen Rollnick(2002). *Motivational Interviewing: Preparing People for Change* (2nd ed.). New York: Guilford Press.

나리오, 즉 상황이 더 좋아질 수 있는 법을 볼 수 있는 기회를 제공한다.

이런 대인관계 과정을 통해 완고한 사람은 바람직한 행동이 어떤 모습인지에 익숙해지는 능력이 향상한다. 사실 인지 부조화 과정으로 인해 자신들이 세상을 보는 방식에 대한 어느 정도의 의심이 다소 미묘한 방식으로 생겨날 수 있다. 그러나 현재 세계관이 앞으로 나아가는 길이 아니었다는 결론을 내는 것은 이들에게 달려 있다. 그러나 대화식 프로세스 진행 중에는 통제를 당하는 것에 대한 우려가 있으므로 무언가 강제로 적용하면 작동하지 않는다는 점을 항상 염두에 두어야 한다. 그 대신 이 상호 탐색을 통해 행동의 기원을 찾기 위해 더 깊이 파고들면 양 당사자에게 완고함 뒤에 숨겨진 진짜 이유가 더 명확하게 된다. 그것은 미래 상호작용을 훨씬 더 쉽게 만든다.

분명히 이러한 대화 중에 어떠한 형태의 직접적인 대립도 피해야 한다. 논쟁을 하는 것은 무슨 수를 써서라도 막아야 한다. 그 대신 완고한 사람이 가고자 하는 방향으로 대화를 옮겨야 한다. 저항이 있는 상태이더라도 나아가는 것이 중요하다. 여기서 감정적 유도 시합의 개념이 등장한다. 완고한 사람들이 변화하도록 돕기 위해 너무 많은 압력을 가해서는 안 된다. 오히려 의견을 공감하고 존중하는 마음으로 토론해야 한다. 완고하게 태어난 사람들이 변화에 대한 저항을 말로 표현하도록 해야 한다. 그들이 생각하는 우려나 도전을 공유할 수 있도록 해야 한다. 비록 그것이 긍정적이지 않거나 바람직한 목표를 향한 진전을 나타내지 않더라도 행동을 수용하는 모습을 보여주어야 한다.

내가 강조하는 것은 이 완고한 사람들이 자신을 변화시키려는 사람을 적으로 보거나 불안정하게 하려는 사람으로 보지 않아야 한다는 것이 매우 중요하다는 것이다. 승자가 없는 의지의 싸움에 갇히는 것은 답이 아니다. 논쟁이 무엇이든 이기고자 하는 욕망을 버려야 한다. 좋든 싫든 다른 사람이 우리의 생각에 열려 있기를 바란다면 그것이 아무리 미쳤거나 비논리적으로 보일지라도 우리는 그들의 생각에도 열려 있어야 한다. 결과적으로 그들을 대할 때 "당신은 틀렸습니다." 또는 "당신은 옳지 않습니다."와 같이 그들을 방어적으로 만드는 문구를 피하는 것이 중요하다. 아마도 그 순간부터 합리적인 토론은 불가능할 것이다. 이 완고한 사람들이 "일시적 듣기 능력 상실"을 겪을 수 있다는 것을 받아들일 필요가 있다. 흔히 그들이 듣고 싶어 하는 유일한 의견은 자신의 의견이다.

이런 상호작용 중에는 논의 의제에만 초점을 맞추는 것이 중요하고 의견 불일치가 사람의 이슈로 변질되지 않도록 해야 한다. 완고한 사람들이 자신이 하는 일의 이유를 설명할 수 없을 때 사람 이슈로 '귀결'되도록 놓아 두어서는 안 된다. 그런 상황이 되면 토론을 더 개인적 차원의 문제로 끌고 가려 할 것이다. 이런 상황으로 끌려 가는 것을 피하는 것이 중요하다. 왜냐하면 그 지점에 가게 되면 양 당사자들이 모두 '피해'를 보기 때문이다. 또 이렇게 행동하는 것은 어떤 논쟁이든 '이겨야' 한다는 유혹적 생각을 포기하는 것을 의미한다. 사실 이들과의 토론에서 정말로 '승리'하는 것은 새로운 것을 배우거나 다른 관점을 탐구하는 것이다. 따라서 우리가 그러한 관점으로 토론에 들어가면 이러한 사고 방식의 변화가 우리의 태도에 반영될 것이다. 그리고 그것은 토론의 흐름을 더 쉽게 만들 것이다.

이 사람들과 토론하다 보면 논쟁의 논리가 무엇이든 그들의 완고함이 상식을 압도한다는 사실을 알게 될 것이다. 그러한 경우 의심을 불러일으키는 가장 좋은 방법은 자신이 옳다고 생각하는 일을 계속하도록 격려하는 것일 수 있다. 비록 그것이 마키아벨리적 대응으로 보일지 모르지만 토론으로 해결되지 못하는 것이 다소 자기 파괴적 움직임으로 인해 매우 훌륭하게 해결되는 경우가 꽤 자주 있다.

더욱이 이 사람들이 퇴행하고 있는 것처럼 보일지라도, 즉 상황이 더 나빠지는 것처럼 보일지라도 항상 긍정적인 태도를 위해 노력해야 한다. 이들에게는 치어 리더의 역할이 중요하다. 이들의 자기 효능감에 대한 확신을 보여야 하는데, 즉 그들의 강점을 확인하는 것이다. 변화할 수 있는 능력에 대한 그들의 믿음을 격려하기 위해 그들이 자신의 긍정적 특성을 인식하게 해야 한다. 달리 말해 이들의 성공과 업적이 비록 아주 작을지라도 확인해주어야 한다.

따라서 완고한 사람들이 변화하도록 도우면서 완고함의 긍정적인 면을 항상 상기시켜야 한다. 스티브 잡스의 사례에서 알 수 있듯이 세상을 바꾼 많은 사람은 자신의 꿈을 실현하기 위해 결단력 있는 완고한 사람들이었다. 그들의 완고함은 결국 긍정적인 면을 갖게 되었다. 이러한 관점을 취하는 것은 완고한 사람을 우리가 처음에 생각하는 것보다 훨씬 더 풍부하고 복합적인 사람으로 보는 데 도움이 될 것이다. 그것은 흔히 이 사람들에게 붙는 꼬리표와 고정관념에서 벗어날 수 있게 해준다. 결과적으로 그들과의 상호작용에서 약간의 완고함이 때때로 좋은 것일 수 있음을 항상 염두에 두어야 한다. 그러나 동시에 완고한 사람들이 자신의 생각에 의문을 제기하는 데 필요한 지적 겸손을 갖출 수 있을 만큼 유연하게 입장을 바꿀 수 있게 진정으로 도와야 한다.

또 완고한 사람들이 그들의 행동이 어느 정도만 효과적이라는 것을 이해하도록 해야 한다. 그들이 틀렸을 때 인정할 수 있도록 그들이 새로운 가능성에 열려 있도록 도움을 주어야 한다. 따라서 완고한 사람의 문제를 의식하게 하고 초점을 유지할 수 있도록 한다면 그들을 더 나은 공간으로 데려갈 수 있는 좋은 기회를 갖게 되고 그들을 도와 완고함으로 발생할 수 있는 고통을 극복하도록 도울 수 있다.

***

나는 이 장의 시작 부분에 완고한 여왕이 모든 논리적 설명에 저항하며 '이혼'해야 하는 필사적인 이유를 찾는 동화를 설명했다. 우리는 이 또 다른 동화에서 무언가를 배울 수 있었는데 이제 완고함에 대한 이 토론을 여기에서 끝내려고 한다. 다시 말하지만 이 동화는 '옛날 옛적에'로 시작된다.

옛날 옛적에 자신이 죽을 때가 왔다는 것을 알았지만 자신의 죽음 이후에 무슨 일이 일어날지 걱정하는 한 노인이 있었다. 그의 네 아들은 함께 뭉칠 것인가, 아니면 멀어질 것인가? 그는 그들 모두를 침대 옆으로 불러 막대기를 하나씩 가져오라고 했다. 그들이 모두 모였을 때 노인은 막대기 네 개를 함께 묶고 아들들에게 그 묶음을 부러뜨려 보라고 했다. 그들 가운데 누구도 그렇게 할 수 없었다. 그때 노인은 묶음을 풀어 네 막대기를 하나씩 차례로 부러뜨렸다. 아들들을 돌아보며 그는 "함께하면 더 강하다는 걸 보여주고 싶었다. 내가 죽은 이후에 이것을 기억하라."

완고한 여왕과 강력한 연방으로 살짝 내용을 바꾼 브렉시트Brexit 대한 비유에서 나는 상상과 현실을 섞으려 노력했지만 이에 대해 다음 내용을 생각해보았으면 좋겠다. 여왕은 그녀가 중국, 미국, EU, 인도와 같은 크고 영향력 있는 국가와 협상할 수 있도록 한 테이블에 앉을 수 있는 주요 국가가 되는 것에 열광하는가? 그녀는 영광스럽지만 이제 현실성 없는 과거에 사로잡혀 있는가? 그녀는 자신을 속이고 있는가? 마이너 국가가 되어 그녀는 이 강대국들에게 무시당하고 혹시 같은 테이블에 초대받지 못하고 있는가? 이것들은 생각할 가치가 있는 가능성이다. 그렇다면 문제는 그녀와 유사한 세계관으로 그녀의 뒤를 잇는 다른 사람들이 마음을 개방할 것인가? 그들은 현실을 직시할 수 있는 정신적 민첩성을 갖게 될 것인가? 아니면 이들은 나르시시즘으로 자기 관심에 사로잡혀 모든 이성이 무디어질 것인가?

불행하게도 우리가 브렉시트의 경우에서 보았듯이 나르시시즘과 이데올로기에 관한 것이라면 이성은 흔히 길을 잃는다. 이 슬픈 사실을 곰곰이 생각하면서 때때로 로마 정치가이자 철학자인 키케로^{Cicero}가 "현명한 자는 이성의 가르침을 따르고 일반 사람들은 경험에 영향을 받으며 어리석은 자는 결핍에, 야만적인 자는 본능에 지배를 받는다."라고 말했을 때 마음속에 어떤 생각이 있었는지 궁금하다. 나는 지도자에게 필요한 것이 무엇인지 궁금하다. 그리고 왜 세상은 그러한 해악을 끼치는 지도자들로 가득 차 있는가? 그리고 효과적인 리더십을 위해 필요한 자질은 무엇인가? 프랑스 남부에 있는 집 주변의 숲을 거닐면서 나는 다시 한번 효과적인 리더십이라는 주제에 대해 곰곰이 생각하고 있었다. 어느 순간 나는 숲 아래에 앉아 이 주제를 생각하며 바쁘게 거미줄을 짜는 거미의 작업에 충격을 받았다. 거미를 연구하면서 다소 난해하게 들릴 수 있지만 나는 이 곤충들이 거미줄을 관리하는 방식을 볼 때 적어도 상징적으로는 거미를 자신의 권리를 가진 지도자로 생각해 볼 수 있다는 것을 떠올렸다. 그들은 파괴와 재생이 지속적 진화에 필수적이라는 것을 가르쳐주는데, 이는 리더도 매우 그러하다. 그리고 이 거미가 먹이를 잡기 위한 궁극적인 목표로 거미줄을 짜듯이 리더는 조직이 잘 작동하는 팀 내에서 함께 훌륭한 결과를 낼 수 있는 복잡하게 엮인 사람들 그룹이 되도록 해야 한다. 거미는 리더와 마찬가지로 의미 있고 초월적인 목표를 달성할 수 있도록 강점을 활용해야 한다. 그들은 의미의 디자이너들이다. 이 역할을 맡음으로써 거미는 일종의 음유시인, 드루이드^{druid}, 현자로 변하고 그 모두 하나가 된다. 그것은 그들을 매우 창조적인 힘으로 만든다. 게다가 그들은 우리 삶의 태피스트리를 짜면서 우리 운명을 지배하는 세 신화의 여신인 모이라^{Moira}와 같다. 게다가 이 거미가 실제로 움직이는 것을 보면서 나는 또한 거미가 여성 에너지의 놀라운 상징이라는 사실을 상기했는데 이는 리더십 영역에서 너무 자주 경시되는 요소이다.

그러나 가장 중요한 것은 이 거미가 거미줄 엮는 것을 보았을 때 우리가 모두 자신의 삶의 그물을 짜야 한다는 것을 다시 한번 깨닫게 되었다는 것이다. 우리는 모두 우리의 아이디어와 꿈을 받아들일 필요가 있다. 그리고 우리의 꿈을 바탕으로 행동을 취해야 한다. 우리는 우리의 삶을 창조하는 가닥을 한데 모아야 하는데 이는 우리가 잘하는 것과 일치하는 선택을 해야 한다는 것을 의미한다. 결국 현실은 우리가 만드는 것이다. 그러나 이 모든 것을 말하면서도 아마도 가장 좋은 방법은 거미가 스스로 말하게 하는 것이다.

6장
'위대한 어머니'의 인생 교훈

거미의 손길, 얼마나 섬세한가! 각 실에서 느끼고, 그 선을 따라 산다.
— 알렉산더 포프 Alexander Pope

법은 거미줄과 같아서 작은 벌레는 잡을 수 있지만
말벌은 뚫고 지나갈 수 있다.
— 조나단 스위프트 Jonathan Swift

옛날 옛적 머나먼 땅의 어두운 숲 가장자리에 큰 나무 더미가 있었다. 그러나 그것이 나무 더미에 불과하다고 상상한다면 무척 잘못된 생각이다. 고요한 구석 깊숙한 곳, 죽은 가지 몇 그루 아래를 주의 깊게 살펴보면 첫 눈에는 쉽게 놓칠 수 있을 정도로 작은 거미줄을 발견할 것이다. 그러나 가까이 다가가면 그것은 그 영광을 보여줄 것인데 매우 튼튼한 그물, 공학의 걸작, 혼돈의 숲 속에 완벽한 구조적 설계가 있다. 그러나 그러한 뛰어난 디자인을 보려면 주의를 기울여야 한다.

숲의 이 구석에 스며든 빛의 도움으로 어둠 속 희미하게 반짝이는 거미줄이 거기에 매달려 있는 것을 볼 수 있을 것이다. 이른 아침에 많은 작은 이슬 방울이 실크 가닥에 매달려 빛 속에서 밝게 빛나는 다이아몬드 콜라주로 변형된다. 그리고 반짝거릴지라도 그 모습에 속아서는 안 되는데 거미줄의 아름다움이 매력적으로 보일 수 있지만 거미줄에는 기이하고 속이는 고요함이 있을 것이다. 폭풍 직전에 흔히 경험하는 일종의 고요함, 즉 인식이 항상 현실과 같지 않은 이유를 분명히 하는 고요함이며 사물이 항상 보이는 것과 같지 않은 이유이다. 이 거미줄에 대해서도 마찬가지이다. 당신이 보았다고 생각할 수 있는 것은 매우 기만적일 수 있다. 그것은 당신을 속일 수 있는 거미줄이다. 당신은 빛과 어둠의 이상한 상호작용에 얼마나 자주 속았는가? 얼마나 자주 당신이 무언가를 정확하게 보았다고 생각했지만 실제로는 그렇지 않았는가? 이 어둡고 소박한 숲의 구석에서 아주 자세히 살펴보려고 노력한다면 흑색 독거미, 오! 이 얼마나 무서운 생물인가? 곤충계의 재앙이 조용히 맴돌고 있는 것을 보게 될 것이다. 할머니 흑색 독거미는 거미줄을 치는 곳마다 경이로움과 두려움을 동시에 불러 일으킨다.

* * *

그곳에 매달리기

이 할머니 흑색 독거미 거미줄에서는 이제 취침 시간이 되었다. 그리고 그녀는 자신의 거미줄을 매우 자랑스럽게 여겼다. 그녀에게 거미줄은 세계의 불가사의 가운데 하나였다. 진정한 장인으로서 할머니는 자신이 어떤 것과도 비교할 수 없는 거미줄을 만들었다는 강한 확신을 갖고 있었다. 그리고 그녀가 겸손한 유형에 속한다고 말할 수는 없지만 일리가 있었다. 그녀는 자신이 무엇을 할 수 있는지 알고 있었다. 뛰어난 직조공으로서 자신의 가치를 알고 있었다. 그녀는 훌륭한 거미줄이 어떤 모습인지 알고 있었다. 모두가 레이스 모양으로 경이롭게 디자인된 끈적한 비단 실로 된 복잡하고 유기적인 공학의 경이로움을 볼 수 있었다.

할머니 거미는 나뭇더미의 어두운 구석에 있는 땅 가까이에 아주 전략적으로 훌륭한 거미줄을 설치했다. 그리고 그녀는 선견지명이 있었으므로 거미줄이 무엇을 할 수 있는지 알고 있었다. 거미줄은 아름다움의 대상일 뿐만 아니라 그 궁극적인 목적으로 인해 음침한 죽음의 도구이기도 했다. 그리고 미녀와 야수처럼 이 실크와 독의 조합 속에 할머니 거미 자신이 거꾸로 매달려서 움직이지 않고 그물 중앙에 있었고 곤충이 실수로 그 실크 실에 잡히기를 기다리고 있었다.

그러한 좌식 생활이 지루할 것이라고 생각할 수도 있다. 그러나 할머니에게는 아니었다. 그녀는 전혀 개의치 않았다. 그녀는 긴장 속에 사는 것을 좋아했다. 그녀는 평생 실에 매달려 일어날 일을 지켜보는 것을 좋아했다. 그리고 당신이 그녀에게 왜 이렇게 그냥 어슬렁거리는 삶을 좋아하는지 묻는다면 그녀는 그것이 생각할 기회를 주고 삶이 무엇인지 이해하는 데 도움이 된다고 대답할 것이었다. 그녀가 기분이 좋다면 아마추어 철학자로서 의미를 찾는 것이 항상 최우선 관심사라고 덧붙일 것이다. 그리고 당신이 이 대답에 만족하지 않고 정교하게 설명해 달라고 요청하면 그녀의 다소 신랄한 반응은 삶이 대상물을 쫓아다니는 것만이어서는 안 되며 당신의 시간을 투자하는 것이 훨씬 낫다고 대답할 수 있다. 물론 할머니를 잘 알았다면 그녀가 항상 대상물이 오리라는 것을, 이 경우에는 다른 곤충이 오리라는 것을 크게 믿었다는 것을 알 것이다. 그리고 할머니가 정말로 수다스러운 분위기에 있었다면 그녀가 이것들을 좇는 것은 시간 낭비에 불과하다고 덧붙일 것이다. 그들은 너무 빨랐다. 그 대신 할머니는 아주 조용히 그곳에 머물면서 스스로 먹이가 올 때까지 기다렸다. 결국 그녀의 인내심은 전설적이었다.

삶의 조각

갑자기 할머니는 자신이 하루에 너무 많은 시간을 꿈꾸면서 보냈다는 것을 깨달았다. 현실로 돌아올 때가 되었다. 곧 어두워질 것이다. 그리고 밤이 다가오자 그녀는 여전히 조금 배가 고픈 것이 마음에 걸렸다. 약간의 간식을 먹을 수 있기를 바랐다. 그녀가 오후에 포획한 양은 적었다. 그러나 할머니는 과거 경험을 통해 다른 기회가 올 수도 있다는 것을 알고 있었다. 늦은 시간이었지만 여전히 많은 벌레, 모기, 메뚜기, 딱정벌레, 애벌레가 돌아다니고 있었다. 분명히 운 좋게도 그들 가운데 하나는 실수로 거미줄에 뛰어들 것으로 그녀는 생각했다.

다음 희생자를 생각하는 것만으로도 할머니는 침을 흘렸다. 그녀 마음의 눈으로 지금 그것을 볼 수 있었다. 이 모든 벌레들이 윙윙거리면서 그녀는 곧 무슨 일이 일어날 것이라는 강한 예감이 들었다. 그리고 그녀가 소원을 빌기라도 한 것처럼 작은 메뚜기가 거미줄 속으로 뛰어들었다. 할머니는 움직이지 않고 그 작은 벌레가 어떻게 고군분투하고 있고 어떻게 거미줄을 풀려고 하는지 관찰하면서 그 광경을 유심히 바라보았다. 그러나 계획대로 메뚜기는 점점 더 엉키게 되었다. 그리고 할머니는 지금이라고 생각했다. 그리고 그녀는 무엇을 해야 하는지 정확히 알고 있었다. 많은 연습을 통해 먹이를 움직이지 못하게 하는 기술을 정말로 완성했다. 거미줄에 붙잡힌 채로 메뚜기가 진정되었을 때 번개처럼 메뚜기에 달려들어 송곳니를 사용하여 독을 찔러 마비시켰다. 잡은 먹이에 기뻐한 그녀는 이제 작은 벌레를 부드러운 실로 싸서 멋지고 작은 꾸러미로 만들었다.

이후에 할머니는 매우 자부심을 드러내며 다른 곤충들에 비해 먹는 방식이 훨씬 고급스러워서 흡족하다고 생각했다. 먹이를 뜯고 씹는 것은 결코 그녀에게 쉬운 일이 아니었다. 그 대신 그녀의 식사 예절은 훨씬 더 세련되었다. 다른 곤충들도 같은 기술을 채택하지 않은 것이 이상하지 않은가? 먹잇감을 묶고 잘 싸서 소화액을 넣은 다음 속을 액화하여 죽으로 만들어 식사를 준비하는 것은 대단한 아이디어가 아닌가? 이후 죽이 제대로 준비되었을 때 하는 유일한 일은 그것을 입으로 단지 빨아들이는 것뿐이었다. 어떤 면에서 할머니는 그것을 스무디를 마시는 것에 비유하였다. 전통적인 식사 방식보다 훨씬 더 문명화되고 훨씬 덜 지저분하지 않은가? 게다가 할머니는 무척 검소해서 음식을 조금도 흘리지 않는 것을 매우 좋아했다.

할머니는 간식을 다 먹고 나면 기분이 한결 나아졌다. 이제 그녀는 거미줄 아래에 있는 작은 물웅덩이에 비친 그녀의 모습에 감탄했다. 그녀는 멋지지 않은가? 그녀는 같은 종의 훌륭한 본보기가 아니었는가? 그녀의 빛나는 검은 색에 감탄하지 않을 수 없는 사람은 누구인가? 누가 그녀의 복부 중앙 아래쪽에 있는 붉은 모래 시계 모양의 표시에 흥미를 느끼지 않겠는가? 그녀는 탐욕스러운 아름다움으로 인해 같은 종의 어떤 수컷도 그녀를 거부할 수 없을 것이라고 자부심 넘치게 생각했다. 유혹 게임을 알고 있는 그녀는 항상 나방이 불로 뛰어드는 것처럼 그들을 끌어들이고 수년에 걸쳐 뛰어난 기술로 수컷의 줄을 당기는 법을 배웠다.

할머니는 자신을 칭찬하느라 바빠서 혼자가 아니라는 사실을 거의 잊은 듯했다. 기다림의 게임을 하고 음식과 삶의 의미에 대해 생각하는 것이 한 가지 일이었는데, 그렇다면 열 명의 어린 소녀 거미 손주를 돌보는 일은 어떠했을까? 그녀는 이 작은 아이들을 돌보는 것이 너무 행복하다고 생각했고 그들이 노는 모습을 보면서 할머니는 얼굴에 환하게 미소지었다. 그들과 함께 시간을 보내며 성장하는 모습을 보는 것이 너무 좋았다. 이 모든 것이 그들을 친밀한 가족으로 만들었다.

할머니는 이 작은 아이들이 얼마나 빨리 배우는지 생각했다. 솔직히 말하면 채찍처럼 날카로웠다. 그리고 비록 그녀가 그들에게 삶에 대해 가르쳤는데도 그녀 또한 그들에게서 많은 것을 배우고 있었다. 어른이 손자 손녀에게서 얼마나 많은 것을 배울 수 있는지에 대한 강한 확신이 다시 한번 강화됐다. 다시 한번 할머니는 속으로 미소지으며 이 작은 아이들이 어디론가 갈 것이라고 확신했다.

물론 할머니의 오늘 만찬이 이렇게 늦은 이유는 바로 이 아이들 때문이었다. 그녀는 그들과 너무 많은 시간을 보낸 것이다. 그들을 돌보느라 거미줄을 살필 시간이 거의 없었다. 그녀는 약간 큰 먹잇감 일부가 가까스로 몸을 비틀며 빠져나왔다는 사실을 너무 늦게 깨달았다. 그러나 어떻게 그녀가 이 모든 작은 아이들이 뛰어다니는 하루 매초마다 경계를 유지할 수 있나? 그들은 진짜 일부가 아니었나? 그때 그녀는 생각했다. 왜 불평하지? 그들이 주위에 있어서 너무 좋았다.

할아버지에게 무슨 일이 있었나?

작은 거미들은 거미줄 아래 나뭇잎 사이를 기어 다니며 즐거운 시간을 보내고 있었지만 곧 잠자리에 들 시간이라는 것도 알고 있었다. 노는 것을 멈추라는 할머니의 요청을 막으려 좀 더 과감한 거미 한 마리가 할머니에게 물었다. "조금 더 놀면 안 될까요?" 그리고 나서 덧붙였다. "아직 햇빛이 남아 있어서 지금 잠들기는 어려울 것 같아요"

할머니는 그 요청에 대해 잠시 생각하며 말하였다. "좋아. 아주 조금만. 그러나 너무 많이 돌아다니지 않겠다고 약속해야 해. 아직 내 배가 덜 채워졌고 허공에 모기가 꽤 많이 있는 것을 볼 수 있어. 제발 그것들이 너희를 보지 못하게 해야 한다."

조금 더 있을 수 있어서 기쁜 열 명의 아이들은 가만히 있기로 약속했다. 그러나 조용히 앉아 있는 것은 쉬운 일이 아니었다. 작은 거미는 곧 안절부절 못했다. 그들은 아직 할머니 같은 인내심이 없었다. 얼마 뒤 참을성 없는 작은 거미 하나가 말했다. "할머니, 이야기를 해줄 수 있나요? 인생에서 배운 교훈을 말해 주세요."

할머니는 기분이 좋아 이렇게 말하였다. "물론이지. 그게 할머니가 하는 일이야. 내가 무슨 이야기를 하면 좋을까?"

아이들은 뭐라고 대답해야 할지 몰라서 입을 다물고 있었다.

얼마 뒤 할머니는 참지 못하고 이렇게 말했다. "좋아. 내가 하고 싶은 얘기를 하마. 우리는 모두 암컷이기 때문에 우리가 사는 세상에서 암컷의 역할에 대해 이야기하는 것이 좋겠다. 아마도 나는 남녀 관계에 대해 이야기해야 할 거야. 겉모습과 달리 우리 암컷은 운이 좋은 존재라고 말하며 이야기를 시작할 수 있어. 진실을 말하면 우리는 더 강한 성별이야. 너희들이 내 말을 이해했으면 좋겠어"

또다시 할머니의 질문에 침묵이 흘렀다. 아무 말도 나오지 않았고 그녀는 계속 말했다. "나는 너희들이 이해하지 못할 것이라고 생각해. 내가 생각하는 것을 설명하면 도움이 될 것 같아. 왜 우리에게 '검은 과부 거미'라는 별명이 붙었는지 궁금하지 않아?"

다시 한번 치명적인 침묵이 흘렀다. 다음에 무슨 말을 해야 할지 고민하다가 잠시 멈칫한 뒤 할머니는 사실의 거미줄에서 많은 진실이 목 졸려 죽는다는 것을 깨달았다. 어린 아이들은 그것에 대해 깊이 생각해본 적이 없는 것 같았다. 그러나 그녀는 힘을 모아 이렇게 말했다. "너희들은 우리의 검은 과부라는 별명에 아주 좋은 이유가 있다는 것을 알아야 해. 인생의 많은 일과 마찬가지로 그것은 모두 섹스에 관한 것이야. 그리고 너희들은 이제 수컷이 우리에게 끌린다는 것을 알만큼 나이가 들었어. 그들은 우리에게 가까이 오는 것을 좋아해. 동시에 너희들은 이 수컷들이 우리를 무서워한다는 사실을 받아들여야 해. 암컷으로서 우리는 그들을 상당히 불편하게 할 수 있어."

"아, 왜 그런 건지 궁금하지? 사실부터 시작하면 한 가지 이유는 우리 검은 과부 거미가 매우 크기 때문이야. 또 독이 훨씬 더 강력하기 때문일 수도 있어. 나이가 들수록 이 차이를 염두에 두는 것이 좋아. 내 경우에는 수컷들을 직접 찾아야 했어. 물론 이 수컷들은 우리에 대해 더 많은 환상을 갖고 있어. 때때로 그들 일부는 상상 속에서 다루기 힘든 여성을 찾지. 그러나 그들 마음에 무슨 생각이 들든 나는 너희들에게 장담할 수 있어. 이 수컷 거미들이 머지않아 너희들에게 다가갈 거야. 그리고 그들이 그렇게 할 때 그들 일부는 너희 식사를 뺏으려 하기 때문에 주의해야 해. 인생은 단순한 섹스 이상이라는 것을 항상 명심해야 해. 즉각적 만족에 대해 할 말이 있더라도 항상 미래를 계획해야 해야 해. 남성은 매우 변덕스러울 수 있으므로 연속성을 계획해야 해."

"할아버지 예를 얘기하려고 해. 나는 그가 내 거미줄 주위를 어떻게 돌아다녔는지 아직도 명확히 기억해. 돌이켜보면 그가 나에게서 냄새를 맡았던 것 같아. 알다시피 거미줄은 우리가 먹는 것으로 인해 강한 냄새를 풍겨. 그러므로 향수가 매우 매력적일 수 있어. 그 냄새 때문에 접근에 교활한 할아버지는 내가 방금 먹은 것을 알고 있었어. 그는 내 아름다운 모습에 관해 이야기하면 내가 그 사실을 잊어버릴 것이라고 상상했어. 그러나 그가 얼마나 잘못되었나. 그는 바보였어! 배가 불러서 현혹될 때가 아니었지."

"내가 타이밍이 좋을 때 식사하는 것을 좋아한다는 사실을 너희들 모두 알 거야. 그리고 너희 할아버지에게는 적절한 때가 되었을지 모르지만 나에게는 아직 아니었지. 그는 계속 거기 매달려 있으면서 나를 이용할 수 있다고 상상했지. 그러나 너희 할머니는 바보가 아니야. 쉽게 이용당할 거미가 아니야. 오히려 역경이라는 학교에서 나 자신을 잘 돌보는 법을 배웠지."

"내 꼬마 아이들아. 내가 너희에게 말하려는 것을 이해하니? 이기적 남자들처럼 너희 할아버지는 나에게서 식사를 뺏으려고 했어. 그러나 그것이 좋은 시도처럼 보였지만 그는 운이 없었어. 그런 일은 일어나지 않았지. 그는 암컷 과부인 우리가 두 가지 장점을 모두 누릴 수 있다는 것을 깨닫지 못했지. 여성으로서 우리는 매우 다재다능하지. 우리는 동시에 많은 일을 할 수 있어. 내가 말하려는 것은 우리가 섹스를 하는 동시에 식사도 할 수 있다는 것이야."

"나는 그 당시에 아첨에 속지 않고 할아버지가 곧 돌아올 것이라는 사실을 알고 있었어. 또 한 번 모일 수 있는 기회가 있었던 거야. 나는 그가 내 불가사의한 여성스러움을 본 것이 그를 끌어당길 실이 될 것을 알고 있었지. 그리고 물론 내 장엄한 거미줄도 그를 당기고 있었지. 내 꼬마들아. 할머니는 만약에 원하기만 한다면 매우 매혹적일 수 있어. 그리고 그가 나에게 반해 자신을 통제할 수 없을 것이라는 점을 꽤 잘 알고 있었어. 그는 돌아와서 내 거미줄에 잡히게 될 것이었지."

"자, 꼬마 여러분. 긴 이야기를 짧게 줄이자면 내가 정말로 배가 고플 때까지 할아버지를 기다리게 했어. 내 신조는 항상 '배고프지 않을 때 왜 섹스를 하니'였어. 너희는 항상 때가 올 때까지 기다려야 해. 모두 알다시피 검은 과부 거미는 기다림의 전문가들이지. 구애를 받을 때까지 오랫동안 움직이지 않는 법을 모두에게 보여 주어야 해. 사실 할아버지에게 한 행동은 파리를 기다리며 하는 행동과 똑같았지. 천천히 그러나 확실하게 그를 내 거미줄에 더 가까이 끌어당기고 있었고 내 모든 끈을 당기고 있었는데, 그를 내 거미줄에 넣었을 때 스스로 얽힌 것을 풀지 못할 것으로 확신했어."

"나는 할아버지에게 전에 그를 볼 수 없어서 미안하다고 말했지만 결국 한 일은 살인이었어. 그리고 예상대로 그는 나에게 완전히 빠져 있어서 사과를 받아들일 수밖에 없었지. 그래서 가식적 미소를 지어 주었어. 그에게 아첨하며 내가 본 가장 잘생긴 수컷 거미라고 말했지. 물론 그는 그것에 빠졌어. 수컷은 이렇게 순진할 수 있지. 수컷들은 너무 쉽게 속일 수 있지. 사실 너무 많은 노력을 기울이지 않고도 많은 수컷이 거의 모든 것을 믿게 만들 수 있어. 분명히 무슨 말을 해도 그를 유혹하기에 충분했어. 내가 무엇을 하든 할아버지는 모든 것을 받아들였지. 그는 그것에 완전히 빠져들었어."

"우리가 낭만적 관계를 맺는 최고 순간에 할아버지는 만족했지만 여전히 내 품에 안겨 있을 때 그는 나가고 싶어 했어. 많은 남성이 원하는 대로 관계 이후에 자유를 원했지. 그리고 그는 다음 거미로 넘어가고 싶었을 수도 있어. 상상할 수 있니! 그래서 많은 남성이 뻔뻔스러운 거야. 그리고 할아버지도 별로 다르지 않다고 생각했어. 때로는 남성이 의미 있는 관계를 가질 수 있는지 남녀 파트너십에 미래가 있는지 궁금해."

"하지만 나는 할아버지가 다음에 일어날 일을 예상하지 못했다고 말할 수 있어. 그가 내 품에서 도망치려 했지만 나는 그가 아무 데도 가지 않도록 단단히 안았단다. 솔직히 말해 내 품과 내가 엮어 놓은 거미줄에서 탈출하는 것은 기적이었을 것이야. 아주 짧은 투쟁 끝에 나는 그에게 독이 든 키스를 했지. 사실 나는 때때로 내가 할 수 있는 친절한 마음으로 그에게 약간의 마취제를 먼저 주었다는 것을 인정해야 해. 그러나 그가 정신을 잃었을 때 나는 내 독을 충분히 주입했고 내 비단결 같은 실로 그를 묶고 그에게서 생명을 빨아들였어. 어떻게 보면 은유적으로는 그의 마음을 먹어 치운 뒤에 그의 몸을 버린 것이라고 할 수 있지."

"얘들아, 내가 냉정하다고 생각하니? 내가 할아버지를 곁에 둬야 했다고 생각해? 솔직히 말해 나는 그렇게 생각하지 않아. 그는 해야 할 일을 했어. 결국 너희 어린 아이들이 살아 있는 증거야. 그렇지만 네 할아버지에 관한 한 나는 미래를 계획해야 했어. 나는 먹어야 했어. 나는 알을 낳아야 했어. 또 할아버지 같은 거미가 주변에 없으면 번거로움이 훨씬 줄어들어. 그것은 삶을 훨씬 더 단순하게 만들지. 그리고 진실을 말하면 더 저속하게 말해서 그는 나와 섹스하지 말아야 한다는 것을 알았어야 했어. 어쨌든 내가 한 일은 그가 그럴 만하다고 생각했기 때문이야. 과거 수컷에 대한 경험을 볼 때 그는 내가 아는 다른 모든 이처럼 행동할 가능성이 가장 컸지. 그리고 사람들은 속임수를 사용하든지 아니면 대접을 하지? 그것이 그가 얻은 것이야. 나는 그를 대접한 다음 속인 것이지. 암컷 거미로서 우리는 생명을 주고 생명을 빼앗아가지. 힘든 길을 찾다 보니 사랑처럼 보이는 것이 허상일 뿐인 경우가 너무나 많아.[1] 지금 말할 수 있는 것은 우리 둘 다 잠시 동안 즐거운 시간을 보냈다는 것뿐이야."

여성의 신비

"솔직히 조금 더 생각해보면 할아버지는 참 어리석었지. 그는 내 경고를 알아차려야 했어. 결국 나는 이 모래시계 표지판을 등 뒤에 가지고 있기 때문에 나에게 가까이 올 때 곧 운이 좋지 않다는 것을 알게 될 것이 명확해. 요컨대 죽을 수 있는 것이지. 그러니 꼬마들아. 이제 왜 할아버지가 더는 주위에 없는지 알겠지."

"불행히도 우리 종의 수컷은 암컷이 얼마나 지략이 있는지 늘 깨닫지 못하지. 그들은 항상 우리의 감춰진 면을 알아보지 못해. 그들은 보지 못

---

1) Manfred F. R. Kets de Vries(2021). The triumph of hope over experience: Ten lessons to create better partner relationships, *INSEAD Working Papers*, 2021/13/EFE.

하고 관찰하지 않아. 그들은 암컷이 복잡한 존재라는 것을 깨닫지 못해. 우리는 창조와 파괴, 교활함, 속임수, 음모, 지혜, 인내, 빛, 어둠, 심지어 죽음까지 너무나 많은 것을 구현하지. 그러나 대부분 남성은 여성의 신비로움이 지닌 모든 복잡성을 파악하는 것이 어려워."

그때 할머니는 "자, 꼬마들아. 이야기를 어떻게 들었어?" 하고 물었다.

첫 번째 꼬마는 지체하지 않고 말했다. 할머니가 고개를 끄덕이며 말하라고 격려하자 그녀는 말을 흐리며 얘기했다. "할머니는 우리에게 정말 관계 구축에 대한 어떤 교훈을 가르쳐 주었어요. 파트너십이 무엇인지에 대해서요. 분명히 누군가를 완전히 사랑할 때 할아버지의 경우처럼 그것이 완전한 희생을 의미하더라도 기꺼이 모든 것을 바쳐야 하지요. 이기적인 동기를 버릴 수 있어야 해요. 자신을 온전히 줄 수 있어야 하지요. 사랑이란 그런 것 아닐까요? 그것이 의미 있는 관계를 만드는 방법이 아닐까요?"

"오, 꼬마야. 너는 정말 낭만적이야. 또한 꽤 순진하구나. 그렇지만 네가 말한 방식으로 이상적인 아내가 될 수도 있겠지." 할머니가 중얼거렸다. "동시에 단지 다른 성별의 연장선상에 있을 계획이라면 상당히 실망할 수도 있어. 여성으로서 정체성을 갖는 것이 중요하다는 것을 기억해. 그리고 반복해서 말했듯 특히 이 시대에 너희는 항상 자신의 권리를 가진 여성이어야 해. 너희가 애착을 갖고 동일시하는 사람들, 즉 너희 파트너가 될 가능성이 가장 큰 사람들에게 가치와 위치를 획득하려고 '꾸며낸' 성격으로 변하지 말아야 해."

"관계에서 필요한 것은 성숙한 의존성인데, 즉 필요한 것에 대한 감정을 표현할 수 있는 능력만이 아니라 자신을 위한 공간을 만드는 능력도 의미해. 어떠한 성숙한 관계와 마찬가지로 상대방이 너희가 진정 원하는 자질을 갖추고 있는지 자문해야 해. 나는 너희의 가까운 친구가 가졌으면 하고 바라는 자질의 종류를 생각해. 또 공통 관심사가 있는지, 함께하고 싶은 활동이 있는지 자신에게 물어보는 것을 잊어서는 안 돼. 이런 것들이 미래에 대한 약속을 가진 관계인지 여부를 나타내는 좋은 지표야."

"사실 너희 할아버지는 욕망의 사이렌에 마취된 상태에서 모든 것을 바쳤어. 그러나 어떤 낭만적 관계에서도 항상 첫눈에 반하는 사랑을 조심해야 하는 것을 알고 있어야 해. 때로는 그것이 정신병적 경험으로 변하기도 하거든. 양쪽 모두 자신이 보고 싶은 것만 보고 싶어 해. 결국 자신과 사랑에 빠지는 것은 아주 쉬워. 그러므로 감정의 롤러코스터로 바뀔 수 있는 것에 대해서는 항상 일정 수준의 현실을 포함하는 것이 중요해. 그리고 항상 너희가 상대에게서 원하는 종류의 자질을 인식하고 있어야 해."

"동시에 성숙한 관계는 두 사람 모두에게 성장의 기회를 제공할 수 있다는 점을 명심하고 가능한 그렇게 되도록 해야 하지. 물론 나는 그러지 못했지. 솔직히 나는 할아버지가 진정으로 헌신할 능력이 있다고 믿지 않았거든. 나는 그가 정서적으로 충분히 성숙하지 못했다고 느꼈어. 표현은 안 했지만 힘든 상황에서 그가 버틸 수 있는 능력이 있는지 진정으로 자문했지. 나는 또한 우리가 관계를 유지하는 데 매우 중요한 관심사를 공유했다고 생각하지 않았어. 함께 일할 수 있는 것이 중요하지."

두 번째 꼬마 거미는 관계에 대한 여동생의 말에서 영감을 받은 것 같았고 다음과 같이 덧붙였다. "사랑은 흔히 거미줄과 같지 않나요? 우리가 그것을 벗어나려 하면 할수록 우리는 더 갇힌 느낌을 받을 수 있지요. 너무 많은 관계가 흔히 합리성, 문화적 압력, 심지어 자신의 의식적 의지, 계획 또는 의도의 영역을 넘어선 기발한 과정이 아닌가요? 왜 어떤 관계는 잘 되고 다른 관계는 잘 풀리지 않는지 신기해요. 한때 '결혼하면 당신은 후회할 것이다. 결혼하지 않아도 당신은 후회할 것이다'라고 말했던 철학자가 있지 않았나요? 저는 그가 결혼한 적이 있는지 궁금해요. 그가 말한 어조를 보면 결혼한 적이 있었는지가 의심스러워요."

"많은 관계 문제는 이 불완전성을 갖고 파트너가 우리를 완성시켜 주리라는 잘못된 믿음을 가질 수 있다는 것이에요. 그렇지만 그렇지 않은 경우가 많지요. 그리고 그것이 문제되지 않을 경우 타인을 '고치는' 것에 집착하는 사람들도 있어요. 파트너를 '프로젝트' 대상으로 보지요. 흔히 이런 식으로 행동하는 이유는 성장하는 동안 한 명 이상의 부모가 '고치는' 것을 했기 때문이죠. 그들은 파괴적 방식으로 행동했어요. 고치는 것이 사로잡는 문제가 된 것은 놀라운 일이 아니죠. 그러나 이런 상황을 너무 자주 봤듯이 그 프로젝트는 '불가능한 과제'가 되죠. 그 대신 파트너가 '게릴라 전쟁'을 벌이게 되죠."

"너는 언니처럼 로맨틱하지 않은 것 같구나. 그렇지만 이 모든 것을 어디서 배웠는지 궁금해. 다른 거미줄에서 무슨 일이 일어나는지 둘러봤을 거 같아." 할머니가 말했다. 그리고 그녀는 덧붙였다. "그렇지만 반드시 그렇게 되어야만 하는 것일까?"

거미줄에 갇히거나 '전망 좋은 방room with a view' 제공하기

이 의견은 세 번째 거미를 다소 불편하게 했다. 그녀는 생각을 정리하기 위해 많은 노력을 기울이고 있었다. 머릿속에는 수많은 생각이 스쳐 지나

6장. '위대한 어머니'의 인생 교훈

갔다. 그러나 갑자기 '깨달음의 순간'을 맞이한 것 같았고 그녀는 말했다. "대부분 관계가 도박인 것이 사실 아닌가요? 대부분 남성이 여성을 진정으로 이해하지 못한다는 것이 슬프지 않나요? 너무 자주 그들은 신호를 받지 못하고 넘기는 것처럼 보여요. 남자는 화성에서 여자는 금성에서 왔다는 말이 있지요? 때로는 두 성별이 매우 다른 행성에 사는 것처럼 보여요. 너무 자주 많은 파트너십에서 공통적으로 불만을 품는 것, 즉 이것이 잘 되지 않는 이유가 인정받지 못한다고 느끼거나 다른 사람에게 통제를 받거나 친밀감이 부족하거나 파트너 가운데 한 사람이 엉뚱한 행동을 하는 것과 관련이 있다고 들었어요. 그리고 공정함 부족으로 짜증이 생기는데, 즉 파트너 가운데 한 명이 대부분 일을 하고 다른 파트너가 도와주지 않는 상황을 의미하죠. 물론 한 파트너가 다른 파트너를 지나치게 비판하는 상황도 있는데 이렇게 서로를 대하면 좋은 분위기를 조성하지 못하지요. 이러한 모든 종류의 오해가 삶을 지옥으로 만들 수 있다는 것은 놀라운 일이 아니지요."

할머니는 "정말이야. 물론 남성과 여성의 관계가 왜 항상 그렇게 지저분해야 하는지에 대한 질문이 생기지."

네 번째 꼬마가 말했다. "사실 우리 모두 때때로 관계를 다시 이야기하며 위협받는 것, 즉 일종의 거미줄에 걸린 것 같은 오래되고 교활하고 매복당한 느낌을 갖지 않나요?

많은 인간 관계에서 서로에게 충분한 공간을 주기 위해 '전망 좋은 방'을 제공하는 것은 상당히 어려운 일인 것 같아요. 때로 인간 관계가 매우 힘들 수 있어요. 도대체 왜 사람들이 인간 관계를 맺고 싶어 하는지 궁금해요. 아무도 자신을 찾지 않는 것이 두렵기 때문일까요? 그래서 그들은 서둘러 행동할 수밖에 없었던 것일까요? 사회적 압력에 굴복해서 그들 가운데 일부는 혼자서 영원히 외롭게 지내다 죽는 것보다는 빨리 파트너에게 갇히는 것이 더 낫다고 생각했을까요? 그러나 그것이 동기라면 이 사람들은 오히려 갇힌 느낌feeling trapped을 받을 수 있어요."

"할머니 이야기를 들으며 거미 세계에서는 암컷이 매우 중요하다고 덧붙이고 싶어요. 그리고 할아버지에게 일어난 일을 들으며 다른 종의 많은 수컷이 흔히 우리를 현실에서만 아니라 환상에서도 무서운 모성의 모습으로 인식한다고 생각했어요. 그들이 전망 좋은 방을 갖고 싶어 하는 것은 놀라운 일이 아니지요. 그들의 상상 속에서 우리는 정신의 이 원시적 이미지로서 옛 시대의 위대한 어머니와 같아요. 그러므로 그러한 반응은 이해할 수 있어요. 수컷이 어린 시절 어머니를 상대할 때 대부분은 어머니에게서 명령을 받았을 거예요. 인생의 이 단계에서는 암컷이 위대해 보일 수 있고 수컷은 매우 작게 느껴질 수 있어요. 이렇게 내면화된 어머니의 이미지가 남을 수 있지요. 이러한 어머니는 주는 존재일 수도 있지만 빼앗는 존재일 수도 있어요. 그녀는 좋을 수도 있고 나쁠 수도 있지요. 어머니의 모습은 매우 혼란스럽고 위협적일 수 있지요."

"사실 역설 아닌가요? 남성들은 스스로 창조한 남성 중심의 현실 세계에서 살아가면서 여성들에 대한 두려움을 가지고 있어요. 남성들이 힘을 가졌는데도 우리가 무엇을 하든 많은 남성은 우리 여성들을 강력한 포획의 상징으로 보는 것 같아요. 그런데 이것은 반드시 의식적인 과정은 아니지요. 그리고 실제 사실이기도 하지만, 특히 흑색 과부로서 우리는 희생자의 목숨을 빼앗기 전에 희생자를 올가미에 가두고 자유를 제한할 수 있는 힘이 있지요. 흑색 과부의 섹스는 정말 치명적일 수 있어요. 이러한 상황을 더 은유적 측면에서 보면 남성의 상상 속에서 여성은 위협적인 다른 생물처럼 비교되지요."

할머니는 "네가 남성과 여성의 관계에 대해 얼마나 많이 알고 있는지 흥미롭구나. 이 모든 지식을 어디서 어떻게 얻었는지 궁금하구나. 어쨌든 남성이 강해지려고 노력하지만, 내가 앞서 말했듯이 남성은 진정으로 약한 성별이라는 것을 명심해야 해."

표면 아래에서 일어난 일 이해하기

대화 진행 방식에 대해 다소 혼란스러워 한 다섯 번째 작은 거미는 말했다. "거미로서 우리는 다른 이들을 이용해야만 하나요? 그들을 오그라들게 만든 뒤 버려야 하나요? 결혼했어도 이런 관계를 맺어야 하나요? 부모님을 보니 너무 자주 우리가 서로에게 주는 신호를 인식하지 못하기 때문에 관계가 악화되었어요. 나는 그 이유 가운데 하나가 많은 이가 모두 똑같이 생각한다는 환상이 있기 때문이라고 생각해요. 그러나 그것은 사실이 아니죠. 우리 각자는 매우 다르게 생각해요. 그러나 다른 사람을 그렇게 인식하는 것은 혼합된 신호를 만들 뿐이에요. 모두가 얼마나 다른지 이해하는 법을 배워야 해요. 암컷과 수컷 거미는 다르게 의사 소통하며 같은 단어에 다른 의미를 부여할 수 있어요."

"게다가 우리는 명백한 행동을 관찰해야 할 뿐만 아니라 표면 아래에서 무슨 일이 일어나는지 알아내야 하지요. 우리 모두 알다시피 보이는 것이 항상 아는 것은 아니지요. 사람들을 더 잘 알기 전까지는 모두 정상으로 보이지 않나요? 우리는 상대방을 움직이게 하는 동인이 무엇인지 상대방이 누구인지 파악해야 해요. 미묘한 신호를 이해해야 해요. 그리고 다른 사람들이 자신이 누구인지 알려주려 해도 자신조차 모를 수 있어요. '너 자신을 알라'라는 문구는 필수이지요. 그러나 제가 본 바에 따르면 대부분 사람은 무엇이 자신을 '움직이게' 하는지 거의 알지 못하지요. 그러나 우리가 그것을 알아내지 못한다면 큰 충격을 받을 것이에요. 할머니, 할아버지를 얼마나 놀라게 했는지 생각해보세요! 그렇지만 올바른 해석을 했다면 할아버지가 오늘날에도 여전히 계실지도 모르지요."

그때, 그 꼬마가 아주 신나게 덧붙였다. "물론 중요한 교훈은 흑색 과부와 절대 장난치지 않는 것이 낫다는 것을 배웠지요!"

"남자들은 무지할 수 있어요." 할머니의 다소 냉정한 대답이었다.

우리의 감춰진 면 살펴보기

여섯 번째 작은 거미는 조금 떠돌이 같았지만 그런데도 꽤 기민했다. 그녀는 다음과 같이 말했다. "나는 방금 말한 것을 자세히 설명하고 싶어요. 우리 흑색 과부는 흔히 환상의 베일 안에 궁극적인 현실을 숨기는 것으로 묘사되지요. 거미줄은 많은 아름다움과 많은 약속을 보여주지요. 그러나 동시에 할머니가 말씀하셨듯이 그것들은 환상을 만들어내지요. 거미줄은 또한 속임수의 그물이에요. 그것은 우리를 교활함의 상징인 무엇인가를 엮는 자들^{weavers}로 만들지요. 모든 것에 적용되는 도덕은 겉모습에 속지 않는 것이에요. 불행히도 우리는 사람들이 듣고 싶은 말을 해줄 때 얼마나 쉽게 속는지 알고 있어요. 우리가 사는 세상을 생각해봐요. 이 모든 아첨. 이 모든 가짜 미소. 그러나 또한 그것을 보지 않으면 삶이 우리에게서 빨려 나갈 수 있다는 것을 알지요."

"때때로 거미줄처럼 실제로 알아차리지 못한 채 그곳에는 많은 위험이 있어요. 내가 말하고자 하는 것은 자신을 얼마나 잘 알고 있느냐는 질문에 대해 우리는 모두 감춰져 있는 면, 즉 우리가 가치를 두지 않거나 좋아하지 않는다고 간주하여 거부 또는 억압하는 성격 측면이 있다는 것이에요. 그렇지만 그렇게 해서는 안 돼요. 우리 자신을 아는 것, 즉 진정한 삶을 살기 위해 감춰진 부분에서 나온 중요한 교훈을 얻을 수 있어요. 그러나 그렇게 하려면 취약해질 필요가 있어요. 이런 부분을 드러낼 용기가 필요해요. 우리가 진정으로 누구인지 알아내려면 그렇게 해야 하지요. 감춰진 면을 다룰 만큼 충분히 용감하다면 성격의 이러한 부분을 받아들이는 데 도움이 될 거예요. 진정성authenticity이란 바로 이런 것이지요. 물론 여러분 가운데 일부는 흑색 과부로서 진정성이 항상 다소 의심스러운 명제로 남을 것이라고 말할 수도 있지요."

"사랑하는 꼬마야. 참 복잡한 관찰이구나. 그것이 네 마음이구나! 매우 통찰력이 있어. 너는 심리학자가 되었구나. 허세 부리려고 하지 않고 나이에 비해 현명해 보여. 너는 성공할 거야." 할머니는 중얼거렸다.

적자생존 '웅덩이' 같은 삶 life as a Darwinian 'soup'

일곱 번째 꼬마 거미는 다소 철학적 분위기를 보이며 다른 시각으로 말했다. "토론 방향을 바꾸고 싶어요. 저는 다양한 종류의 권력 관계에 대해 이야기하고 싶어요. 할머니를 보면서 배운 점은 어떤 약한 생물이 거미줄에 닿으면 잡힐 가능성이 크다는 것이에요. 그러나 큰 생물들은 그렇지 않지요. 그들은 대부분 거미줄을 찢고 달아날 거예요. 우리가 삶의 평등을 주장할 수는 있지만 실제로는 힘이 있는 것이 너무 자주 옳은 것이 되어버리지요. 인생은 항상 공정하지 않아요. 공정한 절차는 흔히 찾기 어렵지요. 물론 할머니, 저는 당신이 '익숙해지고 현실에 있어야 해. 그게 인생이야!'라고 얘기하는 것을 들었어요. 그렇지만 이런 방식이어야 할까요? 너무 많은 사람이 가진 것을 받을 자격이 없고 받을 자격이 있는 사람 가운데 가지지 못하는 이들이 너무 많아요."

"이런 삶의 사실을 받아들이는 것이 좋아. 이 세상에서 앞서 가는 법에 대한 더 현실적 관점을 제공할 거야. 인생은 아주 적자생존적일 수 있어." 할머니가 대답했다.

여덟 번째 꼬마 거미가 말했다. "우리는 거대한 계획을 세우고 이를 실행할 능력을 언급하는 '그물 속 거미와 같은 존재'라는 표현을 가끔 들어보지 않았나요? 성공적인 거미가 되려면 인생의 어느 곳에서든 좀 더 계획적인 사람이 되어야 한다고 생각해요. 또는 더 명확하게 말하면 약간 마키아벨리주의적이어야 해요. 매우 독단적으로 들리지만 이 세상에서 살아남으려면 자신의 이익에 집중해야 하지요. 다시 말해 거미로서의 리더 위치에 성공하려면 목표 달성을 위해 다른 사람들을 조종하고 속이고 착취해야 할 때가 있어요. 그것이 앞서기 위해 필요한 것일 수 있지요. 그리고 할아버지 경우처럼 필요할 때 당신도 아첨하고 거짓말하고 속여서 당신의 길을 가야 할 수도 있어요. 원하는 위치에 도달하려면 매력적이고 자신감 있는 사람으로 보여야 할 수도 있어요. 이것은 모두 게임의 일부예요. 그렇지만 무엇을 하든 당신의 진정한 의도를 드러내지 않는 것이 좋아요. 그리고 계획을 세우는 동안 어떻게 하면 거미줄 정상에 설 수 있는지 계산하며 야망에 계속 집중해야 해요."

"게다가 공감은 잊는 게 좋아요. 또한 연민도 잊으세요. 그리고 정서적 애착을 갖는 것도 잊으세요. 이러한 감정은 당신을 어디에도 데려가지 못해요. 그것들은 당신을 잘못된 길로 이끌 거예요. 자신의 목적을 달성하기 위해 타인들에게 해를 입힐 수 있음을 인정하세요. 그리고 원칙이 무슨 소용이 있나요? 내 말을 이해한다면 융통성 있게 행동하는 것이 좋아요. 좋든 싫든 원칙을 버려야 할 때가 있어요. 그런 점에서 할머니가 훌륭한 롤모델이 되어 주신 것을 감사해야 해요." 작은 거미가 연설을 마쳤다.

할머니는 동의했다. "자신을 스스로 방어해야 해. 그리고 성공하려면 어느 정도 마키아벨리주의자가 되는 것이 옳아. 거미로서 너희는 극도로 얽힌 거미줄을 처리해야 해. 매우 곤란한 상황에 처하게 될 때가 많지. 그럼 거미줄을 성공적으로 운영하려면 겸손하고 진정성 있고 진실하고 신뢰할 수 있고 이기적이지 않은 것과 같은 리더십 자질은 버려야 할까? 기만적이고 자기 중심적이며 탐욕스럽게 1위를 노리는 것이 훨씬 더 효과적일 수도 있어. 좋든 싫든 이것이 삶의 사실일까? 꼭 이래야 할까? 선택의 여지가 있을까?"

효과적 리더십의 7C

아홉 번째 꼬마 거미가 말했다. "저는 적자생존 대안에 동의하지 않아요.

거미로 성공하기 위해 그런 행동에 의지해야 하는지 정말 궁금해요. 언니에 비하면 이상주의적인 말로 들릴 수 있다는 걸 알아요. 그렇지만 마키아벨리즘 전부 마음에 들지는 않아요. 제 생각에 효과적인 거미줄을 성공적으로 운영하는 것은 복잡성complexity, 자신감confidence, 연민compassion, 관심care, 용기courage, 비판적 사고critical thinking, 의사 소통communication의 7가지 핵심 리더십 자질로 귀결되는데 간단히 7C라고 부르고 싶어요. 할머니 이야기를 들으며 **복잡성**을 다루는 능력, 즉 문제를 다루는 데 있어 장기적, 체계적 시각을 가진 리더를 찾아야 한다고 제안해요. 전략적 사고를 하는 사람들을 말하는 것이에요. 그러한 사람들은 진정한 희망을 주는 자가 될 수 있는데, 사안에 대한 현실적 평가에 근거한 비전을 가지고 있어요. 또한 **자신감**이 얼마나 호기심을 자극하고 더 큰 열린 마음에 기여하는지 깨닫게 되었어요. 사고 방식이 내적 안정감에 기반을 두고 있다면 더 나은 의사 결정에 기여할 수 있어요. 이러한 자신감은 새로운 학습 기회에 대한 관점을 넓혀줘요. 또 **연민**은 우리가 겸손, 존경, 감사, 공감으로 이끄는 이들에게 다가가는 데 도움이 될 거예요. 그리고 불신과 음모론보다 신뢰가 자연스럽게 성장할 거예요. 그리고 이 수용 능력과 정서지능은 그러한 신뢰감을 더욱 유지하지요. 그뿐만 아니라 흑색 과부에게 생소한 연민은 타인들에게 영향을 미칠 수 있어요. 연민을 갖는 것은 필수 자질이에요. 또 무엇을 하든 열정적으로 **관심**을 기울여야 해요. 열정과 영감은 함께하지요. 또 당신의 확신에 대한 **용기**가 필요해요. 어려운 결정을 내리기 위해서는 개인의 투명성, 도덕적 가치, 인내가 필요해요. 또한 거미줄을 운영하는 데 진정으로 성공하려면 **비판적 사고 능력**이 필요하다고 생각해요. 그것은 당신이 무엇을 하든 더 효과적으로 만들 것이에요. 자신이 하는 일과 그 이유에 대한 깊은 이해를 바탕으로 사고할 수 있어야 해요. 마지막으로 할머니처럼 **의사소통** 기술^{skill}을 향상해야 해요. 즉 때가 되면 자녀와 손주를 교육할 수 있도록 아이디어를 간결하고 일관성 있게 제시하는 능력이지요."

할머니는 이렇게 말했다. "너무 길고 복잡하구나. 그리고 적어도 흑색 과부에게는 약간 너무 이상주의적인 것 같아."

의미 찾기 - 삶의 거미줄 엮기

열 번째 아이는 무슨 말을 할지 더 주저했다. 그녀는 토론 중에 나온 많은 생각을 어떻게 요약할지 고민했다. 다른 이들의 말을 들으며 그녀의 생각은 여기저기 맴돌았다. 마침내 그녀는 힘을 모아 모두에게 이렇게 속삭였다. "명확히 거미들이 살기 위해 거미줄을 짜는 것처럼 삶의 거미줄을 짜야 할 책임이 있어요. 그리고 할머니가 우리에게 말하려 했던 것은 아마도 우리가 짜는 거미줄이 우리에게 도움이 되거나 우리를 노예로 만들 수 있다는 것이에요. 우리 거미줄은 삶을 구성하기 위해 내리는 선택을 상기시켜 줘요. 그러므로 우리 각자에게 선택의 딜레마는 항상 존재하는데 특히 사랑과 일에 관한 것이죠. 그리고 우리가 주저하더라도 이러한 선택을 현명하게 하는 것은 우리에게 달려 있어요. 우리는 그것을 두려워해서는 안 돼요. 또 삶의 다양한 거미줄에서 운명이 어떻게 나아가는지 우리는 모두 보게 될 거예요. 따라서 우리가 선택할 때 매우 유념해야 하죠. 우리는 자신을 위해 엮는 삶에 대해 현명할 필요가 있어요."

"그리고 다소 철학적으로, 즉 의미 있는 삶을 사는 방법을 규정하면 우리 각자에게 의미 있는 것, 중요한 것이 무엇인지 경험하는 방식에 크게 영향을 미치는 **'존재'의 다섯 가지 기둥**five pillars of 'being'이 있다고 상상할 수 있어요. 먼저 삶의 의미는 **소속감**sense of belonging에 달려 있는데 이는 대인관계의 깊이를 의미해요. 그것은 다른 사람들과 결속하는 우리 능력에 달려 있는데 여기에는 후진 양성generativity 능력이 포함됩니다. 즉 (시기가 되었을 때) 젊은 사람들을 양육하고 인도하여 다음 세대에 공헌하려는 의지가 포함되죠. 할머니가 우리를 어떻게 돌보셨는지 어떻게 우리를 결속시켰는지 보세요. 의미는 또한 우리가 **목적**purpose을 찾을 수 있는 정도, 즉 우리가 가진 타고난 재능을 가장 잘 적용할 수 있는 방법을 찾는 것과 관련이 있어요. 미래를 보는 법과 연관되죠. 물론 흑색 과부로서 우리 목적은 삶의 그물이 되는 거미줄을 짜는 것이죠. 또 의미는 재능을 사용하는 데서 즐거움을 찾는 법, 즉 재능의 사용이 자기 효능감self-efficacy과 **역량**competence에 어떻게 기여하는지에 달려 있어요. 역량은 지식만이 아니라 갑작스럽고 예상치 못한 일에 대처할 수 있는 상상력과 유연성을 바탕으로 하지요. 또 그것은 우리가 열정을 가진 그 모든 것을 숙달하는 법과 관련이 있지요. 어떤 종류의 활동이 우리에게 에너지를 주는지와 연계되죠. 우리 거미줄이 떨어져 나갈 때 이를 어떻게 엮고 또 다시 엮는지를 보세요. 우리는 그렇게 할 수 있도록 계속 연습했죠. 그것은 우리를 진정한 장인으로 만들지요. 더욱이 의미는 **통제감**sense of control, 즉 우리가 자신의 운명을 통제하고 있다고 믿는 정도와 관련이 있어요. 다시 말하지만 그것은 모두 우리가 내리는 선택과 관련이 있어요. 우리가 자신의 삶을 소유하는 방식을 말해요. 예를 들어, 할머니가 인생에서 수컷들을 어떻게 선택했는지 생각해보세요. 그리고 마지막으로 의미에 대한 탐색은 **초월**transcendence에 관한 것이에요. 이것은 우리보다 더 큰 문제에 자신을 연결하는 법이에요. 우리가 사는 숲에 의도적으로 기여하는 법과 관련 있죠. 다시 말해, 숲을 거미줄을 걸기에 더 좋은 곳으로 만들기 위해 각자가 하는 일과 관련이 있어요. 우리 각자는 그 방향으로 작은 기여를 할 수 있어요. 이러한 맥락에서 삶의 의미는 우리가 세상을 수호한다는 관점에서 볼 수 있죠."[2]

할머니는 이렇게 말했다. "이건 꽤 좋은 강의였어! 우리 중에 그런 신진 철학자가 있는 줄은 몰랐네. 매우 인상적이야. 너는 우리에게 생각할 거리를 많이 주었구나."

위대한 어머니 the great mother

"사랑하는 아이들아, 너희 모두의 말을 들으며 머지않아 너희가 자신의 거미줄을 짜야 한다는 것이 분명해졌어. 그리고 머지않아 너희가 어린 아이들과 이야기할 차례가 되겠지. 삶에 대한 너희의 관찰은 시간의 시계가 똑딱거린다는 것을 깨닫게 해주었어. 죽는 날이 가까워지고 있다는 것이지. 곧 자신의 길을 갈 것이므로 흑색 과부만 아니라 여성 '부족'의 일원으로서 우리 역사에 관해 이야기할 시간이야. 너희 가운데 한 명이 이미 언급했듯 여성으로서 우리는 매우 상징적인 방식으로 위대한 어머니 가이아Gaia, 원시 어머니 지구 여신을 나타내지. 대지의 영적 화신으로서 항상 다산, 자연, 풍요의 흐름을 상징했어. 결국 우리는 모두 음식, 피난처,

---

2) Manfred F. R. Kets de Vries(2021). *Quo Vadis: Existential Challenges of Leaders*. London: Palgrave Macmillan.

생명 자체를 지구에 의존하지? 그러므로 우리는 여성의 몸을 땅에 대한 신성한 은유로 볼 수 있어. 그리고 지구와 마찬가지로 모든 생명체는 여성의 몸 안에서 만들어지므로 작은 아기를 낳는 것은 토양의 비옥함에 대한 변형으로 볼 수 있어. 따라서 매우 신비로운 방식으로 우리는 지구와 하나가 되도록 유지되지. 아무튼 그리고 다시 나는 상징주의의 힘을 이야기하는데, 여성의 몸은 창조, 변형, 보호, 재생의 그릇으로 존경받지."

"흥미롭게도 우리는 흑색 과부로서 여덟 개의 눈, 여덟 개의 다리, 여덟 모양의 신체 형태가 우리를 무한의 상징으로 만들어. 그것에 대해 생각해 보자. 무한대의 기호는 옆으로 기울어진 8이야. 따라서 위대한 어머니의 또 다른 상징적 표현과 마찬가지로 거미인 우리도 삶의 순환, 즉 시작과 끝을 나타내지. 게다가 거미로서 우리는 운명을 엮는 자들이 되도록 예정되어 있어. 우리는 삶의 패턴을 엮지. 우리는 건설, 파괴, 재건축으로 바쁘지."라고 말했다.

"물론 앞서 제안한 바와 같이 더 깊이 들여다보면 위대한 어머니의 원형은 우리 어머니와의 관계에서 나온 잔여물에 불과해. 과거 시간과의 이런 상호작용에 대한 기억은 계속 남아 있는 경향이 있어. 그리고 너희 모두가 깨달았듯 어머니의 이미지는 무시무시할 수 있어. 우리에게 출산의 힘이 있다는 사실과 남성이 항상 우리를 지배하려 한다는 사실이 있지만 실제로는 우리가 더 강한 성별이야."

유혹하고 내쫓기 - 위험한 이중성

"물론 우리 흑색 과부, 위대한 어머니의 이미지가 유혹하고 내쫓는 것이라는 것을 너희 모두에게 분명히 해야 하겠지. 앞서 말했듯 우리는 여성으로서 창조, 출생, 다산, 성적 결합, 양육을 상징해. 의심의 여지없이 우리는 위험한 이중성을 가지고 있어. 우리는 긍정적 변화뿐만 아니라 부정적 변화의 힘도 가지고 있어. 무의식 속에서 우리는 섹슈얼리티와 다산을 구현하는 자연의 압도적 힘의 상징일 뿐만 아니라 무서운 힘, 즉 파괴의 힘을 상징하기도 해. 당연히 위대한 어머니 이미지로서는 항상 이 그림자 자아가 있어. 그러므로 기억해야 해. 너희가 억압suppress하거나 억압된repress 것은 항상 표현express될 거야!"

"위대한 어머니 여신은 생명의 여신이자 죽음의 여신이기도 하다는 사실을 받아들여야 해. 사실 위대한 어머니의 어두운 쌍둥이 자매는 이 무서운 파괴의 힘인 끔찍한 어머니야. 우리는 모두 어린 시절의 어머니를 모든 것을 베푸는 사람만이 아니라 모든 것을 억누르는 사람, 즉 좋고 나쁨으로 경험했지? 그리고 아주 초기 경험에 비추어 볼 때 여성의 이 원형은 흔히 인간의 아류 또는 심지어 동물 같은 형태로 표현되는 원시 본능의 세계에 자리해. 따라서 우리는 흑색 과부로서 매우 상징적 역할도 수행해. 끔찍한 어머니 원형의 대표적인 예는 검은 피부의 힌두교 여신 칼리Kali로 죽음과 파괴의 힘, 붉고 성난 눈, 흐트러진 머리, 입에서 튀어나온 송곳니를 가진 무서운 귀신의 형상이야."

"게다가 우리 흑색 과부들은 사기꾼일 뿐만 아니라 마녀, 즉 여성을 기이하고 불경하게 표현한 것으로 보이기도 해. 다시 말하지만 이 역할을 맡으면서 우리는 문명의 경계 밖에서 살고 있어. 우리는 있는 그대로 배척당하기 때문에 수용된 가치에 따라 행동할 필요는 없어. 우리는 순응하지 않아. 관습적이고 더 이상적인 여성에 맞지 않을 수 있어. 그 대신 우리는 경계에서 벗어나 넘을 수 있어. 이것이 우리가 마녀라 불리는 이유를 설명하지. 꼬마들아, 내가 너희 할아버지에게 한 일을 기억하면 그의 친구들이 지금 나에게 어떤 이름을 지어주고 있는지 상상할 수 있을 거야. 알다시피 대부분 남성은 여성이 소유한 이러한 길들일 수 없는 측면을 좋아하지 않아. 따라서 다시 한번 말하지만 그들은 우리에게 끌렸듯이 우리를 매우 두려워하기도 하지. 아마도 꼬마들아, 위험한 여성형은 또한 여성의 질 속에 이빨이 있다고 말하는 질 치아$^{vagina\ dentata}$ 신화와 밀접한 관련이 있다고 덧붙이고 싶은데 이는 남성들의 부상, 무력화, 거세로 이어지지. 다시 말하지만 수컷 거미가 우리를 그렇게 경계하는 것은 놀라운 일이 아니야. 우리가 리더 자리에 오르는 데 너무 많은 장애물에 직면해 있다는 것은 놀라운 일이 아니며 그래서 흔히 유리천장에 직면하게 되지."

"따라서 긴 이야기를 짧게 줄이면 여성으로서 우리는 비단 거미줄, 즉 삶과 운명의 실을 엮어 끝없는 가능성의 거미줄을 만드는 자들이야. 우리는 상상을 현실로 엮어내는 운명의 꿈을 짜는 직공이야. 도전 과제는 다른 사람들이 우리의 거미줄을 이해하게 하고 다른 사람들이 운명을 결정하는 빨간 실을 해독하게 하는 것이야. 그러나 할아버지 이야기가 보여주듯 이들 가운데 많은 사람은 결코 그것을 감당할 수 없는 것 같아. 그들의 당혹감이 남아 결국 모든 것이 얽히게 되지. 그것은 소설가 월터 스콧$^{Walter\ Scott}$의 다음과 같은 논평이 진실을 더욱 강화하지. '오! 우리가 처음으로 속이려고 할 때 우리는 얼마나 얽힌 거미줄을 짜는가!'"[3]

---

[3] Walter Scott, *Marmion: A Tale of Flodden Field*; Canto VI, stanza XVII.

7장
당나귀가 사자를 이끌 때

남성과 여성의 관계, 효과적인 리더십과 의미에 관한 이상하고 다소 초현실적인 설명 모두를 거미의 눈으로 살펴본 뒤, 나는 독자들에게 리더의 무능함이 불러오는 비참한 결과를 다시 한번 상기시키며 이 책을 끝내고 싶다. 수년 동안 수많은 역사가, 사회학자, 심리학자들이 이 주제에 몰두해 왔다. 한 가지 예를 들면, 1961년 군사 역사가 앨런 클라크Alan Clark는 혹평과 많은 찬사를 받은 책 『당나귀들The Donkeys』을 출판했는데, 책에서 그는 1차 세계대전의 영국 장군들을 조사하고 많은 용감한 군인, 즉 사자들이 무능하고 오만하고 무관심한 지도자들인 당나귀들에 의해 죽임을 당했다고 설득력 있게 주장한다.[1] 그의 작품이 60년 뒤에 이렇게 깊은 반향을 불러일으킬 줄은 당시에는 거의 몰랐다.

---

1) Alan Clark(1961). *The Donkeys*. New York: Morrow.

2020년 가을 도널드 트럼프 대통령이 미국 전쟁 사망자들을 '패배자', '어리석은 자'로 멸시했다는 보도가 나왔을 때 클라크의 주장을 떠올렸다. 그것은 또한 노르만 딕슨Norman Dixon의 매우 특이한 작업인 『군대의 무능함에 대한 심리학On The Psychology of Military Incompetence』을 생각나게 했다.[2] 이 연구에서 딕슨은 크림 전쟁부터 보어 분쟁을 거쳐 1차 세계대전의 비참한 전투와 2차 세계대전의 재난에 이르기까지 100년간의 군사적 비효율성을 조사했다. 전반적으로 명백한 점은 평화 시에는 그 역기능이 덜 눈에 띄는 권위주의적 성격이 마침내 전쟁이 닥쳤을 때 끔찍한 비극을 일으킬 수 있다는 것이다.

딕슨이 이런 무능한 군인들의 심리적 특징을 설명한 내용과 이 책의 여러 글에서 묘사한 독재적 선동가 포퓰리스트 지도자들과의 유사점을 쉽게 발견할 수 있다. 딕슨이 묘사한 무능한 사람들은 편협하고 지적 호기심이 부족하며 복잡한 상황 처리에 전반적으로 무능하다는 특징이 있다. 그들의 불완전성에 추가된 것은 항상 그들이 옳다는 환상에 사는 세계관에 맞게 정보를 왜곡한다는 점이다. 또 그들의 완고함은 전설적이다. 그러나 일이 잘못되면 재빨리 희생양을 찾는다. 또 문제가 발생할 때 신비한 힘이 구출해주러 나타날 것이라는 비합리적인 믿음을 가진다. 게다가 그들은 집단 사고에 익숙한데 이는 안전한 느낌과 불리한 정보를 무시하는 경향으로 이어졌다. 게다가 그들에게 컬트적 행동cult-like behavior은 이상한 일이 아니었다.

딕슨이 상기시켰듯이 이런 군대 문화에서 부하들은 지휘관에게 질문하

---

[2] Norman Dixon(1994). *On the Psychology of Military Incompetence*. New York: Vintage.

거나 공개적 의견 차를 드러내어 본인 경력을 위태롭게 하는 움직임을 꺼렸다. 아첨이 만연했다. 그리고 이 극도로 무능한 지도자들이 배경이 되면서 그들의 힘을 무디게 하거나 재앙 수준의 명령을 뒤집기 위한 견제와 균형이 거의 없었다. 여기서 군사적 무능력 영향이 다른 맥락에서 나타난 오류의 심각성을 훨씬 능가한다는 점을 상기해야 한다. 아마 프랑스 정치가 조르주 클레망소^{Georges Clémenceau}는 "전쟁은 장군에게 맡기기 너무 심각한 일이다."와 같이 말했을 것이다. 물론 정치인이 훨씬 더 나을 것인가라는 질문이 생긴다. 이 책의 글에서 그렇지 않다고 판명되었다. 너무 빨리 그들 가운데 많은 사람이 오만의 희생자가 된 것처럼 보였는데 이카루스처럼 너무 빨리 너무 높이 날아갔다.

좋지 않은 상황에서의 리더십

그러나 딕슨의 교훈은 리더십을 배우는 학생에게 많은 것을 가르쳐준다. 경고 가운데 많은 부분은 분명히 우리 시대에도 유효하다. 여러 면에서 팬데믹은 엄청난 사상자를 낸 또 다른 종류의 전쟁이 되었다. 그러나 이 코로나 바이러스 '전쟁'은 현재 우리 많은 지도자가 이 위기 처리에 필요한 것이 없음을 보여주었다. 눈앞에 복잡한 상황에 직면했을 때 그들은 리더십이 전혀 없었다. 그들은 리더십이 자만심을 나타내는 것이 아니라 봉사하는 기회라는 것을 잊은 것 같았다.

유명 사업가인 워렌 버핏^{Warren Bufett}은 이렇게 말했다. "바닷물이 빠져야 누가 알몸으로 수영하는지 알 수 있다." 불행히도 현재 지도자들 가운데 너무 많은 사람이 알몸인 것으로 나타났다. 누구나 쉬운 일이 있을 때 뛰어난 리더십을 발휘할 수 있다. 문제는 모든 것이 무너질 때 얼마나 잘 할 수 있느냐는 것이다. 따라서 우리가 볼 수 있는 것은 딕슨이 묘사한 장군들과 매우 흡사하게 많은 이가 인지 부조화를 겪는데 실제 그들은 너무 많은 사람을 재앙으로 몰아넣었는데도 스스로 위대한 지도자라고 믿는다. 권력의 마력에 현혹되어 자신들의 무능력이 극적인 결과를 초래할 수 있는 최대 수준을 보여주었는데, 이 지도자들 가운데 많은 사람이 팬데믹 대처 방식에서 매우 분명히 입증되었다.

조직에서 최고 경영진의 잘못된 결정은 직원 생계를 위태롭게 하는 심각한 재정적 영향을 미칠 수 있다. 그러나 실수가 수십만 명의 목숨을 앗아갈 수 있는 군대는 위험 부담이 훨씬 더 커진다. 정치적 리더십도 같은 설명이 가능하다. 무능함을 점검하지 않고 방치하면 재앙이 된다. 불행히도 현재 우리 많은 지도자는 환상 속 가상 세계에 살고 있으며 다소 망상적인 것처럼 보이고 과학과 다른 형태의 전문 지식을 경멸하는 식으로 행동한다.

리더십은 도덕적 행위이다

앞서 말했듯 리더십은 도덕적 행위이자 개인 이익을 넘어선 권위의 행사이다. 여기에서 이 책의 여러 글에서 묘사한 것처럼 리더십에 대한 비전 중심의 접근 방식을 취하는 소수의 리더들과 비교할 때 현재 우리 지도자들의 부족한 부분 가운데 많은 것이 명확히 드러난다. 예를 들어, 제2

차 세계대전 후 마셜 장군이 전후 상황을 처리하는 계획을 세웠다. 마셜의 개인적 예의와 관대함, 세심한 성실성, 사실에 대한 관심과 그에 입각한 명령, 그리고 그의 이름을 딴 전후 유럽 회복 계획으로 이어진 광범위한 인간적인 비전은 모두 현재 우리 많은 지도자에 대한 질책이다. 이러한 포퓰리스트 선동가 지도자들 가운데 많은 사람이 단기적 성공을 거둘 수 있지만 이것은 무지와 자기 중심에서 형성된 썩은 토대 위에 세워진다. 결국 그들은 전형적인 나쁜 리더의 풍자화에 불과하다. 다른 사람들의 견해에 폐쇄적이고 다른 사람들을 희생시키지 않는 한 유머가 없으며 실제 성취보다 특혜와 존경에 더 관심이 있다.

수행하는 전쟁이 세계적 유행병이든 무력 충돌이든 이런 포퓰리스트 지도자들이 책임을 맡을 때 소요 비용이 어마어마하다는 것은 분명하다. '당나귀'가 '사자'를 이끌려고 해서는 안 된다.

끝으로 진정한 리더십이란 어려운 문제를 아이들에게 맡기지 않고 스스로 해결하는 것임을 기억하는 것이 중요하다. 다음 세대에 도움이 되는 결정을 하려면 용기가 필요하다. 진정한 리더십은 절대 우리가 쉴 수 없는 그늘을 언젠가 가지게 될 나무를 지금 심는 것을 요구한다는 점을 결코 잊어서는 안 된다.

색인

ㄱ

거미spiders 189, 190, 192, 193, 196-213, 217, 219, 221
거짓말lies 22, 25, 33, 41, 45, 54, 58, 70, 73, 84, 85, 91, 95, 96, 110, 211
경멸contempt 135, 137, 158, 224
고정 관념stereotyping 160, 175
고집stuckness 163, 164, 171, 172, 177
공감empathy 10, 25, 76, 78, 97, 104, 118, 145, 161, 163, 183, 184, 185, 212, 213
공감적 반응empathic responsiveness 159
군대의 무능함에 대한 심리학(딕슨)on the Psychology of Military Incompetence(Dixon) 222
군중 심리crowd psychology 18, 25-36
관계relationships 16, 30, 41, 56, 85, 86, 87, 88, 90, 94, 111, 117, 124, 127, 134, 141, 158, 161, 172, 178, 179, 183, 197, 201, 203, 204, 205, 206, 207, 209, 217, 221
관심/돌봄care 22, 32, 71, 73, 74, 82, 83, 85, 86, 87, 89, 90, 91, 95, 100, 101, 103, 112, 114, 115, 134, 135, 139, 152, 153, 176, 211, 212, 225
관심을 다른 곳으로 돌리는 오류red herring fallacy 176
권력과 복종의 정신 역동성psychodynamics of power and submission 174
권위주의authoritarianism 93, 157, 222
극단주의 신념 체계extremist belief systems 151
근거 없는 사실factoids 95, 143, 153
기둥 위 거북이post turtles 39-40, 64
김일성Kim Il-sung 48
김정은Kim Jong-un 35, 47-9

ㄴ

나르시시즘narcissism 10, 34, 46, 86, 90, 92, 108, 189
나치 정권Nazi regime 17
나폴레옹 보나파르트Napoleon Bonaparte 42, 70
남녀 관계relationships, male-female
 구축building 203
 갇힌 느낌feeling trapped 207
 파괴적destructive 205
 힘power 211
노르만 딕슨Dixon, Norman 222
뇌물bribes 51, 60
늪에서 물 빼기draining the swamp 154
니콜라 차우셰스쿠Ceaușescu, Nicolae 41, 42
니카라과Nicaragua 53

ㄷ

다니엘 오르테가Ortega, Daniel 53
당나귀들(클라)Donkeys, The(Clark) 221
도널드 트럼프Trump, Donald 21, 24, 25, 27, 31, 33, 34, 38, 69, 136, 153, 222
드럼 왕King Drum 136
도덕성morality 14
독선self-righteousness 116, 136
독일Germany 8, 17
독일 뉘른베르크Nuremberg, Germany 17
독재 체제autocracy 22, 24
동화fairy tales 14, 23, 65, 67, 68, 76, 86, 88, 92, 124, 126, 127, 128, 133, 153, 156, 163, 164, 169, 170, 171, 188

대체 사실alternative facts 33
대통령Presidencies
　대리proxy 54-6
　임기 제한term limits 38
딜마 로우세프Roussef, Dilma 56

ㄹ

러시아Russia 54, 55, 57, 137
로드리고 두테르테Duterte, Rodrigo 137
로랑 카빌라Kabila, Laurent 44
로버트 무가베Mugabe, Robert 43, 44
루나마(투르크멘바시)Ruhnama(Turkmenbashi) 45, 46, 47, 62
루마니아Romania 42
루이스 아르세Arce, Luis 55
루이스 이냐시오 룰라 다 실바Lula da Silva, Luiz Inácio 56
레니 리펜슈탈Riefenstahl, Leni 17, 24, 31, 32
레오니트 브레즈네프Brezhnev, Leonid 57
레제프 타이이프 에르도안Erdoğan, Recep Tayyip 35, 61, 136
르완다Rwanda 35, 52
리더십leadership 37-65
　가치values 15
　도덕적 행위로서의as a moral act 224-5
　독재적autocratic 93, 114, 116, 222
　유독한toxic 35, 164
　자질qualities 63, 189, 213

ㅁ

마키아벨리적 대응Machiavellian behaviour 187
모부투 세세 세코Mobutu Sese Seko 44
모욕하는 정치insult politics 153
목적purpose 10, 22, 71, 72, 82, 95, 97, 121, 127, 136, 137, 149, 154, 193, 212, 215
미얀마Myanmar 53
민주주의democracy 20, 21, 22, 23, 24, 38, 39, 40, 49, 50, 53, 56, 62, 63, 64, 65, 141, 157, 159, 162

ㅂ

바샤르 알 아사드al-Assad, Bashar 55
반사회적 성격anti-social personality 90
반응적 경청reflective listening 184

반지성주의anti-intellectualism 94
복잡성complexity 16, 80, 158, 203, 213
볼리비아Bolivia 55
부러움/시기심envy 48, 137, 138, 146
부처Buddha 129
부패corruption 19, 20, 40, 41, 44, 45, 60, 64, 103, 105, 106, 112, 121, 141, 146, 152, 155, 156
북한North Korea 35, 47, 48, 62
분노anger 33, 34, 35, 72, 96, 97-8, 109, 113, 116, 137, 138, 141, 147, 158, 169, 180
분리-개성화 매트릭스separation-individuation matrix 177-181
분열division 135, 142, 163
분열하기/편가르기splitting 22, 163
불변성inflexibility 183
불안insecurity 14, 18, 21, 35, 57, 59, 64, 75, 78, 79, 84, 87, 91, 96, 113, 116, 119, 123, 149, 150, 151, 159, 171, 177, 179, 183
베네수엘라Venezuela 53
벨라루스Belarus 52, 137
브라질Brazil 56, 132, 155-8
브렉시트brexit 188, 189
블라디미르 푸틴Putin, Vladimir 37, 54, 55, 57, 137
비인간화dehumanization 147-8
비판적 사고critical thinking 33, 213
빅토르 오르반Orban, Viktor 137
빨간 책(모택동)Little Red Book(Mao Tse-tung) 62

ㅅ

사랑love 73, 83, 93, 123, 124, 129, 133, 134, 145, 155, 159, 202, 203, 204, 214
　첫눈에 반함love at frst sight 204
사악한 엘리트evil elite 20, 21, 25
사회적 불안social unrest 21, 57, 64
사회적 순응social conformity 28, 29
선거Elections
　관리된 선거managed 51, 52
　선거 운동campaigns 29, 157, 158
선택(권)choice 35, 59, 63, 67, 89, 90, 91, 108, 112, 148, 163, 169, 190, 213, 215
소득 불평등income inequality 21
소비에트 연방(소련)Soviet Union 57
소셜 미디어social media 132, 142, 143, 150, 151-4, 155

소속감belonging 32, 215
수단Sudan 23, 51, 70, 77, 96, 129, 154, 156
섹스sex 198, 199, 200, 202, 207
스티브 잡스Jobs, Steve 180, 181, 187
시진핑Xi Jinping 35, 37, 38, 62
신경과학neuroscience 15
심리학psychology
    발전developmental 15
    정신분석학psychoanalytic 15
    진화론evolutionary 15

ㅇ

아돌프 히틀러Hitler, Adolf 17, 18, 24, 25, 27, 31, 32, 33, 34, 41-3, 140
아르헨티나Argentina 55, 56
아서 쇼펜하우어Schopenhauer, Arthur 135
아첨flattery 200, 211, 223
아첨꾼 효과sycophant effect 33-6
안전 지대comfort zones 170, 174, 182, 183
안정성stability 39, 52, 56, 60, 62-5
안토니우스와 클레오파트라(셰익스피어)Anthony and Cleopatra(Shakespeare) 133
알렉산드르 루카셴코Lukashenko, Alexander 137
알바로 우리베Uribe, Álvaro 55
알베르토 페르난데스Fernández, Alberto 56
압델 파타 엘시시el-Sisi, Abdel Fattah 53
앙골라Angola 60
약탈 정권kleptocracies 58
어린 시절childhood 87, 97, 126, 219
    '버릇없는' 아이들'spoilt' children 177
언론의 자유freedom of speech 22, 152
여성women 16, 60, 71, 72, 74, 81, 82, 94, 96, 132, 139, 156, 190, 198, 199, 202, 203, 206, 207, 208, 216, 217, 218, 219, 221
여성의 신비feminine mystique 16, 202-5
역량competence 9, 10, 21, 23, 85, 122, 215
연민compassion 25, 76, 81, 121, 124, 136, 148, 161, 163, 212, 213
애플Apple 180, 181
앨런 클라크Clark, Alan 221
에보 모랄레스Morales, Evo 55
오마르 알-바시르al-Bashir, Omar 52
오노레 드 발자크de Balzac, Honoré 70
우간다Uganda 45
요셉 카빌라Kabila, Joseph 44

요웨리 무세베니Museveni, Yoweri 45
요제프 스탈린Stalin, Josef 25, 43
용기courage 23, 49, 87, 113, 136, 160, 169, 210, 213
율리우스 카이사르, 로마 황제Caesar, Julius, Roman Emperor 41, 42
완고함Stubbornness
    다루기dealing with 182, 198
    어린 시절과childhood and 218
외국인 혐오증xenophobia 19
외부 집단의 동질성outgroup homogeneity 145
워렌 버핏Bufett, Warren 223
원한grudges 138, 158, 174, 175
위대한 어머니 여신Great Mother Goddess 218
윈스턴 처칠Churchill, Winston 65
윌리엄 셰익스피어Shakespeare, William 133
월터 스콧Scott, Walter 219
이기적 집단 이론selfish herd theory 26
이민/이민자immigration/immigrants 20, 71, 105, 159, 166, 168
이반 두케Duque, Iván 55
이상화 전이idealizing transference 29
이데올로기ideology 31, 32, 46, 62, 123, 139, 146, 151, 189
이집트Egypt 53
인내perseverance 180, 203, 213
인지 부조화cognitive dissonance 184, 185, 224
의사 소통 스킬communication skills 211
의지의 승리(리펜슈탈)Triumph of the Will(Riefenstahl) 17, 31

ㅈ

자가 진단self-examination 160
자신감self-confidence 34, 78, 84, 117, 118, 151, 211, 213
자이르 보우소나루Bolsonaro, Jair 131, 132, 133, 136, 137, 141, 142, 143, 146, 148, 150, 152, 153, 155, 156, 157, 158, 162, 164
자존감self-esteem 24, 70, 143, 184
자기 지식self-knowledge 15
장 베델 보카사Bokassa, Jean-Bédel 42
적enemies 20, 59, 82, 98, 103, 104, 106, 111, 112, 140, 141, 149, 153, 185
절대 권력absolute power 40-1
정서적 유도 시합emotional judo 184

정서적 전염emotional contagion 26, 27
정치 캠페인political campaigns 150
조나단 스위프트Swift, Jonathan 36
조력자enablers 34, 35, 115, 120
조르주 클레망소Clémenceau, Georges 225
조작된 내용fan facts 24, 31, 105
조지 산타야나Santayana, George 19
족벌주의nepotism 58, 59
'존재'의 다섯 가지 기둥five pillars of 'being' 215
종교religious 139, 156, 157, 162
종신 지도자leaders for life 35, 36, 37-65
주체 사상Juche ideology 48, 62
중국China 35, 38, 188
중국 통치(시진핑)governance of China, The(Xi Jinping) 62
증오hatred
　개인 간interpersonal 144-150
　극복하기overcoming 158-164
　비인간화dehumanization 147-8
　증오를 통해 이끌기leading with 155-8
　집단 간intergroup 144-150
　학습된 경험learned experience 148-150
　혐오에 찬 말hate speech 131
증오의 정치politics of hatred 150-4
진정성authenticity 132, 153, 211, 215
질 치아vagina dentata 219
짐바브웨Zimbabwe 44
집단 사고groupthink
　사고방식mentality 173
　역동성dynamics 152

ㅊ

초월transcendence 162-4, 215
친밀감intimacy 83, 86, 162, 206

ㅋ

칼리Kali 217
캄보디아Cambodia 53
컬트적 행동cult-like behavior 31, 33, 142-3, 151, 222
코로나19Covid-19 11, 158, 223
콜롬비아Colombia 55
콩고민주공화국Democratic Republic of Congo(DRC) 44
쿠데타coups 42, 52, 53, 59, 123
크리스티나 페르난데스 데 키르히너de Kirchner, Cristina Fernández 56

키케로Cicero 189

ㅌ

타협compromise 172, 173, 181, 182
통제control 22, 32, 41, 56, 58, 59, 61, 84, 93, 122, 136, 153, 155, 174, 178, 179, 180, 183, 184, 185, 200, 206, 215
투르크메니스탄Turkmenistan 45
투르크멘바시Turkmenbashi 45-7, 62
튀르키예Turkey 35, 61, 136

ㅍ

편집증적 사고paranoid thinking 94-5
포퓰리즘populism 19-25
포퓰리스트 선동가 지도자populist demagogue-like leaders 19, 23, 141, 145, 147, 150, 151, 152, 156, 225
폴 카가메Kagame, Paul 35, 52
피해자/피해victimhood/victimization 104, 149, 186
필리핀Philippines 136

ㅎ

하페즈 알 아사드al-Assad, Hafez 55
허위 정보disinformation 23
헌법 개정constitutional amendments 38, 52
헝가리Hungary 137
형제 사이의 경쟁sibling rivalry 138
호세 오르테가 이 가세트Ortega y Gasset, José 21, 143
호세 에두아르도 도스 산토스dos Santos, José Eduardo 60
호스니 무바라크Mubarak, Hosni 53
훈 센Hun Sen 53
휴고 차베스Chávez, Hugo 53
해악을 끼치는 지도자toxic leaders 189
헤르만 헤세Hesse, Herman 161
확증 편향confirmation bias 141, 175
희망적 생각wishful thinking 156

A

1차 세계대전World War I 221, 222
2차 세계대전World War II 31, 222, 225
7Cseven Cs 212-4

역자 소개

역자: 강준호

서울대학교 원자핵공학과를 졸업하고, LG CNS(구, LG-EDS Systems)에서 첫 직장 생활을 시작한 뒤, HCG(휴먼 컨설팅 그룹), IBM GBS(글로벌 비즈니스 서비스), Mercer에서 10여 년간 인사 및 조직 컨설팅을 수행하였다. 이후 CJ그룹에 입사하여 그룹 지주사와 계열사에서 인사 기획 및 운영 업무를 10여 년간 수행했다. 현재는 글로벌 게임 개발 및 퍼블리싱 회사인 Krafton(크래프톤) 인사 부문장으로 재직하며 HR 업무를 총괄하고 있다.

『코칭심리학(2판, 역서)』, 『리더의 속살(역서)』 등 코칭 및 리더십 관련 서적을 번역하였다. 국내 기업 현장에서 인사 기획 및 운영 업무를 직접 수행하면서 경영자, 리더, 구성원 및 HR 인력들의 성장과 조직의 성과 향상을 지원하는 일에 가치를 부여하며 시대와 세대의 변화 요구를 깊이 성찰하고 기업과 개인 모두가 상호 유익을 얻을 수 있는 방안을 도출하고 이를 적용하기 위해 노력하고 있다.

인사제도 설계, 조직 설계 및 변화관리, 조직문화 수립 및 활성화 컨설팅과 기업 내 인사 기획 및 운영 업무를 다양하게 수행하였으며, 인재 관리와 관련 호건 검사, 해리슨 검사, CPI, LCSI, 버크만 진단 등 다양한 검사 디브리핑 및 탤런트 어세스먼트 업무를 수행하였다. 또한, 코칭을 통한 성과관리 역량 향상, 리더십 코칭 및 육성 경험을 보유하고 있다. (사)한국코치협회 코치이자 버트 헬링거 박사 방식의 컨스텔레이션constellations 촉진자, NLP 마스터 프랙티셔너로서 코칭과 정신 건강을 종합하는 프랙티스에 관심을 두고 있다.

현재 한국 커리어컨설턴트협회 정회원으로 개인 커리어 성장 측면에서 고민하는 사람들의 '생각 파트너'로서 기여하기 위해 노력하고 있다. 특히 최근에는 헬스 트레이너, 헤어 디자이너, 바리스타, 플로리스트, 프리랜서 개발자 및 그래픽 디자이너 등 개인 사업가형 직무 종사자들의 독립적 커리어 성장에 관심을 두고 이들의 성장에 돕는 방법을 실험하고 있다.

(nyaong001@gmail.com)

발간사

과거에도 그랬지만, 지금도 전 세계적으로 포퓰리스트 정치가, 종신 지도자들에 의해 국가에 위기를 초래하는 일이 흔하게 벌어지고 있다. 러시아, 중국, 북한 등이 대표적인 나라다. 그릇된 리더십으로 초래되는 위험은 한 국가에만 미치는 것이 아니라 전 세계적으로 연쇄반응을 일으킨다. 이는 코로나 19 팬데믹 상황에서 더욱 극명하게 드러났다. 초기 대응 실패와 극단의 봉쇄조치는 수많은 사람의 목숨을 앗아갔을 뿐만 아니라 국내외 경제의 마비를 초래했다. 이와 함께 러시아 푸틴의 우크라이나 침공으로 비롯된 양국 간의 전쟁은 코로나 재난에 엎친 데 덮친 격으로, 수많은 생명과 재산의 손실을 초래하고 있다. 3대에 걸쳐 이어지는 종신 왕조, 북한은 어떤가.

또 최근에는 '드럼 주니어'가 "내가 돌아왔다 I'M BACK."라며 2024년 왕권에 또 도전하겠다고 선언했다. 그는 트위터와 페이스북, 인스타그램에 이어 유튜브 계정도 복원했다. 소셜 미디어는 그의 드럼 연주를 매우 효과적으로 전달하는 수단이다. 드럼 컬트 신자들은 여전히 그의 연주에 환호할 것이다.

드럼 주니어가 통치했던 지난 4년간 그의 나라는 분열과 혼돈이 극심해졌고 나라의 명성은 빛을 잃었다. 그는 호전적인 언어로 이웃 국가들을 자극했고, 코로나를 마치 독감인 양 호도하여 수십만 명이 목숨을 잃는 결과를 초래했다. 그런데도 여전히 그는 자신의 잘못을 깨닫지 못하고 있는 듯하다.

리더십 연구와 개발 분야에서 독보적인 명성을 얻고 있는 맨프레드 교수가 이번에는 국가를 이끄는 정치인을 그 대상으로 하여 리더십의 어두운 부분을 파헤쳤다. 추악하고 사악하고 기괴한 속성을 지닌 포퓰리스트 선동가들이 그의 표적이 된다. 저자는 풍자와 은유, 아이러니를 동화 형태로 녹여 내서 이들의 속살이 무엇인지를 흥미롭게 탐구해나간다. 저자가 밝히듯 동화의 목적은 독자에게 깨달음을 불러일으키고 기억할 교훈을 제시하는 데 있다. 동화는 보통 행복한 결말을 보지만 이 책에 나온 동화는 괴물들로 인해 빚어지는 끔찍한 일들을 들려준다.

돈과 권력에 대한 무한한 욕망, 증오, 완고함, 책임 전가, 불인정, 불신, 차별, 분열, 파괴, 무리 짓기 등 그들의 행동과 심리에 대한 깊은 이해를 보여준다. 이른바 독성적 리더십이라 불리는 '괴물'의 특징을 망라하고 있다.

이 책에서는 비록 정치 지도자들을 대상으로 하고 있지만, 선동의 대가 드럼 주니어나 증오에 가득 찬 보우소나루, 완고한 여왕 같은 사람들을 우리 사회 곳곳에서 찾아볼 수 있다. 특히 기업에서도 이런 리더들이 드물지 않은 것이 현실이다. 편협하고 지적 호기심이 부족하며, 복잡한 상황에 대응할 역량이 부족하지만, 항상 자신의 판단이 옳다는 환상에 빠져서 모든 책임을 남의 탓으로 돌리는 경영자들을 많이 보아왔다. 이들 역시 자신이 괴물이라는 사실을 깨닫지 못한다.

저자는 이 괴물들이 어떻게 만들어지고 또 어떤 과정을 거쳐 실패하는지를 자세하게 분석하고 진단한다. 또 그런 괴물이 되지 않기 위해서 우리는 무엇을 해야 하는지, 괴물에 대처하는 방법은 무엇인지에 관하여 현실에 적용 가능한 처방전을 제시한다. 저자의 명성에 걸맞은 거시적, 미시적 통찰과 더불어 인간 심리에 대한 저자의 깊은 이해와 지성인으로서의 휴머니즘이 느껴진다. 어른들을 위한 이 특별한 동화는 독성적 리더들을 '인식하고, 절대 이들처럼 되지 않고, 절대 이들을 만들지 않는 법'을 깨닫게 해준다. 그것은 바로 '세상에 대한 무지와 자신에 대한 무지'에서 깨어나는 일이라고 저자는 강조한다. 기업 조직의 경영자이든 정치가이든 현재 리더의 위치에 있는 사람은 물론 장래 리더가 되려는 사람은 반드시 새겨들어야 할 경구이다. 아울러 그러한 리더를 용인하거나 '기둥 위의 거북이'를 만들지 않는 어리석음을 범하지 않을 책임이 우리 모두에게 있다는 점도 잊지 말아야 할 점이다. 결코 당나귀가 사자를 이끌게 해서는 안 된다.

경제학과 경영학, 심리학을 아우르는 리더십 분야의 세계적 석학이자 코치이기도 한 저자의 책을 또 한 권 추가하게 되어 편집자로서 기쁘다. 『임원 코칭의 블랙박스』, 『코치 앤 카우치』, 『정신역동·마음챙김 리더십』, 『쿼바디스』에 이은 다섯 번째 책이다. 호모코치쿠스 시리즈에서 이처럼 많은 부분을 차지하는 저자는 맨프레드 교수가 유일하다. 그만큼 그의 이론과 실천적 지침은 리더십 분야뿐만 아니라 개인 삶 영역에까지 미치는 영향이 지대하다는 증거이기도 하다.

  동화 형식으로 풀어낸 저자의 글을 여기에 어울리는 문체로 재미있게 옮겨준 역자의 재치가 돋보이는 책이다. 그만한 내공이 없으면 쉽지 않은 작업이다. 역자로 인해 고급스러운 비단 위에 아름다운 꽃을 얹은 격이어서 독자들에게는 더욱 값진 책이 될 것으로 확신한다.

편집자 코치 정익구

호모코치쿠스

코칭 튠업 21
: ICF 11가지 핵심 역량과 MCC 역량

김상복 지음

뇌를 춤추게 하라
: 두뇌 기반 코칭 이론과 실제
Neuroscience for Coaching

에이미 브랜 지음
최병현, 이혜진 옮김

마음챙김 코칭
: 지금-여기-순간-존재-하기
Mindful Coaching

리즈 홀 지음
최병현, 이혜진, 김성익, 박진수 옮김

코칭 윤리와 법
: 코칭입문자를 위한 안내
Law & Ethics in Coaching

패트릭 윌리암스, 샤론 앤더슨 지음
김상복, 우진희 옮김

조직을 변화시키는 코칭 문화
How to create a coaching culture

질리안 존스, 로 고렐 지음
최병현, 이혜진 등 옮김

내러티브 상호협력 코칭
: 3세대 코칭 방법론
A Guide to Third Generation Coaching: Narrative-Collaborative Theory and Practice

라인하드 스텔터 지음
최병현, 이혜진 옮김

임원코칭의 블랙박스
Tricky Coaching

맨프레드 F. R. 케츠 드 브리스 등 편집
한숙기 옮김

마스터 코치의 10가지 중심이론
Mastery in Coaching

조나단 패스모어 편집
김선숙, 김윤하 등 옮김

코칭·컨설팅
수퍼비전의 관계적 접근
Supervision in Action

에릭 드 한 지음
김상복, 조선경, 최병현 옮김

정신역동과 임원코칭
: 현대 정신분석 코칭의 기초 1
Executive Coaching :
A Psychodynamic Approach

캐서린 샌들러 지음
김상복 옮김

수퍼비전
: 조력 전문가를 위한 일곱 눈 모델
Supervision in the Helping Professions

피터 호킨스, 로빈 쇼헤트 지음
이신애, 김상복 옮김

코칭 프레즌스
: 코칭개입에서 의식과 자각의 형성
Coaching Presence : Building Consciousness and Awareness in Coaching Interventions

마리아 일리프 우드 지음
김혜연 옮김

멘탈력
정신적 강인함에 대한 최초의 이론적 접근
Developing Mental Toughness :
Coaching strategies to improve performance,
resilience and wellbeing

더그 스트리챠크직, 피터 클러프 지음
안병옥, 이민경 옮김

코치 앤 카우치
Coach and Couch

맨프레드 F.R. 케츠 드 브리스 등 지음
조선경, 이희상, 김상복 옮김

리더의 정치학
: 조직개혁과 시대전환을 위한 창발 리더십 모델
Leading Change: How Successful Leaders
Approach Change Management

폴 로렌스 지음
최병현, 윤상진, 이종학,
김태훈, 권영미 옮김

고용 가능성
고용+가능성 업그레이드 전략
Developing Employability and Enterprise:
Coaching Strategies for Success in the Workplace

더그 스트리챠크직, 샬롯 보즈워스 지음
조현수, 최현수 옮김

게슈탈트 코칭
바로 지금 여기
Gestalt Coaching: Right here, right now

피터 브루커트 지음
임기용, 이종광, 고나영 옮김

강점 기반 리더십 코칭
: 조직 내 긍정적 리더십 개발을 위한 가이드
Strength_based leadership Coaching
in Organization An Evidence based guide to
positive leadership development

덕 매키 지음
김소정 옮김

영화, 심리학과 라이프 코칭의 거울
The Cinematic Mirror for
Psychology and Life Coaching

메리 뱅크스 그레거슨 편저
앤디 황, 이신애 옮김

영웅의 여정
자기 발견을 위한 NLP 코칭
The Hero's Journey: A voyage of self-
discovery

스테판 길리건, 로버트 딜츠 지음
나성재 옮김

VUCA 시대의 조직문화와 피어코칭
Peer Coaching at Work

폴리 파커, 팀 홀, 캐시 크램,
일레인 와서먼 공저
최동하, 윤경희, 이현정 옮김

정신역동 마음챙김 리더십
: 내면으로의 여정과 코칭
Mindful Leadership Coaching : Journeys
into the interior

맨프레드 F.R. 케츠 드 브리스 지음
김상복, 최병현, 이혜진 옮김

실존주의 코칭 입문
:알아차림·용기·주도적 삶을 위한
철학적 접근
An Introduction to Existential Coaching

야닉 제이콥 지음
박신후 옮김

공감으로 완성하는 코칭
: 평범함에서 탁월함으로
Coaching with Empathy.

앤 브록뱅크, 이안 맥길 지음
김소영 옮김

내러티브 코칭
: 새 스토리의 삶을 위한 확실한 가이드
Narrative Coaching : The Definitive Guide
to Bringing New Stories to Lif

데이비드 드레이크 지음
김상복, 김혜연, 서정미 옮김

ADHD 코칭
: 정신건강 전문가를 위한 가이드
ADHD Coaching: A Guide for Mental
Health Professionals

프란시스 프레벳,
아비가일 레브리니 지음
문은영, 박한나, 가요한 옮김

시스템 코칭
: 개인을 넘어 가치로
Systemic Coaching: Delivering Value Beyond the Individual

피터 호킨스, 이브 터너 지음
최은주 옮김

글로벌 코치 되기
: 코칭 역량과 ICF 필수 가이드
Becoming a Coach

조나단 페스모어,
트레이시 싱클레어 지음
김상학 옮김

시스템 코칭과 컨스텔레이션
Systemic Coaching & Consitellations

존 휘팅턴 지음
가향순, 문현숙, 임정희, 홍삼렬,
홍승지 옮김

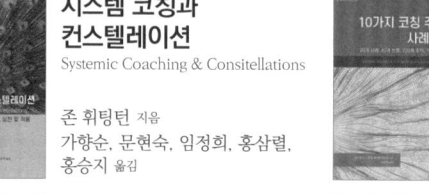

10가지 코칭 주제와 사례 연구
: 20개 사례, 40개 논평, 720개 주석,
19개 실습 사례
Complex Situations in Coaching

디마 루이스, 폴린 파티엔 디오숑 지음
김상복 옮김

유연한 조직이 살아남는다
포스트 코로나 시대 뉴노멀이 된 유연근무제
Flexible Working

클라우디아 나겔 지음
최병헌, 윤재훈 옮김

인지행동 코칭
: 30가지 고유한 특징
Cognitive Behavioural Coaching: Distinctive Features

마이클 니난 지음
엘리 홍 옮김

쿼바디스
: 팬데믹 시대 리더의 실존적 도전
QUO VADIS?

맨프레드 F. R. 케츠 드 브리스 지음
고태현 옮김

코칭과 트라우마
: 생존 자기를 넘어 나아가기
Coaciing and Trauma

줄리아 본 스미스 지음
이명진, 이세민 옮김

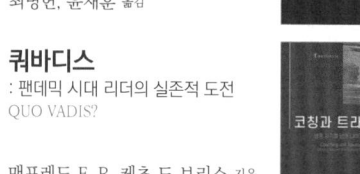

단일 회기 코칭과 비연속 일회성 코칭
: 30가지 고유한 특징
Single-Session Coaching and One-At-A-Time Coaching: Distinctive Features

윈디 드라이덴 지음
남기웅, 안재은 옮김

리더십 팀 코칭
: 변혁적 팀 리더십 개발을 넘어
Leadership Team Coaching

피터 호킨스 지음
강하룡, 박정화, 박준혁, 윤선동 옮김

코칭과 정신 건강 가이드
: 코칭에서 심리적 과제 다루기
A Guide to Coaching and Mental Health : The Recognition and Management of Psychological Issues

앤드류 버클리, 캐롤 버클리 지음
김상복 옮김

팀 코칭 이론과 실천
: 팀을 넘어 위대함으로
The Practitioner's handbook of TEAM COACHING

데이비드 클러터벅, 주디 개넌 편집
강하룡, 박순천, 박정화, 박준혁,
우성희, 윤선동, 최미숙 옮김

리더의 속살
: 추악함, 사악함, 기괴함에 관한 글
Leadership Unhinged: Essays on the Ugly, the Bad, and the Weird

맨프레드 F. R. 케츠 드 브리스 지음
강준호 옮김

(출간 예정)

웰다잉 코칭
생의 마지막 여정을 돕는
Coaching at End of Life

돈 아이젠하워, J. 발 헤이스팅 지음
정익구 옮김

경영자의 마음
: 리더십, 인생, 변화에 대한 명상록
The CEO Whisperer: Meditations on Leadership, Life, and Change

맨프레드 F. R. 케츠 드 브리스 지음
강준호 옮김

수퍼바이지와 수퍼비전
: 수퍼비전을 위한 가이드
Being Supervised A Guide for Supervision

에릭 드 한, 윌레민 레구인 지음
한경미, 박미영, 신혜인 옮김

정신역동 코칭
: 30가지 고유한 특징
– 현대 정신분석 코칭의 기초2
Psychodynamic Coaching: Distinctive Features

클라우디아 나겔 지음
김상복 옮김

코칭수퍼비전의 이론과 모색
Coaching and Mentoring Supervision : Theory and Practice

타티아나 바키로브, 피터 잭슨, 데이빗 클러터벅 지음
김상복, 최병현 옮김

인지행동 기반 라이프코칭
Life Coaching : A Cognitive behavioural approach

마이클 니난, 윈디 드라이덴 지음
정익구 옮김

코칭 이론과 실천
The SAGE Handbook of Coaching

타티아니 바흐키로바, 고든 스펜스, 데이비드 드레이크 엮음

코칭심리학(2판)
실천연구자를 위한 안내서
Handbook of Coaching Psychology

스티븐 팔머, 앨리스 와이브로 엮음

임원코칭
: 시스템 – 정신역동 관점
– 현대 정신분석 코칭의 기초 3
Executive coaching: System-psychodynamic persfective

하리나 버닝 편집
김상복 옮김

잡크레프팅
Persnalization at Work

롭 베이커 지음
김현주 옮김

리더의 일상적 위협
: 모래 늪에서 허우적거릴 때 살아남는 방법
The Daily Perils of Executive Life: How to Survive When Dancing on Quicksand

맨프레드 F. R. 케츠 드 브리스 지음
고태현 옮김

정신역동 코칭의 이해와 활용
: 현대 정신분석 코칭의 기초 2
Psychodynamic Coaching : focus & depth

울라 샤롯데 벡 지음
김상복 옮김

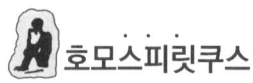 호모스피릿쿠스

나르시시스트와 직장생활하기
Narcissism at Work: Personality Disorders of Corporate Leaders

마리 린느 제르맹 지음
문은영 · 가요한 옮김

정신분석 심리치료의 기본과 실천
: 정신분석•지지적 심리치료와의 차이

아가쯔마 소우 지음
최영은 · 김상복 옮김

조력 전문가를 위한 공감적 경청
共感的傾聽術
:精神分析的に"聽く"力を高める

고미야 노보루 지음
이주윤 옮김

코로나 시대의 정신분석적 임상
'만남'의 상실과 회복
コロナと精神分析的臨床

오기모토 카이, 키타야마 오사무 편집
최영은, 김태리 옮김

라캉 정신분석 치료
이론과 실천의 교차점
ラカン派精神分析の治療論

아가사가 가즈야 지음
김상복 옮김

트라우마와 정신분석 접근
トラウマの精神分析的アプローチ

마쓰기 구니히로 지음
김상복 옮김

(코쿱북스)

코칭의 역사
Sourcebook Coaching History

비키 브룩 지음
김경화, 김상복 외 15명 옮김

101가지 코칭의 전략과 기술
: 젊은 코치의 필수 핸드북
101 Coaching Strategies and Technique

글래디나 맥마흔, 앤 아처 지음
김민영, 한성지 옮김

리더십을 위한 코칭
Coaching for Leadership

마샬 골드 스미스,
로렌스 라이언스 등 지음
고태현 옮김

코칭 A to Z

누구나 할 수 있는 코칭 대화 모델
: GROW_candy 모델 이해와 활용

김상복 지음

세상의 모든 질문
: 아하에서 이크까지, 질문적 사고와 질문 공장

김현주 지음

첫 고객·첫 세션 어떻게 할 것인가
(1) 윤리적 가이드라인과 전문가 기준에 의한 고객 만남
(2) 코칭계약과 코칭 동의 수립하기

김상복 지음

코칭방법론
: 조직 운영과 성과 리더십 향상을 돕는 효과성 코칭의 틀

이석재 지음

코치 100% 활용하는 법
: 코칭을 만난 당신에게

김현주, 박종석, 박현진, 변익상, 이서우, 정익구, 한성지 지음

코칭 하이브리드

영화처럼 리더처럼
: 크고 작은 시민리더 이야기

최병현, 김태훈, 이종학, 윤상진, 권영미 지음

마음챙김 코칭
: WHO에서 실행까지
Mindfulness Coaching: Have Transformational Coaching Conversations and Cultivate Coaching Skills Mastery

사티암 베로니카 찰머스 지음
김종성, 남관희, 오효성 옮김

슬픈 나를 위한 코칭
: 사랑하는 사람의 상실로 슬픈 나를 위한 셀프 코칭

돈 아이젠하워 지음
안병욱, 이민경 옮김

고통의 틈 속에서 아름다움 찾아내기
: 슬픔과 미망인의 여정에 대한 회고

펠리시아 G Y 램 지음
강준호 옮김

집필자 모집

- 멘토링 기반 코칭 방안과 사례 연구
- 컨설팅 기반 코칭 방안과 사례 연구
- 조직개발 코칭 방안과 사례 연구(일대일 또는 그룹 코칭)
- 사내 코치 활동 방안과 사례 연구
- 주제별 · 대상별 시네마 코칭 방안과 사례 연구
- 시네마 코칭 이론과 실천 방안 연구
- 아들러 심리학 기반 코칭 방안과 사례 연구
- 코칭 기획과 사례 개념화(중심 이론별 연구)
- 코칭에서 은유와 은유 질문
- '갈굼과 태움', 피해 · 가해자 코칭
- 미루기 코칭 이해와 활용
- 코치의 젠더 감수성과 코칭 관계 관리
- 정서 다루기와 감정 관리 코칭 및 사례 연구
- 코칭 장場field · 공간과 침묵
- 라이프 코칭 핵심 과제와 사례 연구(청년 및 중년)
- 커리어 코칭 핵심 과제와 사례 연구(청년 및 중년)
- 노년기 대상 라이프 코칭 방안과 사례 연구
- 비혼 · 혼삶 라이프 코칭 방안과 사례 연구
- 코칭 스킬 총정리와 적용 사례
- 부모 리더십 코칭과 사례 연구(양육자 연령별)
- 코칭 이론 기반 코칭 방안과 사례
- 커플 코칭 방안과 사례
- 의식확장과 영성코칭
- 군 리더십 코칭
- 코칭 ROI 연구

■ 동일 주제라도 코칭 대상과 방식, 코칭 이론별 집필이 가능합니다.
■ 최소 기준 A4 기준 80페이지 이상. 코칭 이론과 임상 경험 집필 권장합니다.
■ 편집위원회와 관련 전문가 심사로 선정됩니다.
■ 선정 원고는 인세를 지급하며, 무료로 출판합니다.

호모코치쿠스 39

리더의 속살
추악함, 사악함, 기괴함에 관한 글

초판 1쇄 발행　2023년 3월 30일

펴낸이	김상복
지은이	맨프레드 F. R. 케츠 드 브리스
옮긴이	강준호
편　집	정익구
디자인	이상진
제작처	비전팩토리
펴낸곳	한국코칭수퍼비전아카데미
출판등록	2017년 3월 28일 제2018-000274호
주　소	서울시 마포구 포은로 8길 8. 1005호

문의전화 (영업/도서 주문) 카운트북
　　　전화 ｜ 070-7670-9080　팩스 ｜ 070-4105-9080
　　　메일 ｜ countbook@naver.com
　　　편집 ｜ 010-3753-0135
　　　편집문의 ｜ hellojisan@gmail.com 010-3753-0135
www.coachingbook.co.kr
www.facebook.com/coachingbookshop

ISBN 979-11-89736-53-8
책값은 뒤표지에 있습니다.